UTB 2342

Eine Arbeitsgemeinschaft der Verlage

Beltz Verlag Weinheim und Basel
Böhlau Verlag Köln · Weimar · Wien
Wilhelm Fink Verlag München
A. Francke Verlag Tübingen und Basel
Paul Haupt Verlag Bern · Stuttgart · Wien
Verlag Leske + Budrich Opladen
Lucius & Lucius Verlagsgesellschaft Stuttgart
Mohr Siebeck Tübingen
C. F. Müller Verlag Heidelberg
Ernst Reinhardt Verlag München und Basel
Ferdinand Schöningh Verlag Paderborn · München · Wien · Zürich
Eugen Ulmer Verlag Stuttgart
UVK Verlagsgesellschaft Konstanz
Vandenhoeck & Ruprecht Göttingen
WUV Facultas · Wien

Neue Ökonomische Bibliothek
herausgegeben von Birger Priddat

Erschienen sind:
Carsten Hermann-Pillath, Grundriß der Evolutionsökonomik
Stefan Voigt, Institutionenökonomik

Birger P. Priddat

Theoriegeschichte der Wirtschaft

oeconomia / economics

WILHELM FINK VERLAG MÜNCHEN

Bibliografische Information der Deutschen Bibliothek
Die Deutsche Bibliothek verzeichnet diese Publikation in der Deutschen Nationalbibliografie; detaillierte bibliografische Daten sind im Internet über http //dnb.ddb.de abrufbar.

2002 Wilhelm Fink Verlag GmbH & Co.KG
Ohmstraße 5, 80802 München
ISBN 3-7705-3718-1

Printed in Germany.
Einbandgestaltung: Atelier Reichert, Stuttgart
Herstellung: Ferdinand Schöningh, Paderborn

UTB-Bestellnummer: ISBN 3-8252-2342-6

Inhalt

Einleitung

Die Wirtschaftstheorie hat viele Theoriegeschichten; mindestens so viele, wie sie unterschiedliche Theorien hat (Priddat 1998). Doch soll hier keine keynesianische, neoklassische oder schumpeterianische Theoriegeschichte angeboten werden, sondern eine neue Form, die die Entwicklung des ökonomischen Denkens im Kontext der Begriffssysteme nachzuzeichnen versucht, die sie jeweils dominierten.

Ökonomie ist, als Wissenschaft, ein mehr oder minder streng kausal verknüpftes Sprachspiel von eigener Begrifflichkeit: Wert, Preis, Reichtum/Sozialprodukt, Nutzen, Knappheit, Geld etc.. Ihr Gebrauch konfiguriert, was zur Ökonomie gehört, was nicht. Das wandelt sich im Laufe der Zeit. Unabhängig davon, wie Ökonomen das methodisch ansehen, ist die Ökonomik eine historische Wissenschaft (Priddat 1998; Hodgson 2001).

Dabei zeigt sich, daß wir es mit unterschiedlichen Formationen und Extensionen des Wirtschaftlichen zu tun haben, die zu rekonstruieren lohnt, um verstehen zu können, welche Themen zur Ökonomie gehörten und welche nicht.

Das Buch ist neuartig, als es drei Argumentationsebenen herausgreift, deren Linienführungen bisher in der Theoriegeschichte so nicht vorkamen:

I. der Übergang von der antiken *oeconomia* zur Smithschen Kapitalakkumulationsökonomik des 18. Jahrhunderts, an den Stationen Aristoteles, Thomas von Aquin, John Locke und Adam Smith. Foucault nennt es die Epoche der ‚Analyse der Reichtümer', abgegrenzt von einer auf einer ‚Theorie der Produktion' basierten politischen Ökonomie:

II. die Transformation älterer Produktionstheoreme, wie sie bei den Physiokraten, dann verwandelt bei Smith und Ricardo noch aufscheinen, in eine moderne Welt der Wertezuschreibungen bis in die Grenznutzentheorie,

III. die Modernisierung der werttheoretischen Grundlagen moderner Ökonomie bis in die letzten Debatten Ende des 20. und im 21. Jahrhundert.

Im 20. Jahrhundert ist eine neue, moderne Weise der ökonomischen Wissenschaft erreicht, die dieses Buch nur am Thema Wertbildung ausfächert. Vieles bleibt unerwähnt. Es ist keine ‚klassische' Theoriegeschichte, sondern eine Analyse bestimmter dominanter ökonomischer Basisargumentationen.

Deshalb ist dieses Buch kein Lehrbuch im klassischen Sinne, mit chronologischem Archiv und Kurzdarstellungen der einzelnen Positionen. Es ist eine gefächerte Erzählung der Entwicklung ökonomischer Konzeptionen im Kontext ihrer nichtökonomischen Herkünfte und Traditionsbrüche.

Es ist zugleich ein Beitrag zur Epistemologie der Ökonomie, der Wandlungen ihrer Begriffsgeschichte und dessen, was sie meint, jeweils als Wissen von wirtschaftlichen Vorgängen besitzen zu müssen. War sie bis in die Neuzeit eine Beschreibung wirtschaftlicher Vorgänge, verstand sich die Ökonomie seit der Aufklärung als Rationalisierungsgeschichte, d.h. als ein Beitrag zur Vernunftwerdung des Menschen, aus aufklärerischem Impuls – bis die Komplexität dieses Genres im 20. Jahrhundert sichtbar wurde, die Unverfügbarkeit seiner Steuerung etc.

Was als Vernunftwerdung überhöht, als Rationalisierung angestrengt wurde, läuft auf eine Pragmatisierung der Welt hinaus, die die alte abendländische Erblast der Fragen nach der Wahrheit auf die der Situationsbewältigung herunterbricht. Die Geschichte der Entfaltung der Ökonomie als Wissenschaft ist die eine Seite, deren andere die Entfaltung der Ökonomik als *episteme* bedeutet: als Weltwahrnehmungs- und Weltänderungsprogramm jenseits der abendländischen metaphysischen Muster (vgl. auch Eigner 2002).

Was als Ablenkung vom Thema erscheint, ist allein durch Theoriegeschichte zu klären: welche Erkenntnismuster Ökonomie allgemein produziert. Denn die Wirtschaft produziert Güter/Leistungen, die Ökonomik hingegen spezifische Betrachtungs- und Artikulationsweisen der Wirtschaft. Damit trainiert sie die Menschen in Begriffsschemata, die ihren Blick lenken, ihre Handlungsausrichtungen. Ökonomie als Bildungsprogramm: welche Weltentwürfe, welche Repräsentationen sind jeweils gültig?

Die ersten vier Kapitel sind im klassischen Sinne theoriegeschichtlich angelegt, das letzte Kapitel analysiert moderne Theorie, und zwar in Hinblick darauf, daß sie gerade beginnt, Theoriegeschichte zu werden. Hier geht es nicht um säuberliche Archivierung, sondern um laufende Prozesse der Klärung und Auseinandersetzung: kann die Ökonomik ihre Konzeptionen, die sie zum Ende des 19. Jahrhunderts auszuformulieren begann, noch aufrecht erhalten?

Jede ökonomische Theorie ist potentielle Theoriegeschichte. Die Frage ist nur: ab wann? Für viele Theorien und Modelle kann das schnell gehen. Das letzte Kapitel bietet den Versuch, einen kritischen Prozeß moderner Werttheorie nachzuzeichnen, um zu demonstrieren, was es hiesse, aktuelle Theoriegeschichte zu werden.

Die Kodifizierung der Ökonomie, die in der neoklassischen Ökonomik erreicht scheint, löst sich an den Rändern bereits wieder auf. Das V. Kapitel zeichnet einige dieser Dissoziationen nach. Deshalb ist es angebracht, den in Deutschland althergebrachten Namen der Dogmengeschichte (für Theoriegeschichte) nicht sogleich wegzulegen: er hat mehr Gehalt, als man ihm gewöhnlich zugesteht, wenn man den Namen kritisch liest: er beschreibt die abgelagerten Theorien als Dogmata, von denen sich befreit zu haben der wahre Fortschritt der Theoriegeschichte der Ökonomie ist.

I. Oeconomia: die alte abendländische Welt

Die Ökonomie wurde in Europa seit der Antike als ein spannungsreiches Verhältnis von Versorgung und Hybris angesehen: zwischen Bedarfswirtschaft und ordnungsprengender Unendlichkeit des Begehrs. Als eigenständige, von Märkten dominierte Transaktionswelt ist ‚Wirtschaft' eine Konstruktion des 18. Jahrhunderts; sie wird dann explizit als ‚Political Economy' eingeführt, d.h. als eine Form öffentlicher oder Marktwirtschaft. Zuvor war sie, im Schatten der dominanten aristotelischen Tradition in Europa, in Politik und Ethik eingebettet, Hauswirtschaftslehre, ergänzt um Handelskonzepte (Brunner 1956; Lowry 1987; Tribe 1988). Als ‚Lehre vom Haus' war die Oekonomik einfache Managementlehre für die Verwalter und für die Besitzer von Bauernhöfen und Agrarwirtschaften. „Oekonomik" hieß diese Hof- bzw. Bauernwirtschaftsverwaltungslehre noch im 18. Jahrhundert in Deutschland (Tribe 1988). Märkte, Preise, Kredite waren Randbedingungen der bäuerlichen Eigenwirtschaft (Lowry 1987; aus ethnologischem Blick Hart 2000).

Die aristotelische Tradition dominiert das ökonomische Denken bis in die Neuzeit. Es gibt bis zum 17./18. Jahrhundert immer wieder Abhandlungen über einzelne ökonomische Tatbestände – Techniken und Organisation des Ackerbaus, Steuern, Münzverschlechterungen und Geldausgabekonzepte, Darlehens- und Kreditbetrachtungen, Wucherthematisierungen, Wertbestimmungsfragen bei eigentumsrechtlichen Problemen etc. (Taeuber 1933; Langholm 1984, 1998) –, aber erst die neuzeitliche Naturrechtsphilosophie öffnet durch die Unterscheidung von *status naturalis* und *status civilis* den Zugang zu einer eigenen Beschreibung der Interaktionsmuster der modernen Gesellschaft – bei Locke vor allem über die Eigentum/Arbeit/Geld-Mechanismen im expliziten Bruch mit der aristotelischen Tradition (Priddat 1988).

Mit Adam Smith u.a.m. beginnt die Ökonomie im 18. Jahrhundert eine eigenständige Form des Wissens zu werden. Sie wandelt ihr Format: Indem die Theorie der Wirtschaft eine Theorie des Wachstums von Marktwirtschaften wird, thematisiert sie Knappheit. Sie thematisiert knappe Ressourcen, transformiert sie in Wertschöpfungen und Profite, in Marktausweitungen, die ständig neue Knappheiten innerhalb der Wirtschaft generieren. Wirtschaft wird als System beschrieben, das sich reproduziert.

Zwischen dem Progressionsversprechen, den Wohlstand zu heben und Wachstum linear fortzuschreiben, und zwischen den Krisen, den faktischen Devaluationskrisen und den sozialen Krisen, den negativen Externalitäten auf Gesellschaft und Umwelt, oszilliert die Ökonomik als System, zwischen Gleichgewicht und Ungleichgewicht, dem hohe Sinnerwartungen gegenüber gelten können, wie auch die Reduktion auf ein technisches Medium der Versorgung. Seine aristotelische Abkunft kann die Ökonomik bis heute nicht ganz verleugnen – die Differenz zwischen ‚Leben' und ‚gutem Leben' wohlfahrtstechnisch hin zum ‚besseren Leben' auszuweiten, soweit es den Lebensstandard betrifft (vgl. Sen 2000; aber auch die Diskussion bei Hart 2000 und Williams 2000).

Die Ökonomik hat keinen Standard; sie entwickelt sich mit ihren Problemen und Institutionen, aber auch in ihren begrifflichen Kontexten, dem der Philosophie (Aristoteles), der Juridik (wesentlich das römische Recht), der Politik und der Moral. Was wir heute meinen, wie Ökonomie buchstabiert werden muß (heute vor allem algebraisch), erfaßt nicht die analytischen Rahmen und Kerne der Theoriegeschichte. Neue Theorien sind Antworten auf Fragen, die in der neuen Theorie nicht mehr gestellt werden. Dafür entstehen neue Fragen etc. Diese Theoriegeschichte analysiert drei große Bereiche, die 1. eigene *frames* bilden bzw. Begriffssysteme, die 2. aber die

Grundmuster der Entwicklung der ökonomischen Theorie aufzeigen lassen:

- die Analyse der Reichtümer (vgl. dieses Kap. I),
- die Analyse der Produktion (und der Arbeit) (vgl. das Kap II).[1]

Erst danach beginnt die moderne Ökonomie, die transklassische.[2] Sie wird als

- Theorie der Werte ausstaffiert (vgl. die Kap. III, IV, V).

Aber sie ist eine Theorie der Bewertungen, der diskursiven Festlegungen, was gelten soll. Nun allerdings nicht im Modus zweier Willen, die wechselseitig bestimmen, was gilt (als Transaktion, als Vertrag), sondern immer im Auge eines Dritten, der störend eine andere Konstellation entwirft.

1. Das europäische Basismodell: aristotelische Ökonomik.

Für Aristoteles ist die Ökonomie eine Unterabteilung der Politik – er behandelt sie systematisch im 1. Buch seiner ‚Politik'. Das Buch von der ‚Politik' beschreibt die verschiedenen Verfassungen, die sich die Menschen für ihr Zusammenleben in der Polis/der Stadt geben (Aristoteles 1978, 1981).

Die aristotelische Politik ist eine Theorie des städtischen Zusammenlebens. Die Poleis (Städte, Kommunen) sind durch extreme Mischungen von Eigentumsverhältnissen charakterisiert. Indem Aristoteles die Qualitäten der verschiedenen politischen Verfassungsformen untersucht, untersucht er zugleich die Wir-

---

[1] So trennt M. Foucault die vormoderne von der klassischen Politischen Ökonomie (vgl. Foucault 1974: Kap. 6 und Kap. 7.2 ff.)

[2] Der Name ‚Neoklassik' entfällt, weil es mehrere transklassischen Ökonomien gibt: die neoklassische, hayekianische, institutionenökonomische, evolutionsökonomische etc.

kungen verschiedener Eigentumsverhältnisse für die Qualität des Zusammenlebens: welche Ordnungen sie bilden, welche Stabilität diese Ordnungen haben (Priddat 1989).

Das Eigentum bildet eine zentrale Kategorie: Nur die – meistens adeligen – Eigentümer sind in der Lage, ein Leben für die Politik zu führen. Wer für sein Leben arbeiten muß, hat keine Zeit für die Politik. Ihm fehlt die Muße, sich in Gesprächen und Erörterungen Standpunkte und Urteilsfähigkeit zu bilden.

Eigentum ist Landeigentum. Wir haben es mit einer adeligen, aristokratischen Grundeinstellung zu tun. Wer Eigentum (und Sklaven hat, die das eigene Land bearbeiten), ist reich; und nur die Reichen sind fähig zur Politik. Bürger der Polis/Kommune sind die Eigentümer; arme Bürger müssen konsequenterweise von der Kommune bezahlt werden, um nicht arbeiten zu müssen und um Politik mitzugestalten. Arbeit heißt hier: Handwerk.

Aus dieser adeligen Perspektive wird die Arbeit verachtet. Die Arbeit der Sklaven, so selbstverständlich sie für den Reichtum der Eigentümer ist, zählt nicht als Arbeit von Menschen, sondern von Nicht-Menschen. Altgriechisch sind Sklaven *organoi*, Werkzeuge. Werkzeuge werden nicht verachtet, nur Menschen, die, obwohl sie frei sind, sich selber zu Werkzeugen machen, indem sie arbeiten.

Eigentum ist Landeigentum. Aus dieser Perspektive ist der Handel eine Institution, der die politische Macht der adeligen Immobilienbesitzer durch Reichtum aus Mobilien potentiell gefährdet. Händler sind meistens Nicht-Bürger (Metöken, Fremde). Ein freier griechischer Bürger betreibt im Grunde keinen Handel. Aristoteles hat dazu eine besondere Theorie, die gleichzeitig seine Einstellung zu den Märkten charakterisiert:

Wer handelt, kauft irgendwo Waren ein, um so an einem anderen Ort wieder zu verkaufen. Seinen Gewinn macht er, indem er teurer verkauft, als er eingekauft hat. Handel ist meistens Fern- oder Seehandel. Beim Handel gibt es, so Aristoteles, keine natürliche Begrenzung (Aristoteles 1978: 1257a ff.;

Lowry 1987; Wieland 1989). Man kann Handel betreiben, um noch größeren Handel zu betreiben, und so weiter. Diese Unbegrenztheit des Handels stört die Ordnung der Polis/Kommune.

Worin besteht die – natürliche – Ordnung? Sie besteht darin, daß man etwas produziert oder erwirbt, um es zu gebrauchen. Für das, was man – durchschnittlich – braucht, gibt es gesellschaftliche Maße und Gewohnheiten. Eine solche Ökonomie nennt Aristoteles ‚natürlich'. Alles, was darüber hinausgeht, ist tendenziell ‚unnatürlich' (Nickel 1970); so vor allem die Ökonomie der Händler.

Die Begründung ist keine ökonomische im modernen Sinne, sondern eine metaphysisch-philosophische. Jede Ordnung hat ein Ziel, das Grenzen setzt. Alles Unbegrenzte ist ziellos und stört daher die Ordnung. Das Handeln um des Handelns willen ist unbegrenzt, d.h. keinem endlichen Ziel verpflichtet (Riedel 1975). Dem Handel fehlt das Maß, wann es genug ist. Handel ist tendenziell maßlos (*apeiron*). Diese metaphysische Aussage bestimmt die Einschätzung der Ökonomie im Abendland – bis auf heute.

Die aristotelische Theorie der Ökonomie ist zugleich eine ethische Theorie. Nicht ein Übermaß an „Reichtum" oder Besitz ist unethisch, sondern seine tugendlose Verwendung. Wer „reich" ist, hat seinen Reichtum in Ausübung der Tugend der Freigebigkeit öffentlich zu verwenden (mit der Konsequenz, daß der Tugendgebildete Mäßigung im Erwerb betreibt, da zwischen Reichtumserwerb und Tugendausbildung Entscheidungskonflikte entstehen, die nur nach der Seite des Erwerbs „innerer" Güter moralisch einwandfrei zu lösen sind. Das Maß, das eine Tugend bildet, ist die Fähigkeit, Reichtum in soziale Werte zu transformieren).

Die gleiche Argumentation gilt für das Geld. Als Medium des natürlichen Tausches ist Geld ein nützliches Werkzeug. Wenn Geld aber als Kredit vergeben wird, auf den Zins zu zahlen ist, fehlt die natürliche Grenze. Zinszahlungen nennt Aristoteles Wucher (Aristoteles 1978: 1258a ff.).

Der Reichtumserwerb, Ziel der Ökonomik, kann nur als Mittel zur Lebensgestaltung im umfassenderen Sinne verstanden werden. „Denn was an derartigem Besitz erfordert wird, um für ein vollkommenes Leben zu genügen, ist nicht ohne jede Grenze, ... Das Maß ist wohlgesetzt, wie für die anderen Künste auch. Denn kein Werkzeug irgendeiner Kunst ist nach der Menge oder Größe unbegrenzt. Der Reichtum aber ist nichts anderes als eine Menge von Werkzeugen für die Haus- und Staatsverwaltung" (Aristoteles 1978: 1, 8, 1256b 31-37). Aristoteles spricht hier von der naturgemäßen Erwerbskunst (*ktetike* bzw. *oikonomike chrematistike*) als Teil der Haushaltungskunst, um sie von der unnatürlichen oder künstlichen Erwerbskunst abzugrenzen, die den Besitz oder Reichtum um des Besitzes oder Reichtums wegen vermehrt (*kapelike chrematistike*).

Entscheidend ist die Verwendung, der Gebrauch des Besitzes bzw. Reichtums (Nickel 1970). Beide Erwerbskünste – die natürliche (*ktetike* bzw. *oikonomike chrematistike* (Pol. 1257 a3; 1258 a 34 ff.)) und die unnatürliche (*kapelike chrematistike* (Pol. 1256 b41)) – differieren durch ihre Art des Reichtumsgebrauches: „die eine (hat) ein anderes Ziel, während das der anderen die Vergrößerung des Besitzes ist" (Aristoteles 1981: (Pol.) 1, 9, 1257b 37-38). Die Vergrößerung des Besitzes bzw. die Vermehrung des Reichtums an und für sich wird bei Aristoteles aus drei miteinander verflochtenen Gründen disqualifiziert: aus einem metaphysischen, einem ethischen und einem politischen. Die üblichen Interpretationen heben den ethischen Grund besonders hervor. Der Gelderwerb, der der Händler und Bankiers insbesondere, fröne der individuellen Lust (*hedone*), dem Genuß und Wohlleben (Aristoteles 1981: (Pol.) 1, 9, 1258a 1-13) und leite die dianoetischen Tugenden der Klugheit von den ethischen Tugenden weg. In drei Lebensformen: *bios chrematistikos, bios politikos* und *bios theoretikos*, die Aristoteles zu Beginn der Nikomachischen Ethik vorstellt (Aristoteles 1985: 1, 3), rangiert die kaufmännische oder erwerbsorientierte Lebensform an unterster Stelle. Sie ist die für die Ordnung der Polis riskanteste.

Die Liste der zulässigen ökonomischen Aktivitäten lautet: Ackerbau, Handwerk, Handeln im kleinen Maßstab (metabletike i.e.S. (Pol. 1257 a15 f.)), Krieg. Die Liste der unzulässigen ökonomischen Aktivitäten lautet: Handel im großen Maßstab (metabletike i.w.S.; kapelike (Pol. 1257 a18)), Zinsnahme auf Geld (Kredit (tokismos)). Die Generalunterscheidung der Wirtschaft lautet: natürliche gegenüber unnatürlicher Wirtschaft. Der Grund für diese Art von Analyse lautet: Tausch im kleinen, regionalen und städtischen Umkreis ist Austausch von natürlichen Überschüssen. Dieser Tauschmarkt läßt die Eigentumsverhältnisse unberührt. Die Struktur der Eigentumsverhältnisse ist identisch mit der Ordnung der Polis/der Gesellschaft (vgl. Priddat 1989). Alle Tauschaktionen, die die Eigentumsverhältnisse verändern – ausgenommen sind allein der Reichtum durch Verkauf von Überschüssen aus der Agrarproduktion, der als natürlicher Reichtum gilt –, gefährden den Zusammenhalt der Gesellschaft, der als Erhaltung der geltenden Eigentumsstrukturen verstanden wird (vgl. Bürgin 1996).

Folglich ist die Analyse der Wirtschaft nur soweit nötig, wie sie die Frage der Stabilität der politischen Ordnung berührt. Die Theorie der Ökonomie bei Aristoteles ist eine Unterabteilung der Theorie der Politik, kein eigenständiger Analysebereich.

Als eigenständiger Analysebereich wird nur das Management/die Verwaltung der Landgüter betrachtet: die Kunst der ‚einfachen Reproduktion', nicht der ‚erweiterten Reproduktion', wie Marx später den Kapitalismus nennt. Wenn die wirtschaftlichen Aktivitäten über das ‚natürliche Maß' hinausgehen, ändern sie nicht nur die Vermögen, sondern die Proportionen der Vermögen. Das hat politische Folgen, vor allem Folgen für die Macht und ihre Asymmetrien, weswegen Aristoteles die Ökonomik als Basisprozeß der Politik analysiert.

Wenn die Ökonomie funktioniert, wie sie ‚natürlich' funktionieren kann, bleiben die Eigentumsverhältnisse unberührt:

jeder reproduziert, was er besitzt. Aristoteles achtet nicht auf die Normalität der agrarischen Wirtschaft, sondern auf die Abweichungen. Deshalb ist bei ihm die Ökonomik bereits als Politische Ökonomik angelegt: Handel, und seine Extension, wird als ordnungsbeeinflussend analysiert. Die Wirtschaft wird als Wirtschaft theoretisch dann interessant, wenn sie die Politik berührt. Wirtschaft als Wirtschaft ist lediglich ein Funktionsbereich, kaum der Rede wert für einen *polites*. Die adligen *polites* lassen die Wirtschaft von Verwaltern erledigen. Wenn einer mehr produziert, als er gewöhnlich besitzt, wird das in den Markt gegeben. Erst dann, wenn man für den Markt produziert, beginnen die Verwerfungen. Der Markt, als autonome Instanz, ist das *scandalon*, nicht die Wirtschaft als ‚natürliche Erwerbsform'.

Die europäische Idee der Wirtschaft ist durch die Idee der Limitation des Marktes bestimmt, bis in die Moderne. Die kulturelle Genetik der europäischen Wirtschaftsauffassung ist latent anti-kapitalistisch.

2. Arm und Reich: Zur Transformation der vorklassischen in die klassische Ökonomie

Traditionell wird in der vor-klassischen Ökonomie die Einkommensverteilung als Gegensatzpaar von arm und reich dargestellt. Erst mit der „klassischen" Ökonomie des 18. Jahrhunderts werden spezifische Einkommensklassen gebildet: die Grundeigentümer beziehen Renten, die Kapitaleigner Profite und die Arbeiter Löhne. Nur wer nicht zu diesen Klassen zählt, fällt als „arm" der Fürsorge oder der Armenpolizei anheim. Arme sind keine ökonomischen Sujets, sondern gehören in eine dem Allokationsprozeß entfallene Klasse, die sich vornehmlich durch Leistungsunwilligkeit auszeichne

(Vom Bruch 1988: 99). Dennoch sind sie Mitglieder dieser Gesellschaft. Zwischen Markt- und Nicht-Markt-Sphäre spannt sich die vor-klassische Differenz von reich und arm auf. Die „klassische" Ökonomie ist, wie sich zeigen läßt, eine spezifische Lösung dieser Differenz, die einen wichtigen Teil der vor-klassischen Ökonomie bestimmen konnte: welche Art und welches Maß von Umverteilung ist nötig, um der Armut Herr zu werden?

> „Ein jedes Land, welches viel arme Leute zu versorgen hat, und hierzu öffentliche Anlagen machen muß, zeiget dadurch an, daß dessen Commercia und Manufacturen, wie auch der Land= und Acker=Bau in grossen Verfall gerathen, daß die Christliche Liebe bey denen Einwohnern ziemlich erkaltet, und daß man weder einen rechten Selectum unter den Armen zu machen wisse, noch auch ein solches Directorium habe, welches mit genugsamer Autorität, Penetration und Belieben, die zur Armen Versorgung dienliche Media in Praxin zu bringen, versehen sey. Denn wo die Commercia und Manufacturen, samt dem Feld = Acker = und Garten = Bau florieren, da hat niemand nöthig betteln zu gehen, sondern es kan jederman, wer nur arbeiten will, an sein Brod kommen" (Marperger 1733: 2).

Marpergers Text von 1733 zeigt die neuzeitliche Wandlung der Armenfrage an, die – prototypisch – bei J. Locke beginnt und bei Adam Smith eine besondere Wendung erfährt in einer, durch den Akkumulationsprozeß erwirkten, zunehmenden Vollbeschäftigung. Der Ausgangspunkt aber ist die christlich-scholastische arm/reich-Topik, die die Verteilung der „äußeren Güter" nach Kriterien einer höheren Gerechtigkeit vornimmt. Foucault spricht für die vormodernen Ökonomik explizite von einer ‚Analyse der Reichtümer' (Foucault 1974: Kap. 6.1). In drei Etappen soll die neuzeitliche Wandlung rekonstruiert werden.

- Die erste Etappe ist durch die scholastische, genauer: die thomasische Caritas-Ökonomie bestimmt (Abschnitt 3).
- Die zweite Etappe betrachtet J. Lockes Inversion des Caritas-Modells der arm/reich-Relation (Abschnitt 4);

- die dritte die Smithschen Konsequenzen (Abschnitt 5): die Transformation der Reichtümer in Kapital.

Erst mit Adam Smith konstituiert sich die Ökonomie als eine moderne Wissenschaft, die sich von der Gerechtigkeitsfrage zur Dynamik von Allokationseffizienz zuwendet. Dabei sind alle Zwischenschritte und Differenzierungen zugunsten der typischen Konzeptionen ausgelassen, denn nur so zeigt sich eine Entwicklungslinie, die erst durch die Innovation der englischen „klassischen" Ökonomie abgebrochen wird, um im 19. Jahrhundert in der „sozialen Frage" ein neues Problem zu stellen, das nur noch metaphorisch an die Protoökonomie von arm und reich der Vor-Klassik anknüpft.

3. Die ökonomische Struktur der vorklassischen arm/reich-Topik: caritas.

Im Mittelalter bleibt die Ökonomie auf ihrer aristotelischen Basis bestehen (Taeuber 1933; Langholm 1984, 1998). Die christliche Liebeslehre (die jesuanische *agape*) nötigt aber, gewisse Umstellungen vorzunehmen, die auf der aristotelischen Güterlehre (insbesondere der der Tugendgüter) aufbauen können. Thomas von Aquin konstruiert die Synthese. In der thomasischen arm/reich-Topik sind Reichtum und Armut eine weltliche Ungleichheit der vor Gott im Prinzip gleichen Menschen. Thomas von Aquins System der Güter ist wie folgt gegliedert (Steuer 1936: 34):

- Die äußeren Güter sind kein Zweck an sich, sondern auf den höchsten Begriff der *fruitio dei* ausgerichtet. Die arm/reich-Unterscheidung befindet sich im unteren Abschnitt: als Verhältnis von *necessarium*, *extrema necessitas* und *superfluum*.

- Das *necessarium* ist zweifach unterschieden: zum einen im Sinne eines Existenzminimums (*extrema necessitas*), zum anderen im Sinne eines standesgemäßen Auskommens. Alles über dieses zweite *necessarium* hinausreichende Einkommen ist ein *superfluum*, d.h. jener Überschuß, der karitativ an die Armen zu geben ist.
- Damit ist das *necessarium* nach beiden Seiten begrenzt: Es darf nicht unter das Existenzminimum fallen, darf aber auch nicht die Pflicht, Almosen zu geben, verfehlen, da sonst der Vorwurf der *avaritia*, der Habsucht erhoben wird. „Die Vernachlässigung der Almosenverpflichtung gilt als Todsünde" (Steuer 1936: 66; „pecatum mortale" 71).

> „Gott hat den Reichtum, hat das über das standesgemäße Auskommen hinausgehende nur zu dem Zweck zugeteilt, damit der Besitzer sich durch gutes Austeilen der Güter ein Verdienst erwerben könne. Was über das necessarium hinausgeht, darf nicht für sich selbst verwendet werden und andererseits darf auch wieder nicht soviel hergegeben werden, daß der Lebensstandard des Schenkers unter das necessarium sinkt" (Steuer 1936: 69).

Armut ist definiert als Arbeitslosigkeit, d.h. als Zustand, kein Einkommen aus einer Beschäftigung zu ziehen. Der Konsum C_a tendiert folglich gegen Null, wenn die reichen Christen nicht durch Almosen einen ständigen Sozialtransfer ermöglichen. Es gilt für die Einkommensverwendung:

$Y = C_r + C_a$ (C_r stellt den Konsum der Reichen, C_a den der Armen dar), wobei tendenziell $C_a = 0$, d.h. die Armen sind von der reduzierten Ökonomie $Y = C_r$ ausgeschlossen (die mittlere Einkommensklasse ist nicht weiter behandelt, da ihr Einkommen gerade zum standesgemäßen Selbsterhalt genügt und kein *superfluum* für die karitative Umverteilung übrig bleibt).

Caritas bezeichnet eine Transformation der Ökonomie $Y = C_r$ in $Y = C_r + C_a$, worin die arm/reich-Differenz nicht aufgehoben wird ($C_r > C_a$), aber die Existenz der Armen durch ein durch Sozialtransfer geleistetes Minimaleinkommen gesichert ist (nur häretische, radikalchristliche Versionen fordern $C_r =$

C_a, d.h. die Aufhebung der arm/reich-Differenz in der (assisischen oder urchristlichen) Gemeinschaft der Armen vor Gott).

In dieser Caritas-Ökonomie ist der Bedarf der Armen zwar ein Christenanspruch, aber die Höhe dieses Einkommens bleibt unbestimmt, allein durch den *superfluum* definiert. Die Armut des Bruders in Christo verpflichtet wohl den Reichen, einen ständigen Sozialtransfer zu leisten, aber die Höhe seines Transferbeitrages richtet sich nicht allein danach, was die Armen bedürfen, sondern auch danach, was er selber an *superfluum* erübrigen kann.[3]

Wenn alle Reichen die karitative Norm befolgten, ihr *superfluum* an die Armen zu verteilen, handelten sie moralisch an ihren „Nächsten" und der Bestand der Christenheit wäre ebenso gesichert wie der Erhalt der Gnade Gottes. Niemandem wäre die Teilhabe an der menschlichen Gesellschaft verwehrt, nur weil er einen schwereren Stand auf Erden hat. Die Christenpflicht, als Reicher seinen Überschuß abzugeben, wird beim jüngsten Gericht belohnt. Gegen die Tendenz der *ava-*

[3] Die *charity*-Modelle der modernen Ökonomie definieren das Verhalten der barmherzigen Spender als ‚altruistisch' (Andreoni 1988: 57 f.). Das muß im einem liberalen Systeme so formuliert werden; in der Seelen-Ökonomie der christlichen Heilslehre ist die barmherzige Gabe des *superfluum* zwar auch freiwillig, aber eingebunden in einen System der Konsequenzen von Strafe und Belohnung, so daß wir von Reputationsökonomie reden können: Barmherziges Verhalten als ein Akt, der Reputation erzeugt vor Gott. Für Thomas von Aquin hingegen gilt, „daß das Ökonomische dabei niemals als Phänomen sui generis in Erscheinung tritt, bei dem es sich darum handelte zu erfahren, was es sei, auf Grund welcher „Gesetze" es etwa zu erklären sei, sondern stets als ein menschliches Verhalten, von dem es zu wissen gilt, wie es sein soll. Arbeit und Auslagen bestimmen nicht die Äquivalenz im Tausch, sondern sie existiert hier noch gar nicht. Thematisch wird immer nur der Mensch in der Freiheit seines Handelns, in seiner sollen zurückvergütet werden, d.h. es soll der andere nicht gezwungen werden, seine Sache unter diesem Preis herauszugeben. Der Bestand der *civitas* wäre dadurch bedroht. Das Ökonomische also im Sinne einer Eigenständigkeit von „Verhältnissen" der Wirtschaft sittlichen Verpflichtung als der Verantwortliche für die Welt seines Verhaltens und Gestaltens" (Landshut 1969c: 154).

ritia, der Selbst- oder Habsucht, die den ganzen Reichtum für sich selbst verwenden will, wird ein langfristiger Nutzen darin postuliert, durch tätige Nächstenliebe sich einen guten Stand im Paradies erkaufen zu können. Caritas ist, *in economic terms*, eine Investition in ‚transcendental capital'.[4]

Doch ist die Caritas-Distribution kein ökonomisches Verhalten i.e.S.: Es setzt die moralische Entscheidung voraus, den Zukunftsnutzen des Paradiesstandes höher zu wichten als den Gegenwartsnutzen eines Lebens in Reichtum. Das Handlungsmotiv ist moralisch, der Anspruch der Armen auf Almosen abstrakt, solange nicht die Reichen sich freiwillig für den Sozialtransfer entscheiden. Die Kirche – vornehmlich die Predigt als öffentlich-moralischer Appell – fungiert hierbei als sittliche Institution, die die moralische Zahlungsbereitschaft der reichen Gläubigen weckt (nachdem sie sie für ihre eigne Unterhaltung und für ihren eigenen Reichtum genutzt hat).

Die Caritas-Ökonomie hat folgende Struktur:

(1) $Y = C + S$ (Y = Gesamteinkommen; C = Konsum; S = *superfluum*)
(2) $S - A$ (A = Almosen; $A = C_a$, d.h. der Konsum der Armen)
(3) $Y = C + A = C_r + C_a$ (C_r = Konsum der Reichen)

Die normative Bedingung (2) $S - A$ hängt wiederum davon ab, was als standesgemäßes Einkommen bzw. als standesgemäßer Konsum definiert ist. Wenn wir den standesgemäßen Konsum

[4] Der ‚Gott Gefällige' erhöht durch seine ‚guten Werke' seine Reputation vor Gott; d.h. bei jüngsten Gericht bekommt er Pluspunkte ausbezahlt. Gott führt (im Katholischen über die Engel) ein imaginäres Konto für jede Seele. Die Reputationsökonomie ist ein gewaltiges Seelen-Buchhaltungssystem. Aus der Sicht der Gläubigen sind ‚gute Werke' Investitionen in ein Kapital, das sich ‚auf Erden' nicht auszahlt (oder nur kontingent, durch besondere Gnade), aber später Früchte trägt, durch gute Plazierung ‚im Himmel', oder als Auslassung des Fegefeuers etc.

der Reichen mit C^*_r bezeichnen und gleichfalls das lebensnotwendige Existenzminimum der Armen mit C^*_a (die *extrema necessitas* als standesgemäß interpretiert), dann gälte eine normative Gleichgewichtsrelation $Y = C^*_r + C^*_a$, in der $C^*_a = Y - C_r$ für C_r die unabhängige Definition des Standesgemäßen aufhebt. Denn jede autonome Festsetzung der *necessarium* (C^*_r) / *superfluum* (S) – Relation der Reichen würde die unchristliche Eigenschaft haben, den Konsum der Armen unter das notwendige Transferniveau (*extrema necessitas*) fallen lassen zu können. In dieser normativ-radikalen Version determiniert der Anspruch der Armen auf Caritas-Transfer (C^*_a) die Höhe des karitativ zulässigen Konsums der Reichen bzw. den Teil ihres Einkommens, der den *superfluum* umfaßt.

In dem Sinne reicht die freiwillig moralische Entscheidung der Reichen nicht aus, die Armenversorgung effektiv zu gewährleisten, solange allein die Bedingung $S > 0$ gilt. Um $S = A = C^*_a$ zu erfüllen, müßte ein Caritasmarkt installiert werden, der den effektiven Bedarf der Armen offenbart, um ein effektives *superfluum*-Angebot zu tätigen. Solange die moralische Freiheit darin besteht, $S < C^*_a$ definieren zu können, bleibt die Verteilung des *superfluum* unbestimmt, so daß nicht gesichert ist, für alle Armen die *extrema necessitas* zu erlangen.

Es gibt kein allgemeines Wohlfahrtskriterium, da es keinen kollektiven Fond aller Reichen gibt, keine S-Kollekte. Der individuelle Almosen-Transfer bevorzugt im Prinzip einen oder eine Gruppe von Armen vor anderen.

Die spezifische Pareto-Optimalität der Caritas-Ökonomie besteht darin, den unverschuldeten Nutzen des gottgewollten, gnadengeschenkten Reichtums nicht zum Nachteil der unverschuldet (aus Gottes weisem Entschluß) in Not Geratenen zu verwenden. Da es keine ökonomische Beziehung außer der moralischen Distributionsregel zwischen arm und reich gibt, ist die pareto-optimale Teilhabe der Armen am Wohlstand der Reichen eine moralische Norm, die den Nachteil aufweist, kein Effizienzmaß außerhalb der moralischen Schuldentilgung zu haben.

Alles hängt von der Festlegung der Standesgemäßheit ab; diese aber verschiebt sich, wenn die Einkommen sich entwickeln. Die Institution Kirche, als quasi-Regulator des S – A-Gleichgewichtes, ist nicht notwendigerweise daran interessiert, C^*_a hoch zu setzen, da sich bei relativ höherem S und bei konstantem C_r die Abgabequote an die Kirche erhöht.[5]

Zwischen ihrer Funktion als Caritas-Kollekteur und ihren eigenen Wohlfahrtsmaximierungen wechselten die Präferenzen im Maße der Konjunkturen der Ver- und Entweltlichung der Kirche im Mittelalter. Je nach (standes-) politischer Konstellation kann selbst bei wachsendem Y die Höhe von C^*_a konstant bleiben oder sinken (wenn entweder C^*_r sich erhöht oder S um St_k, d.h. um den Teil der Kirchensteuer oder -abgaben und Spenden sich mindert, der nicht den Armen zufließt (wenn $St_k = K$, anstelle von $St_k = K + A$).

Die Caritas-Ökonomie ist statisch. Alle Einkommenszuwäche werden moralisch verteilt. „Investitionen" sind, wiederum statisch, dem notwendigen, standesgemäßen Einkommen zugeschlagen. Die gesellschaftliche Ordnung der Hierarchie der Stände erlaubt nicht, die Einkommenszuwächse so neu zu definieren, daß sie das Niveau des standesgemäßen Einkommens ohne weiteres heben können. Die Gerechtigkeit – *iustitia distributiva* – verlangt eine Proportionalität der Standeseinkommen. Problematisch wird dieses Konzept durch den zunehmenden Handelsreichtum im späten Mittelalter und in der Neuzeit.

Die im Handelsreichtum offenbarte Fähigkeit, klug Gewinne zu erwirtschaften[6], wird durch die Caritas-Distribution erschwert: Je reicher ein Kaufmann wird, desto größer ist auch sein *superfluum*, d.h. sein moralischer Umverteilungsfond. Die

---

[5] Nur wenn die Kirchenkollekte St_k – bei relativer Konstanz der Unterhaltungskosten K – ihre Vergrößerung ganz an die Armen weitergibt ($St_k = K + A$), erfüllt sie ihre karitative Aufgabe. Aber die Kirche hat noch andere Aufgaben zu erfüllen im Mittelalter, z.B. muß sie ihre Macht repräsentieren.

[6] *industria et diligentia*: Langholm 1984: 100-103.

nötigen Investitionen sind kein besonderes Problem; sie zählen zum notwendigen Aufwand seines Standes. Wenn aber die Gewinne größer ausfallen als die Reinvestitionssummen, entsteht das Problem, den Stand aufzuwerten, damit sein ‚standesgemäßes Einkommen' größer ist als in der tradierten Sozialontologie definiert. Würden (risikoreiche) Fern-Handelsgewinne nur den *superfluum*, nicht aber das privat verfügbare Einkommen erhöhen, würden sie nicht oder nur im geringen Maße getätigt. Solche Handelsinvestitionen, die Gewinn und *superfluum* erhöhen, brauchen Incentives für legitime private Einkommenserhöhungen, damit schließlich auch der Almosentransfer sich erhöhen kann.

Dadurch modifiziert sich die Einkommensgleichung der Caritas-Ökonomie:

(1a) $Y = C^{*}_{r} + I + S.$

I (Investition) ist noch nicht genau definiert: ob sie ein notwendiges Bestandteil von C^{*}_{r} ist oder ein Abzug von S. Je bedeutsamer der Handelsstand in der gesellschaftlichen Ordnung wird, desto größer wird sein ihm als standesgemäß zugeschriebener (ostentativer) Konsum. Andererseits sind die relativ größeren Gewinnmöglichkeiten dieses Standes auch Gewissensgrund genug, sich schuldig zu fühlen vor seinen Brüdern in Christo, um auch den karitativen oder Almosentransfer zu erhöhen. Doch bleibt diese Interdependenz von Gewinn, Investition und karitativer Umverteilung ein noch nicht systematisierter Zusammenhang: eine Version der Protoökonomie, deren moralische Freiheitsgrade nicht garantieren, daß das Verteilungsverhältnis von arm und reich effizient gelöst wird. Die karitative

[7] Damit ist die Präferenz der Reichen nicht als altruistische definierbar. Altruismus hat seinen Zweck darin, von den eigenen Zwecken, d.h. vom Selbst-Interesse abzusehen. Die Zahlung aus Schuldigkeits- oder Buße-Motiven aber verfolgt einen anderen Zweck als den, den Armen zu helfen oder seinem eigenen Interesse zu entsagen. Vielmehr bezweckt sie durchaus eigene Interessen, die in diesem Falle nur nicht „von dieser Welt" sind. Zwecke, die ‚transzenden-

superfluum-Distribution nimmt *kein Maß am Bedarf der Armen, sondern am Schuldigkeits-Bedarf der Reichen.*[7]

Die Caritas-Ökonomie hat ein einseitiges Incentive-System entwickelt: Die Armen erhalten Minimaleinkommen und Realtransfers, die sie nehmen, aber nicht frei verfügen können. Die Reichen geben, definieren aber auch die Zwecke der Gabe. Sie halten dadurch die Armen abhängig, mit der Konsequenz, daß sie die Armen nicht „reicher" machen dürfen als sie im *status ante quo* ihrer Armut sind. Hypothetisch senkt jedes Almosen, das den Armen eigene Einkommensmöglichkeiten eröffnet, den Nutzen der Reichen, den sie aus ihrer Schuldigkeitszahlung ziehen. Logisch wäre ein Transfer, der alle Armen in den Stand der Einkommensselbständigkeit setzte, ein Zustand, der es den Reichen verunmöglichen würde, weiterhin Demut und Barmherzigkeit beweisen zu können. Sie wären, in der Logik der Caritas-Ökonomie, ganz auf die *avaritia*, den Eigennutz festgelegt, d.h. aller Moral entkleidet.

Die Folge heißt, daß der Nutzen der Barmherzigkeit oder *caritas* für die Reichen um so größer wird, je geringer ihre Almosenzahlungen ausfallen, da somit allein garantiert ist, daß die Chance der Barmherzigkeitsnachfrage – und damit die Ent-Schuldigung vor Gott für ihren Reichtum – kontinuierlich erhalten bleibt.

Die Armen, als passive Rezeptoren der *caritas*, haben selbst keinen Einfluß auf die Superfluidität der Reichen, außer durch die ostentative Darstellung ihrer Armut und durch die strategischen Reflektion der Reichen, daß sie in dem Falle, daß Gott ihnen seine Gnade entzöge, ebenso auf barmherzige Unterhaltung angewiesen wären. Hinter dem „veil of mercy" verbirgt sich die Fügung Gottes, gegen die durch Almosenzahlungen Versicherungsleistungen gegen Standesverlust erkauft werden können.

---

talen' Bedürfnissen folgen, sind anders zu bewerten als altruistische. Die Ökonomie, die wir als Ökonomik betrachten, ist irdisch-begrenzt.

Wir können die Caritas-Ökonomie als ein transzendentalpragmatisches Versicherungssystem auffassen, das angesichts des Risikos des jederzeit möglichen Gnadenentzugs Gottes die Reichen Transferbeiträge an die Armen zahlen läßt, die sie im Falle ihrer (zukünftigen) Armut aus dem *superfluum* anderer Reicher zurückerstattet bekämen. In dieser Interpretation wäre das Motiv der Reichen, barmherzig ihr *superfluum* umzuverteilen, völlig unabhängig von der Nachfrage der Armen nach Lebensunterhalt definiert – es wäre einzig eine doppelte Investition der Reichen gegen die Möglichkeit der eigenen Armut und für die Erringung einer guten Ausgangsposition beim jüngsten Gericht.

Doch ist hier genau zwischen der Struktur dieser Ökonomie und den zulässigen Handlungsmotiven zu unterscheiden: die ‚Versicherungseffekte' werden wohl wahrgenommen, allein haben sie im ‚rechten Glauben' zu geschehen, d.h. aus reuiger Buße, nicht strategisch klug kalkulierend. Beim jüngsten Gericht zählen die wahren Motive, nicht nur die Resultate.

Die scholastische Theologie ist klug genug, eine Hilfestellung einzurichten: die allfällig falschen, egoistischen Motive der Handlungen der Reichen konnten durch spätere Reue und Einsicht in die wahren Motive zum Teil kompensiert werden. Le Goff rekonstruiert die Wucherdebatte der Scholastik in diesem Sinne: daß das Fegefeuer als zwischengeschaltetes *purgatorium* zwar zur Strafe für ökonomische Sünder erfunden worden sei, aber mit dem guten Zweck verbunden ist, danach den Platz im Paradies garantiert zu bekommen.[8] Folglich bleibt

[8] Le Goff 1988: 68 ff. In diesem Rahmen entstehen – nach Le Goff – Ausnahmen, die Zinsnahme legitimieren: 1. *damnum emergens*, 2. *lucrum cessans*, 3. *stipendium laboris*, 4. *periculum sortis*, 5. *ratio incertitudinis*. Die ersten drei Ausnahmen sind Entschädigungen (zu 1 aufgrund verspäteter Rückzahlung, zu 2 aufgrund der Verhinderung eines statthaften Gewinnes, zu 3 als Vergütung für Arbeit), die letzten beiden beruhen auf Risikogründen: zu 4 aufgrund der Gefahr, verliehenes Kapital zu verlieren, zu 5 in Erwägung der Unsicherheit (Le Goff 1988: 75 ff.). „So hat eine wachsende Zahl von Wucherern Aussicht, vor der Hölle errettet zu werden, sei es durch eigene Mäßigung oder durch die Verschiebung ihrer Tätigkeit in neuen Bereichen der erlaubten Zins-

das Transfereinkommen der Armen kontingent, abhängig vom Schuldigkeitsbewußtsein der Reichen.

Da – aus Gottes weisem Ratschluß – auch die Einkommen der Reichen nicht konstant sind, schwankt natürlicherweise der Verteilungsfond. Des Geschäftes Blüte mag reichlich Stiftungen bringen; der Niedergang der Reichen läßt die Armen verhungern, während die Reichen selbst ihr Auskommen – wenn auch keinen Gewinn mehr – haben mögen.

Unter der idealen Annahme, daß der *superfluum* vollständig als Almosen an die Armen transferiert wird, ist die Gewähr für die Einhaltung der *extrema necessitas*, des lebensnotwendigen Transfereinkommens der Armen, nur dann gegeben, wenn das Einkommen der Reichen genügend über ihrem *necessarium*, dem standesgemäßen Konsum liegt. Der Bereich subeffizienten Transfers vergrößert sich, wenn der *superfluum* nicht vollständig transferiert wird, d.h. weniger Arme werden am Leben bleiben können bzw. die selbe Anzahl muß mehr hungern.

Eine Lösung bot die Institution der Stiftung (aus dem Erbe nach dem Tode), die den Vorteil hatte, den Almosentransfer nicht aus den laufenden Geschäften bezahlen zu müssen, d.h. der ständigen Entscheidung zwischen ökonomischem und karitativem Kalkül enthoben zu sein, ohne der Christenpflicht zur Barmherzigkeit sich völlig zu entziehen.

Zum anderen bot die Stiftung eine gewisse Transfer-Angebots-Kontinuität, d.h. ein Vermögen, dessen Transfervolumen prospektiv berechnet werden konnte (bei relativ konstantem Zinsniveau). Dennoch blieben die Einrichtung der Stiftungen sowie ihre Vermögensausstattung kontingent, d.h. nur indirekt bedarfsorientiert. Eine Koordination der verschiedenen Spenden- und Stiftungsaktivitäten wurde durch die kirchliche Verwaltung geleistet, der städtische Institutionen bald beiseite

---

leihe. Doch zahlreiche Wucherer bleiben wegen ihrer Berufspraktiken ... von der Hölle bedroht" (Le Goff 1988: 77). Für sie wird im 12. Jahrhundert das Fegefeuer neu etabliert; die Theologie paßt sich der Darlehenspraxis an. Die vormals absolute Verdammnis wird zu einer relativen; die Theologie wird Sozialpolitik.

standen, so daß eine gewisse organisatorische Effizienz erreicht werden konnte, aber kein ökonomisches System, das die Ursachen der Armut, den Beschäftigungsmangel, behebt.

Im Wesentlichen blieb die karitative Almosenökonomie aber auf ‚small groups', auf einen überschaubaren Nahbereich der Städte oder Herrschaften begrenzt, innerhalb dessen der superfluide Transfer und der Armenbedarf überblickt werden konnte. Solange die Caritas-Ökonomie die Barmherzigkeitszahlungen als „Nächsten"-Liebe betreiben konnte, konnte ein gewisses lokales Gleichgewicht entstehen.

Erst die Landes-oder Territorial-Ökonomie des 17. Jahrhunderts, mit der Verarmung ganzer Landstriche und mit der Armutsagglomeration in den größer gewordenen Städten begann die Armenfrage eine Dimension zu erlangen, die – wie das anfängliche Marperger-Zitat gut belegt – eine ‚Polizey', d.h. Vorsorge und Koordination der Armenpflege nötig zu machen (Vom Bruch 1988). Doch von größerer Bedeutung wurde die Frage, wie der neuen Dimension großer Armenkollektive begegnet werden konnte. Die freiwilligen, bußegelenkten Spenden reichten nicht mehr aus, der Christenpflicht effizient zu genügen. Man begann, über die Frage der Armenversorgung hinaus die Frage der Armutsbeseitigung zu reflektieren, d.h. Arbeitsbeschaffungsmaßnahmen.

4. Die neuzeitliche Alternative: Ökonomie anstelle von Moral: John Locke

Einen entscheidenden Schritt zur Transformation der Caritas-Ökonomie in die spätere „klassische" *Political Economy* leistet John Lockes Arbeit/Eigentum-Regel.[9] Beider – der Reichen

[9] In seinem berühmten 5. Kap. der II. *Treatise of Government* definiert Locke, daß das Eigentumsrecht nur durch die dafür aufgewendete Arbeit legitimiert werden kann. Damit trennt er das Recht der *occupatio* vom Recht der

wie der Armen – Status wird an ihre Leistungsfähigkeit gebunden. Folglich wendet sich Locke ausdrücklich gegen die Caritas (*charity*), wenn sie nicht die gerecht die Leistungen berücksichtige (*justice*-Aspekt) (Priddat 1988: 106 ff.):

> „Denn für einen besitzenden Mann wäre es stets eine Sünde, wenn er seinen Bruder durch mangelnde Unterstützung aus dem eigenen Überfluß (plenty) umkommen läßt. Wie die Gerechtigkeit (justice) jedem einen Anspruch auf den Ertrag seines ehrbaren Fleißes (honest industry) gibt (...), so gibt die Barmherzigkeit (charity) jedem Menschen, der sonst keine Mittel für seinen Lebensunterhalt hat, einen Anspruch auf den Teil vom Überfluß des anderen, der notwendig ist, ihn vor äußerster Not zu bewahren“ (Locke 1977: I § 42; Locke 1982: I § 42).

Beide – *justice* wie *charity* – sind gottgefällige Handlungen, die aus dem Überfluß, dem Reichtum erfolgen; aber *charity* wird auf den Fall äußerster Not reduziert. Der Normalfall ist der Lohn für den Fleiß der Arbeit.

Der *superfluum* bleibt bestehen, wandelt aber seinen Charakter: er wird nicht mehr selbstverständlich an Arbeitslose verteilt, sondern nach strengen Kriterien.

Nicht mehr der Mensch als bloßer Christ, sondern der, der – als tätiger Christ – arbeitet, hat Ansprüche auf den *superfluum*. Die menschliche Würde ist kein Maß mehr an und für sich, sondern gebunden an die Kompetenz der Arbeit, die eine doppelte Bedeutung erhält: zum einen als Mit-Arbeit am Schöpfungsprozeß der Vollendung der Erdenherrschaft der mit Vernunft ausgezeichneten Geschöpfe, zum anderen als tätige Selbsterhaltung durch Arbeit (Priddat 1998b). Damit sind neue Maßstäbe gestellt: wer arbeitet, schafft Eigentum. Die Armen erscheinen als Kooperateure, die den *superfluum* der Reichen, d.h. der Eigentümer mitschaffen, der ihnen aber jetzt als Einkommen für ihre Arbeit zufließt.

---

appropriatio. Genauer siehe: Priddat 1988, Brocker 1992, Priddat 1998b, besonders aber: Locke 1977: II, Kap. 5.

Die rechtliche Basis ändert sich. Die Christen erscheinen in Lockes Konzeption (im I. und II. *Treatise of Government*) als Usufructuare Gottes, die die Erde im Maße ihrer eigenen Bearbeitungsleistungen in Pacht übernehmen.[10] Die Ökonomie enthält eine produktionstheoretische Basis. Einkommen (Y) ist kein Gnadengeschenk Gottes mehr, sondern Ergebnis der eigenen Arbeit.

Zwar gilt weiterhin die Einkommensverwendungsgleichung

(1) $Y = C_r + S$,

aber S erhält eine andere Bedeutung: Es ist nicht mehr der thomasische *superfluum*, sondern jener Teil des Gewinns, der in Löhne ‚investiert' wird, d.h. in die Mitarbeit zur Erhaltung des eigenen Eigentums. Da $S = Y - C$ ist, ist ein hoher Konsum der Reichen beschäftigungsmindernd, d.h. ein Verstoß gegen die Neudefinition der Christenpflicht, sich und die anderen zu erhalten. Locke verweist ausdrücklich auf die Maxime aus Gen. 1, 26 : „Seid fruchtbar und mehret Euch, und machet Euch die Erde untertan" (Locke 1977: I § 33 und 41).

Es gilt weiterhin:

(2a) $S - A$,

aber mit völlig neuen Prädikationen. Der *superfluum* S ist bei Locke kein Abzug vom Konsum der Reichen, sondern fast ausschließlich Investition in Lohnarbeit (A). A indiziert jetzt nicht mehr das Almosen, sondern die entgoltene Arbeitsleistung. Die Einkommensentstehung ist auf autonome Faktorleistungen: auf Arbeit, rückführbar. Das Einkommen der Arbeiter ist nicht mehr, wie das der Armen der Caritas-Ökonomie, aus Transfers, sondern aus Leistungsentgelten, Lohneinkommen, bezogen. S ist zwar – auch bei Locke – noch ein *superfluum* (Locke

[10] Priddat 1998b. Der *ususfructus* erlaubt die Abschöpfung der Früchte eines Ackers, bei gleichzeitiger Gewährleistung des Erhalts seiner Fruchtbarkeit.

spricht vom „overplus" (Locke 1982: II § 50)), aber kein Verteilungs-, sondern ein Investitionsfond.

Damit wird die moralische Entscheidung der Reichen, zwischen Standesgemäßheit ihres Konsums und caritativem Almosentransfer das richtige Maß zu finden, in eine ökonomische verwandelt, die die Höhe der ‚Investition' in Beschäftigung nach dem erwarteten Gewinn aus der Arbeit bemißt.

Doch verwendet Locke den Investitionsbegriff nicht, ebensowenig hat er einen Kapitalbegriff. Auch fehlt eine Arbeitsmarkttheorie. Das hängt mit Lockes ‚merkantilistischer' Außenhandelsbilanzüberschußtheorie zusammen,[11] die den Reichtumszuwachs der Nation aus den Handelsgewinnen erklärt. In dem Maße, wie die Kaufleute und Händler durch Welt- und Seehandelsausweitungen ihre Gewinnmöglichkeiten verbessern, verbessern sich auch die Beschäftigungsmöglichkeiten, die Nachfrage nach inländischen Arbeitskräften steigt und die positive Handelsbilanz erzeugt Vollbeschäftigung.

Lockes Konzeption ist fast identisch mit der anfangs von Marperger zitierten Einschätzung; die Armenfrage löst sich durch außenhandelsinduzierte Beschäftigungsausweitung. In dieser Handels-Wachstumsökonomie gibt es keinen Angebotsüberschuß an Lohnarbeitern bzw. Nicht-Eigentümern. Gewinne und Reichtumssteigerungen sind vollständig legitim, wenn sie nicht den „amor sceleratus habendi",[12] die *avaritia* der thomasischen Caritas-Ökonomie, fördern, sondern tätig für die Erhaltung der Eigentumsnutzung verwendet werden. Arbeitslosigkeit, d.h. Lockesche Armut, ist fortan nicht mehr ein moralisches Problem der Konsumeinschränkung der Reichen, sondern ein ökonomisches Problem des Investitionsmangels. Dieser Zustand ist für Locke identisch mit einer negativen Außenhandelsbilanz.

Denn auch der Gebrauch des Geldeigentums aus Gewinnen unterliegt der Eigentum/Arbeit-Regel. Das Geld soll nicht als

[11] Priddat 1988: 187 ff.; vgl. auch Brems 1980.

[12] „das böse Begehren": Locke 1977: II § 111.

Schatz gehortet (*hoarding, idle money*), sondern tätig in Umlauf gebracht werden: durch reale oder Geldanlage. Im ersten Fall tätigt man den Gebrauch selbst, im zweiten gibt man anderen die Gebrauchsgelegenheit. Folglich muß der Zins frei sich bilden können, damit das Geldangebot die verschiedenen Gewinnchancen bedienen kann, die weder eine Zinspolitik noch der Geldverleiher überblicken kann.[13]

Die Arbeiter sind bei Locke im Status der Eigentumslosigkeit, nicht aber der Armut. Als Eigentumsloser ist der Arbeiter nicht einkommenslos. Die Eigentümer sind auf die Arbeiter angewiesen, denn nach der Eigentumslegitimationsregel Lockes darf nur derjenige als Eigentümer gelten, der es durch tätige Bearbeitung erhält. Da die eigene, persönliche Arbeit nur ein gewisses, limitiertes Maß an (Grund-)Eigentum erhalten kann, ist es für die Eigentümer dann nötig, andere dann zur Mit-Arbeit anzustellen, wenn sie ein größeres Eigentum besitzen, als sie selbst bearbeiten können.

Die Standesaufteilung in arm und reich ist durch die von Eigentum/Arbeit ersetzt. Die Eigentümer nehmen die Stelle der Reichen ein, die Arbeiter aber nicht die Stelle der Armen. Arm ist nur noch jemand, der nicht arbeitet. Gibt es Gründe für seine Arbeitsinkompetenz, muß ihm – nach den Regeln der Caritas-Ökonomie, die in diesem Fall weiterhin gelten – brüderlich geholfen werden; gibt es aber keine legitimen Gründe, ist der Arme entweder zur Arbeit zu zwingen oder aber nicht der Caritas wert. Seine Weigerung, den christlichen Stand der Arbeit einzunehmen, ist eine Versündigung gegen das Selbsterhaltungsgebot, daß Gott in Gen. 1,26 ausgesprochen hat.

Die (alten) Armen der Caritas-Ökonomie erscheinen in Lockes Konzeption als ungerechte Beansprucher des allgemeinen Reichtums, da sie nicht arbeiten wollen, obwohl sie können. Sie gelten – am neuen Arbeits-Ethos gemessen – als faul, im Status gleich den Indianern Amerikas, die sich nicht in die

---

[13] Locke 1963; Priddat 1988: Kap. III.

Pflicht nehmen, ihr Land effizient und umfassen zu kultivieren, weshalb den englischen Christen geboten sei, deren Ländereien zu kolonialisieren oder durch intensiven Handel zu nutzen. Der faule Arme – gegenüber den „industrious men“ – rückt in die gefährliche Nähe der Heiden, die Gottes Schöpfungspläne mißachten.

Lockes Ökonomie beschreibt eine expansive Handelswirtschaft. Handelsmöglichkeiten gibt es auf der Welt genügend; die internen Restriktionen aber müssen aufgelöst werden, besonders die politische Zinstaxierung. Ein politisch niedrig gehaltener Zins schützt zwar die Darlehensnehmer vor Überforderung. Doch ist diese Art des Wucherverbots in einer expansiven Handelsökonomie kontraproduktiv, da es die Gelder liquide halten läßt, warten lassend auf gute eigene Gewinngelegenheiten, anstatt sie, parallel zur steigenden Nachfrage durch die Kaufleute und Seehändler, für deren Investitionen bereitzustellen (Priddat 1988: 127 ff., 236 f.).

Das – in der Scholastik hochbedeutsame – Wucherverbot bezog sich weniger auf Investivkredite, sondern vornehmlich auf private Darlehen. Deren Rückzahlungsmöglichkeiten waren begrenzt, solange sie nicht durch Aussicht auf gute Gewinnmöglichkeiten gesichert werden konnten. Die Darlehenszinshöhe sollte in einem gerechten Verhältnis zu den Einkommensmöglichkeiten stehen, um lebenslange Schuldverhältnisse zu vereiteln.

Kredite für gewinnträchtige Handelsgeschäfte aber werden durch die Wucherge- und -verbote behindert; die Entwicklung einer Kapitalwirtschaft bleibt auf die Eigenkapitalquote restringiert. Die scholastische Theorie hat sich über die Jahrhunderte zur Genüge auf diese neuen Problemstellungen eingelassen und zunehmend Ausnahmen definiert (Le Goff 1988). Locke nimmt diese Problematik wieder auf und löst sie radikal, indem der den Zins der Geldmarktentwicklung überläßt. Damit ist die Voraussetzung für Investitionsmöglichkeiten geschaffen, die über die bisherigen Möglichkeiten hinausgehen können. Erst unter diesen Bedingungen aber ist auch die Beschäftigungszunahme möglich, bis in die Vollbeschäftigung. Locke definiert die Voraussetzungen für eine freie Marktwirtschaft, die ihre Dynamik – vorerst auf die Außenhandelsökonomie begrenzt – erst zu entfalten lernt.

In der deutschen und österreichischen Cameralistik[14] – Marperger war ein erster Hinweis – tritt die Armenpolizei im 17. und frühen 18. Jahrhundert repressiv auf, indem sie für Zwangseinweisungen in Zuchthäuser plädiert.

> „Der auf die Beförderung der allgemeinen Glückseligkeit in Staats- und Einzelwirtschaft, in Gewerbe, Industrie und Landwirtschaft gerichtete Optimismus ließ Armut und Not zu keinem zentralen Thema werden. Nicht die Behebung der Not, sondern die Reichtumsmehrung stand im Mittelpunkt ihrer materialen Ökonomie und Polizeilehren. Es widerspräche daher der Eigenart kameralistischer Denker, ihre Vorstellung von ‚Sozialpolitik' auf die Armutsfrage zu begrenzen, bei der in der Tat das zeitgemäße Plädoyer für Zwangsarbeitshäuser zumeist vorherrschte. ‚Sozialpolitik' war vielmehr gleichbedeutend mit ‚Wohlfahrtspolizei', zielte mehr auf die Bedingungen zur Verhinderung von Armut und die Vermehrung von Reichtum, als auf die Beseitigung von vorhandener Armut und die Bewältigung ihrer Folgen ab" (Vom Bruch 1988: 99).

Vom Bruch kapriziert sich in diesem Zusammenhang wesentlich auf Zincke, Darjes und von Justi, im 17. Jahrhundert auf Becher und Schröder. Doch entwickelte sich das ökonomische Denken der Armutsfrage bereits: Zincke – und später Pfeiffer – erörterten ansatzweise bereits das Verhältnis von Armut und Arbeitslosigkeit. Zincke ging – im Rahmen einer Staatsvertragskonzeption – soweit, den „Armen einen unmittelbaren Rechtsanspruch auf Versorgung zu bescheinigen" – was Pfeiffer ausdifferenzierte in die Formen selbstverschuldeter und unverschuldeter Armut. Letztere schaffe Ansprüche an den Staat;

---

[14] Cameralistik wird die deutsche und österreichische Ökonomie des 17. und 18.Jahrhunderts genannt, die vornehmlich eine Staatswirtschaft formuliert, mit starken politischen Regulationen (‚Policey'). Vgl. Vom Bruch 1988, Tribe 1988; immer noch: Maier 1980.

die erstere sei mit den bewährten Zwangsmitteln zur Leistungswillfährnis weiter zu behandeln (Vom Bruch: 100). Bei Pfeiffer finden sich bereits wesentliche Elemente der späteren allgemeinen Sozialversicherung konzeptionell vorbereitet (Napp-Zinn 1955: 55 f.).

Vom Bruch betont in diesem Zusammenhang die theoriegeschichtlich noch unterbewertete cameralistische Disposition der Lösung der „socialen Frage", wie sie im späten 19. Jahrhundert von der „historischen" Schule der deutschen Nationalkökonomie, von Schmoller et al. vorbereitet und erörtert wurde (Vom Bruch 1988: 101; vgl. Priddat 1995).

Tatsächlich besteht eine „nationalgeschichtliche Kontinuität mit erstaunlicher Prägekraft" (Vom Bruch 1988: 101), die aber in ihrer staatswirtschaftlichen Tendenz im Kontrast steht zu der Lösung der arm/reich-Problematik, wie sie die englische „klassische" Ökonomie, vornehmlich bei Adam Smith, anbot. Beiden Lösungen aber ist gemeinsam, daß sie die caritativ-moralische Tradition der „religiös motivierten Mittelbeschaffung" aufheben wollten. Aus seiner Staatsvertragstheorie heraus „befürwortete Zincke zur Finanzierung der staatlichen Armenpflege eine Armensteuer, während religiös motivierte Mittelbeschaffung allenfalls subsidiär infrage kam" (Vom Bruch 1988: 100).

5. Die „klassische" englische Ökonomie Adam Smiths

Die lockesche Gleichung (1a): $Y = C_r + S$ (genauer ist C_r kein Konsum der Reichen, sondern der Eigentümer: C_e) ist fast identisch mit der $Y = C + I$ (C ist der Konsum der Kapitaleigner, I deren Investition) – Gleichung der „klassischen" Ökonomie. Wohl gibt es noch signifikante Unterschiede; aber die Dispositionen sind bei Locke gemacht.

Bei Smith bedeutet S: Sparen. Der Gewinn (*profit*) der Reichen wird, wie in der Caritas-Tradition, in einen notwendigen (C) und in einen ‚überflüssigen' Teil (S) geschieden. Gespart wird der Teil vom Gewinn, der nicht dem unmittelbaren Konsum zufließt. Entscheidend ist folgende Bedingung:

> (2b) S – I (S = Sparen; I = Investition).
>
> (2b) ist fast identisch mit der lockeschen Verhaltensbedingung: (2a) S – A. Neu ist Smiths Definition eines „Arbeitsmarktes", der nicht S unmittelbar in Arbeit (A) umsetzt, sondern zusätzliche Bedingungen nennt. Die Nachfrage nach Lohnarbeitern ist abhängig vom investierten Kapital im Verhältnis zur Lohnhöhe: N = K/w (dabei ist N die Menge der effektiv nachgefragten Arbeiter, K der Lohnfond, d.h. für die Beschäftigung bereitgestellte Investitionssumme und w der Lohnsatz).

Der Lohn definiert den Lebensstandard der Arbeiter. Hohe Löhne verleiten sie zu vermehrter Kinderproduktion, die langfristig das Arbeitsangebot erhöht, so daß, bei konstanter Arbeitsnachfrage, die Löhne sinken. Damit reduziert sich die Erhaltungsmöglichkeit größerer Kinderzeugungen, das Arbeitsangebot geht zurück und langfristig erhöht sich – in einer Wachstumsökonomie – wieder die Nachfrage nach Arbeit, die, bei mangelndem Angebot, die Löhne steigen läßt, et vice versa (Smith 1978, 1. Buch, Kap. 8).

Smiths Ökonomie ist eine Kapital-Akkumulationsökonomie. Nur wenn der Gewinn aus vergangener Kapitalinvestition reinvestiert wird, steigt die Beschäftigungsnachfrage. Smiths S – I-Bedingung ist eine normative Bedingung, die Max Weber später als ‚calvinistische Askese' zur Entstehungsbedingung des Kapitalismus ernennt. Sie ist – über den calvinistischen Prototypus hinaus – eine Verhaltensregel, die zu beschreiben sucht, daß die Tendenz zum ‚Luxus' der Kapitaleigner kontraproduktiv ist.

Den Kapitaleignern steht es frei, ihren Gewinn ostentativ zu konsumieren oder zu reinvestieren. Aber nur wenn sie investieren, um Gewinne zu machen, können sie ihr Kapital langfristig erhalten. Ostentativer Gegenwartskonsum begrenzt die Möglichkeiten des Zukunftskonsums. Die ‚Luxus'-Frage ist keine moralische mehr, sondern eine ökonomische der effizienten Allokation (Smith 1974: 278 ff.). Damit ist auch das Gewinnstreben keine eitle Pleonexie, wie die Tradition der Moralphilosophie lehrt, sondern ein „natural interest", d.h. ein natürliches Verhalten der Selbsterhaltung des Kapitaleigners, das im Allokationsnexus der arbeitsteiligen Produktion die Miterhaltung der anderen – Kapitaleigner wie Lohnabhängige – reproduziert.

Hegel, ein Kenner der ökonomischen Debatten, faßt 1819/20 die Resultate der Luxus-Debatte des 18. Jahrhunderts nocheinmal zusammen:

> „Ein Mann von Reichtum in alten Zeiten unterstützte andere direkt; er speiste Arme und tränkte sie, kleidete die Nackten. Die andere Verwendung des Reichtums ist, wenn derselbe zum Luxus verwendet wird. Diese Verwendung hat die höhere Wirkung, daß die anderen die Befriedigung ihrer Bedürfnisse nur erhalten unter der Bedingung, daß sie tätig sind. Den reichen Mann, der viel auf sich und seinen Genuß verwendet, kann man vom moralischen Standpunkt aus tadeln und sagen, er solle seinen Überfluß den Armen zugute kommen lassen; dies tut er auch, aber auf eine vermittelte, vernünftige Weise" (Hegel 1819/20: 160).

Hegels Aussage ist von mehrfacher Bedeutung. Sie zeigt – pointiert – die Inversion der Caritas-Ökonomie in die moderne Version einer Beschäftigungswirtschaft. Doch geht seine Aussage über die zu Anfang zitierte von Marperger kaum hinaus. Den Überfluß den Armen zugute kommen zu lassen, hält Hegel für eine im Prinzip richtige Idee, aber ihre caritative Ausführung für ineffizient. Nicht das moralische Schuldgefühl des Reichen, seines Reichtums wegen den Armen von seinem superfluum abgeben zu müssen, sondern – umgekehrt – sein eigenes Interesse, Luxus zu genießen – schafft Beschäftigungsmöglichkeiten. Die ökonomische Lösung, durch (Luxus-)Nachfrage Arbeitsnachfrage zu erzeugen, nennt Hegel eine „vernünftigere" Art der Barmherzigkeit, die sich von der dann

‚unvernünftigen' der Caritas sehr unterscheidet. Das klingt modern, ist aber eher der lockesche Standard des 17. Jahrhunderts, der durch Smiths Konkurrenten James Steuart im 18. Jahrhundert repräsentiert wurde, als eine Rezeption der Hegel bekannten smitschen *Political Economy*.[15]

Modern – auch über Locke hinaus – ist Hegels Koinzidenz vom Eigeninteresse des Reichen und der allokativen Konsequenz, den Armen, anstatt Almosen, Beschäftigung zu geben. Modern daran ist der Bezug zu Smiths ‚invisible hand'-Theorem: daß die Verfolgung der privaten Interessen, ohne besondere moralische Rücksicht auf die anderen, dennoch den Reichtum der Nation steigere. Doch ist Smiths universale Allokationsmetapher auf eine Kapitalwirtschaft bezogen (Smith 1974: 530 und 582), nicht auf die Nachfrageeffekte einer Luxus-Konsumtion von reichen Vermögenden.

Smiths Konzeption einer Kapital-Akkumulationsökonomie verläßt sich nicht auf die nachfrageinduzierte Produktion, sondern ist – in Hegels Terminologie – noch sehr viel ‚vermittelter': anstatt seinem Genuß zu frönen, soll der ‚Reiche' selber investieren. Hier ist die S – I-Bedingung entscheidend, die Hegel – der in diesem Fall als Steuartianer auftritt (Priddat 1990, Kap. 2) – nicht kennt. In der hegelschen Interpretation würde es reichen, eine Einkommensverwendungsgleichung $Y = C_r$ aufzustellen, d.h. von der Form $Y = C_r + S$ abzusehen. Bei Hegel gibt es S weder als (thomasisches) *superfluum* noch als (smithsches) Sparen. Vielmehr geht S ein in den Konsum der Reichen, der – extensiv – Beschäftigung allein durch seine Nachfrage schafft.

Der Fortschritt dieser Sichtweise liegt einzig darin, daß die Gesamt- bzw. ‚Luxus'-Nachfrage der Reichen nicht nur die traditionellen Agrarprodukte umfaßt, sondern auch die Industrie- und Manufakturerzeugnisse, inklusive der fremder Produktion, die durch den Handel besorgt wird. Damit ist sehr wohl die Ca-

---

[15] Vgl. ausführlicher zur Smith/Hegel-Differenz und die steuartschen Einflüsse auf Hegel: Priddat 1990.

ritas-Ökonomie aufgehoben, aber die Kapitalwirtschaft noch nicht erfaßt.

Smith geht, innerhalb dieser Linie, einen entscheidenden Schritt weiter:

(1c) Y = C + S
(2c) S – I
(4) I = K + W (K = fixes Kapital; W = Lohnfond = variables Kapital. Bei Irrelevanz von fixem Kapital gilt: K = W)
(5) Y = k N (k = technischer (mehr organisatorischer, auf der Arbeitsteilung beruhender) Produktivitätskoeffizient; N die Anzahl der Arbeiter)

Die Einkommensgleichung Y = C + S ist fast identisch mit der Cariats-Formel $Y = C^*_r + S$. Dabei ist S strukturell identisch: der caritative *superfluum* dient dem Alomosentransfer für die Armen, das smithsche Sparen der Investition in Beschäftigung, woraus die ehemals Armen ihr Arbeitseinkommen beziehen. Der gravierende Unterschied besteht darin, daß das Sparen (S), durch die S – I-Bedingung, eine ökonomische Determinante darstellt, der eine freie moralische Entscheidung nur noch insofern innewohnt, als der Hang zum Verbrauch (Luxus) – der in der Vergrößerung von C auf Kosten von I gesehen wird – für ein Ungleichgewicht auf dem Arbeitsmarkt verantwortlich gemacht werden kann. Denn jeder Luxuskonsum ist im smithschen Modell ein Investionsmangel, der sich in sinkender Nachfrage nach Arbeit ausdrückt. Bei einer zunehmenden Tendenz zum Luxus der Reichen nimmt die Beschäftigungssteigerung bzw. die Beschäftigung überhaupt ab, so daß wieder Arme entstehen, d.h. Arbeitslose (Smith 1974: 280).

Hegel hat in seiner „Rechtsphilosophie" von 1821 diese Tendenz beschrieben als zunehmende Schere zwischen arm und reich, die, in ihrer Extremisierung, einen doppelten Pöbel erzeugt: den der Reichen, die sich ihrer sittlichen Verantwortung zur Investition entziehen, wie ebenso den Pöbel der Arbeitslosen, die sich ihr Recht auf Arbeit mit Gewalt einfordern – mit dem Hinweis auf die *riots* in London (Hegel 1821: § 243 – 247).

Doch ist Hegels Beschreibung der Aporie der bürgerlichen Gesellschaft nicht identisch mit der Smiths, der im Wettbewerbsprinzip des Marktes ein Korrektiv gegen den Hang zum Luxus der Reichen bzw. Kapitalisten sah. Der Wettbewerb – wenn er politisch zugelassen würde – erzeugt einen Durchschnittsprofit, der es den Kapitaleignern nicht gestattet, ihrem Hang zum Luxus nachzugehen, da sie auf die Dauer nicht jene unterstellten exorbitanten Gewinne machen. Um ihren Konsum zu haben und um ihr Kapital zu erhalten, müssen sie ständig reinvestieren. Die Marktallokation korrigiert von selbst die ihr unterstellten Exzesse (Alvey 1988: 23).

Die Aufhebung der Armut ist jetzt schließlich ein Investitionsproblem geworden, d.h. genauer: ein Problem der Akkumulationsbedingungen des Kapitals. Doch sind in Smiths Ökonomie zwei normative Bedingungen enthalten:

1. die S – I-Bedingung, die verlangt, daß die Kapitaleigner ihren Sparfond in Investition umsetzen;
2. die $A_a - N_a$-Bedingung (A_a = Arbeitsangebot; N_a = Arbeitsnachfrage), die festlegt, daß die Arbeiter das Arbeitsangebot selber, durch die Reduktion ihrer Kinderproduktion, steuern. Wenn die Wachstumsrate der (effektiven, d.h. unter Außerachtlassung der Kindersterblichkeit) Kindererzeugung unterhalb der Wachstumsrate der Reichtumserzeugung bleibt, kann es kein Überangebot an Arbeitskräften geben und folglich steigt der Lohn proportional zum Sozialproduktswachstum. [16]

Während der Kapitalist zwischen dem ökonomischen Risiko, den erwarteten Profit nicht zu realisieren, und zwischen dem moralischen Risiko, zu wenig zu investieren (d.h. zuviel zu

[16] Smith 1974: 60f. und 64; Lowe 1954: 133f.; Hollander 1973, 186; Hont 1983: 299; Alvey 1988: chap. 3.

konsumieren bzw. zu verschwenden) steht, sind die Arbeiter bei hoher Kinderzeugung dem *moral hazard* ausgesetzt, ein Überangebot an Arbeitskräften zu produzieren, das den Kapitalakkumulationsmöglichkeiten nicht angemessen ist und folglich die Geldlöhne senkt. Damit werden die Arbeiter zu einer höheren Moral gezwungen, die sie freiwillig nicht auf sich genommen hätten: ihre Fertilitätsrate – aus Eigeninteresse – zu senken, gerade dann, wenn die Löhne steigen.

Doch sind beide Verhaltensbedingungen bei Smith keine moralischen Vorschriften, sondern auf das Selbstinteresse der Individuen gegründet, die – als Kapitaleigner – Gewinne realisieren und – als Lohnarbeiter – ihren Lebensstandard erhöhen wollen. Darin zeigt sich eine vollständige Inversion der Caritas-Ökonomie.

Der *superfluum* wird nicht mehr als Abzug von disponiblen Einkommen betrachtet, dem die Gefahr innewohnt, künftig hin kein solches Einkommen mehr erwirtschaften zu können, das weiterhin ein *superfluum* zuläßt. Vielmehr wird über die Sparen/Investitions-Bedingung eine produktive Verwendung des ehemaligen Almosens erreicht, die funktional den selben Zweck erfüllt, aber vollständig anderen Motiven entspringt.

Funktional werden die Armen wie in der Caritas-Ökonomie alimentiert, aber nicht der Zustand ihrer Arbeitslosigkeit, sondern der der Beschäftigung. Folglich erscheinen die Armen nicht mehr als finale Konsumenten, sondern als Produzenten bzw. als Produktionsfaktoren, die den Gewinn mit erzeugen, aus dem sie ihr Einkommen beziehen.

Die Caritas-Ökonomie erweist sich als eine Sekundär-Verteilung der Einkommen, die einen Zustand ineffizienter Primär-Verteilung revidieren will. Eine Produktionstheorie steht ihr nicht zur Verfügung; die Primärverteilung liegt in Gottes Hand. Smith dagegen kann – aufbauend auf die Vorarbeiten Lockes – einen arbeits-wert-erzeugenden Produktionsprozeß annehmen, dessen Voraussetzung die Beschäftigung aller gesellschaftlicher Ressourcen ist. Über die Ausdifferenzierung der Arbeitsteilung werden Beschäftigungsmöglichkeiten auch für die minder Kompetenten geschaffen. Es gibt keinen Grund mehr, Nichtausbildung in Arbeitsfertigkeit zur Rechtfertigung von Arbeitslosigkeit heranzuziehen, so wie es auch keinen Grund mehr gibt, über einen Mangel an Beschäftigungsmöglichkeiten zu klagen. Die Kapitalwirtschaft ist expansiv-dynamisch ausgelegt.

> „I shewed you (...) how the far greater parts of the arts and sciences have been invented and improved to supply three great wants of mankind, or subservient to these three ends, food, cloaths, and lodging; how that mankind are far better provided in all the necessaries and conveniencies of life in a civilized than in a savage state; that plenty and opulence is far greater" (Smith 1762/63: 340).

In seinen „Lectures on Jurisprudence" von 1762/63 hat Adam Smith seine Kapital-Akkumulationstheorie noch nicht entwickelt, aber kann an der produktivitätsfördernden Arbeitsteilung bereits zeigen, daß das Wohlfahrtsniveau für alle steigt. „The dependent poor man who labours both for himself and for others" hat einen relativ höheren Lebenstandard als der „savage prince", der über zehntausend nackte Wilde gebietet (Smith 1762/63: 340). Damit sind die innergesellschaftlichen Einkommensunterschiede nicht aufgehoben; die „usefully inequality in the fortunes of mankind which naturally and necessarily arises from the various degrees of capacity, industry, and diligence in the different individuals" (Smith 1762/63: 338) bleibt bestehen.

In diesem Sinne ist die *Political Economy* eine *moral science*, indem sie die älteren Sitten und wirtschaftlichen Verhaltensweisen in neue *moral standards* überführt, d.h. in eine Verhaltensrationalität, die nicht mehr den historisch internalisierten Tugenden folgt, sondern den neuen Allokationsbedingungen. In der Unterscheidung zwischen „wealth" und „virtue" entscheidet Smith sich für den Reichtum (Hont/Ignatieff 1983: 6 f., 10 f.). Dem tugendhaften, aber armen Leben der Wilden bzw. des Naturzustandes bietet der zivilisierte Zustand der ‚commercial society' ein wohlhabenderes Leben, das allerdings auf Kosten der Gerechtigkeit geht (Hont / Ignatieff 1983: 3).

Die Einkommensdifferenzen bleiben bestehen, lösen sich im Wachstumsprozeß der später von Smith entwickelten Kapital-Akkumulation nicht auf, aber der wealth of nations erhöht sich und und läßt alle, proportional, daran teilhaben.[17]

Diese Lösung der arm/reich-Problematik ist bei Locke angelegt, wird von Smith aber präzisiert: die Lohnarbeiter bleiben zwar arm, aber nur relativ zu den sehr viel höheren Einkommen der Kapitaleigner aus ihren Gewinnen. Die Armut im smithschen System ist mit der Armut der Caritas-Ökonomie nicht mehr komparabel. Arm und reich bezeichnet jetzt Einkommensniveauunterschiede, nicht mehr die Differenz von Einkommen und Nichteinkommen.

An dieser Stelle beginnt eine andere Reflexion, die die Frage der Lohnhöhe (und ihrer Gerechtigkeit) betrifft – ein Thema, das das 19. Jahrhundert in der ‚sozialen Frage‘ so sehr bestimmen sollte. Die Frage der sozialen Gerechtigkeit ist aber, nach Smith, nicht mehr mit der – caritativ getönten – Frage nach der sekundären Umverteilung zu lösen, da das Maß einer solchen Umverteilung mit der Erhaltung der Kapitalproduktivität in Konflikt gerät. Fortan ist die „Armenfrage“ von der „sozialen Frage“, d.h. von der Frage der angemessenen, am Wachstums des Volkseinkommens orientierten Lohnhöhe, unterscheidbar.

Die ökonomische allokative Konzeption Smiths befragt jede moralische Anforderung an die Einkommensverteilung danach, wie sie das Wachstumsniveau beeinträchtigt. Die Moral des christlichen Liebesgebotes hat ihre Unschuld verloren. Es gibt ökonomische Kriterien der Beurteilung der Caritas-Effekte, aber das ist nicht das wesentliche: vielmehr erweist sich die Caritas-Ökonomie, die bis in die Neuzeit die Ökonomie der arm/reich-Beziehungen bestimmte, als subeffizient. Die mora-

[17] Zur smithschen Wachstumstheorie: Reid 1989, bes. Chap. 1 – 4.

lische Ökonomie leistet nicht systematisch, was sie verspricht. Sie war nicht in der Lage (aufgrund ihrer theologischen Ontologie), die Armut aufzulösen. Ihr Umverteilungssystem erhielt den *status quo*. Die Armen blieben, als Arme, arm, nicht als Beschäftigte, die durch ihr eignes Verhalten ihrer Armut Herr werden sollten – nicht nur mehr Arbeit, sondern durch Ausbildung von „skills", Qualifikationen und durch Vermeidung von Kinderüberschuß, die ihren Lebenstandard durch eine niedere individuelle Konsumquote und durch Lohnminderung durch Angebotsüberschuß senkten.

Smith löst mit der Dynamik eines Investitions-Profit-Beschäftigungs-Systems den tradierten ontologischen Begriff der Armut auf in einen Begriff der gesellschaftlichen Armut, deren Verteilungsantagonismus bleibt, im steigenden *wealth of nations* aber das Einkommensniveau aller erhöht.[18]

Damit ist das arm/reich-Problem in zwei Dimensionen aufgespannt: in die Horizontale der geschichtlichen Einkommenssteigerungsmöglichkeit und in die Vertikale der Einkommensverteilungsdifferenz zwischen Gewinn- und Lohneinkommen. Während die vertikale Differenz bestehen bleibt und zum Problem der Sozialökonomie wird, kann die

---

[18] Vgl. die Konsequenz der Analyse M. Patzens, der – im Vergleich des ‚Ethikers' und des ‚Ökonomen' Smith – die ökonomische Lösung des ethischen (und des theologisch-deistischen) Problems vorstellt: die ‚unsichtbare Hand' steuert „die Kapitalallokationsentscheide der Wirtschaftsakteure so, dass das Volkseinkommen maximiert *und* das Allgemeinwohl gefördert wird. Die ‚unsichtbare Hand' wirkt positiv auf Produktion und Verteilung, weil ein steigendes Volkseinkommen alle drei Revenueformen (Profit, Rente *und* Lohn) betrifft, d.h. auch das Einkommen der Lohnabhängigen wird steigen" (Patzen 1990: 29; zum smithschen Theodizeeproblem und seiner ökonomischen, ‚verzeitlichenden' Lösung: Kittsteiner 1984: 16, 51, 59 – 62). Patzens Resultat ist von besonderen Interesse, weil er den „Wealth of Nations" nicht in Kontrast zur „Theorie der ethischen Gefühle" stellt, sondern als deren Konklusion ausweist, die das ethische Ansinnen nur als ein ökonomisch lösbares behandeln kann. Die Ökonomie erscheint bei ihrem ersten großen Protagonisten als eine *moral science* (Priddat 1997b).

horizontale Differenz zwischen arm und reich im Wachstumsprozeß aufgelöst werden.

Smiths Lösung der Caritas-Ökonomie bezieht sich wesentlich nur auf diesen zweiten Aspekt. Doch verwandelt sich die ontologische arm/reich-Differenz in eine funktionale Kapital/Arbeit-Differenz. Die Reichen, die in der Caritas-Ökonomie auf die Armen nur indirekt angewiesen waren als Sujets ihrer Schuldigkeit vor Gott, werden in der modernen *Political Economy* direkt abhängig von den Leistungspotentialen der Lohnarbeiter. Das Recht der Armen vor Gott auf Barmherzigkeit wird zum Recht auf Lohn für geleistete Arbeit: die Objekte der caritativ vermittelten indirekten Gnade Gottes werden zu Wirtschafts-Subjekten, d.h. vertragsfähige Personen, die ihr Recht auf Produktivitätslöhne kollektiv organisieren. Doch ist die Epoche der Redistribution ein nach-"klassisches" Phänomen, dem Smith zwar die neuen Fundamente gegeben hat, ohne es lösen zu können.

Smiths *Political Economy* war der gelungene Antwortversuch auf die Frage, wie es kommt, daß die moderne („commercial") Gesellschaft, die das Produkt der Arbeit den Arbeitern selbst nicht zukommen läßt, dennoch in der Lage ist, einen höheren Lebensstandard für die Ärmsten der Gesellschaft herzustellen als jede der vergangenen Gesellschaften (Hont / Ignatieff 1983: 4).

Seine Antwort bestand, wenn wir unseren Gang der Argumentation rekapitulieren, darin, die Verwendung des *superfluum* ausschließlich zu einem produktiven Zweck zu fordern: S – A transformiert in S – I – über den lockeschen Zwischenschritt, das A der Caritas-Ökonomie nicht mehr als Redistribution anzusehen, sondern als Direktinvestition in Arbeit. Der neuzeitlichen Zwischenlösung Lockes fehlt noch die Kapital-Wachstums-Dynamik, die Smiths Ökonomie besonders darin auszeichnet, daß sie die Einkommen aller Gesellschaftsmitglieder zu steigern verspricht.

In der Wachstumslösung findet Smiths Ökonomie ihre moralische Rechtfertigung für den Prozeß der freien Marktallokation (Alvey 1988): denn erst die effektive Wachstum des *wealth of nations* erlaubt Verteilungslösungen, die zwar von der Caritas-Ökonomie immer beansprucht, aber subeffizient ausgeführt wurden. Am Anspruchsniveau der älteren Moral gemessen ist die Smithsche Ökonomie die Einleitung in jene *moral science*, die die *moral preferences* historisch erstmals zu befriedigen nicht nur verspricht, sondern zu realisieren beginnt.

Es ist eine Theorie der moralischen Effizienz, die die Tugend nicht – wie bis dahin nötig – als Adaption an gegebene Knappheitsbedingungen definieren muß, sondern sie auf die Kompetenz erweitert, die Knappheitsrestriktionen selbst produktiv zu erweitern – *a very progress in the history of mankind*, der ausschließt, ältere Tugendmodelle bedingungslos in das neue „system of natural liberty" einschließen zu können.

II. Political Economy: Natur-Stoff und Wert-Form: Arbeit als Transformation

1. Die metaphysische Disposition der frühen Produktionstheorie

Ein heute manchmal erhobener Vorwurf, die Ökonomie habe „die Natur" übersehen oder bewußt aus der Theorie eliminiert (Immler 1985; Binswanger 1979), läßt sich theoriegeschichtlich nicht aufrechterhalten. Die ökonomische Theorie war nicht naturabstinent, sondern hatte vielmehr eine prononcierte naturtheoretische Basis. Bis in die Neuzeit wurde ökonomisches Handeln – in aristotelischer Tradition – daraufhin geprüft, ob es naturgemäß sei; seit der ‚Klassik' hingegen war man darauf aus, sich von der Vorherrschaft der natürlichen Bedingungen des Wirtschaftens endlich emanzipieren zu können. Das setzte nun allerdings eine Theorie der natürlichen Bedingungen des Wirtschaftens voraus.

> „Die Gränzlienien zwischen dem, was durch menschliche Arbeit, und dem, was von der Natur hervorgebracht worden, ist oft nicht leicht sichtbar",

leitet James Mill zu Beginn des 19. Jahrhunderts das Kapitel über ‚Produktion' seiner ‚Elemente der Nationalökonomie' ein (Mill 1824: 9). Die „klassische" Ökonomie – von den Physiokraten bis J. St. Mill – war mit der Natur dort beschäftigt, wo es um die Transformation von Natur-Stoff oder Materie in die Wert-Formen von Gütern ging: in der Produktionstheorie. Die Materie/Form-Terminologie ist typisch für die damalige Behandlung des Themas und verweist auf einen anderen Natur-Begriff, als die ökologische Wissenschaft ihn heute verwendet. **Der ökonomische Natur-Begriff der „Klassik" ist, in seinen Fundamenten, metaphysisch.**

Für die Kenntnis der Modernisierung der Ökonomie ist die Geschichte ihrer Entlassung aus der der Natur-Metaphysik, die tief ins 19. Jahrhundert hineinreicht (vgl. Mirowski 1989), genauer zu betrachten: **Ohne Blick auf die metaphysischen Relikte sind die „klassischen" Werttheorien nicht vollständig zu verstehen.**

Zum Beispiel: Marx

Der physiokratischen Naturwerttheorie und der englischen „klassischen" Arbeitswerttheorie wurde, mit verschiedenen Begründungen, vorgeworfen, metaphysisches Konstrukt zu sein; so z.B. von J. Robinson und J. Eatwell der „klassischen" These, nur die Arbeit produziere Wert (Robinson/Eatwell 1974: 59). Vordringlich fällen sie dieses Urteil über K. Marx, der – als Neo-Ricardianer interpretiert – für die Kritik der Arbeitswerttheorie und – als Hegelianer – für den Metaphysikverdacht in besonderer Weise geeignet erscheint. Mit ihrem vom Carnap besorgten Kriterium, daß jede Tautologie metaphysisch sei (dito), sind sie allerdings nicht in der Lage, den metaphysischen Kern der Werttheorie zu erfassen, den Marx selber anspricht. Marx war sich einer metaphysischen Disposition der Ökonomie nicht nur bewußt, in seinen „Grundrissen" macht er sie sich auch zu eigen.

Ausdrücklich greift er auf den Physis-Begriff der aristotelischen Metaphysik zurück, wenn er davon spricht, daß die Materie des Baumes – das Holz – durch ein „lebendiges, immanentes Gesetz der Reproduktion" (Marx 1974: 265) notwendig, von sich aus, die Form des Baumes hervortreibt.

Die Physis produziert die ihrer Materie immanente Form. In der aristotelischen Metaphysik entspricht die Form (*eidos*) dem inhärenten Maß des Gegenstandes, in dem die Materie (*hyle*) sich äußert oder erscheint.[1] Die Arbeit, wendet Marx allerdings sogleich modern ein, ist dagegen eine beliebige und äußerliche Formierung des Stoffes und nicht mehr Ausdruck der Immanenz einer Substanz.[2] Als „zweckmäßige Tätigkeit" (Marx 1974: 266) wird die Arbeit nun selber zur „Substanz und das immanente Maß der Werte" (Marx 1969: 559).

Es bleibt hier unentschieden, ob die Arbeit – „das lebendige, gestaltete Feuer" (Marx 1974: 266) – prometheisch die Vollendung der metaphysisch allein der Physis zugestandenen produktiven Potenz ist, oder ob das „neue Pathos der Arbeit ... gegen die Natur"[3] gerichtet wird. Marx' Kritik der Politischen Ökonomie bewegt sich dort, wo es um das Verhältnis von Arbeit und Natur geht, in dem gleichen metaphysischen Hintergrundraum, in dem auch die ‚klassische' Ökonomie selbst sich aufhielt.

Zum Beispiel: Smith

In dieser Ambivalenz, in der Art seiner Thematisierung und in der verwendeten Begrifflichkeit spiegelt Marx die ungelöste Spannung der metaphysischen Disposition der „klassischen" Ökonomie, wie sie in Adam Smiths „Lectures of Jurisprudence" aus den Jahren 1762/63 noch präsent ist:

> „Die Agrikultur vervielfältigt die Materialien (multiplies the materials). ... (Die Handwerker haben ihre Arbeit darin; B.P.), diese Primärprodukte (originall productions) für uns aufzubereiten (prepare)".[4]

---

[1] Aristoteles 1966: Ab. 5 des 4. Buches, bes. aber das 7. Buch; auch: Haag 1983: 26 ff.; und: De Vries 1983: 11 ff.

[2] Marx 1974: 265; auch: Haag 1983: 104, Fn. 141 von S. 103, S. 107 und 199.

[3] Blumenberg 1957: 270; auch: Haag 1983: 101 ff.; Nolte 1983: 403 ff.; über den antiken Einfluß auf Marx allgemein: Kondylis 1987.

[4] Smith 1982: 337; die Übersetzungen sind, wenn nicht anders angegeben, vom Autor B.P.

Unter ihrer osmotischen Agraroberfläche verborgen, produziert die Natur die Materialicn[5], die – als „Material" bereits sprachlich zu Arbeitsvorlagen präparierte Materie – durch die Kunst der Arbeit zweckmäßig geformt werden. Aus der Zweck- oder Gebrauchsform entsteht der ökonomische Wert der Güter.

Der Begriff der „Produktion" bleibt weiterhin der Natur reserviert; der der „Arbeit" wird der Ökonomie zugewiesen. In diesem Sinne *produziert die Arbeit nichts*, wenn man darunter die Hervorbringung neuer Materien versteht. Erst ihre Fähigkeit, neue Werte als neue Formen zu schaffen, macht auch die Arbeit, nun aber in genuin ökonomischem Sinne, „produktiv".

„Produktion der Natur" und „Produktivität der Arbeit" sind fortan auseinanderzuhalten. Die Teleologie der Natur, die mit ihren Hervorbringungen ihre Zwecke verfolgte, ist von der Zweckwelt menschlichen Handelns unterschieden. Zwischen metaphysischer und praktischer Philosophie ist in der neuen Wissenschaft der Ökonomie ein Bruch geschaffen. Solange die Ökonomie aber in der Werttheorie nach objektiven und absoluten Bestimmungsfaktoren sucht, kann sie ihre metaphysische Disposition nicht ganz verlassen; erst die spätere Entfaltung der Markttheorie und die Analyse der relativen Preise mit ihren nutzentheoretischen Grundierungen erlöst sie davon.

Zum Beispiel: Ricardo

D. Ricardo verwendet in seinen „Principles of Political Economy and Taxation" von 1817 noch dieselbe Unterscheidung wie Smith:

> „Die Produkte der Natur werden „durch Arbeit erlangt (obtained). In Wirklichkeit produziert sie die Natur (nature, indeed produces

[5] Vgl. Weyer 1977: 181: in den älteren Vorstellungen produziert alleine die Natur, und zwar nicht nur die Früchte auf den Feldern, sondern auch die Fische im Meer und die Erze unter der Erde, die als nachwachsend gedacht werden.

> them)". Aufgabe der Arbeit sei es, die Naturprodukte „für unsere Dienste aufzubereiten (prepare)" (Ricardo 1975: 85).

Diese Sätze stehen bei Ricardo einleitend im Kapitel über die Bergwerksrente. Sie gelten nicht allgemein, wie wir aus der Kenntnis seiner Ökonomie wissen. Ricardo hält Smith gerade vor, daß er die Natur zu sehr in der Wirtschaft mitarbeiten lasse, jedenfalls in der Landwirtschaft bei der Rentenentstehung. Ricardo hält, in Konsequenz seiner Rententheorie, dagegen, daß man für

> „die Arbeit der Natur" zahle, „nicht weil sie viel, sondern weil sie wenig leistet. Im Verhältnis, wie sie mit ihren Gaben geizig wird, fordert sie einen hohen Preis für ihr Werk. Wo sie sehr freigiebig ist, arbeitet sie immer umsonst" (Ricardo 1972: 70, Fn. 1).

Die abnehmende Ertragsrate der Grenzböden zeige, daß auch ein hoher Arbeitsaufwand die Natur nicht veranlassen kann, mehr zu produzieren, währen die ‚guten' Böden mit relativ weniger Arbeit von der Natur freigiebig bedacht werden. Den heimlichen Physiokratismus Smiths, der die Agrarproduktion bis zu einem Drittel von der Natur mitproduziert sieht (nur in den Gewerben leiste die Natur nichts, die Arbeit dagegen alles) (Ricardo 1975: 76 Fn.), zieht Ricardo in Zweifel mit der Frage, ob Wind- und Wasserkräfte, der atmosphärische Druck und die Dampfkraft nicht Gaben der Natur seien, die gerade den Gewerben reichlich und umsonst zur Verfügung ständen (Ricardo 1972: 70 Fn.1).

Nicht die Frage der Naturproduktivität, sondern die ihrer Nutzung sei die entscheidende ökonomische. Das gilt allerdings zuerst nur für die regenerierbaren Naturproduktionen. Das ricardianische „metaphysische" Bergbauzitat räumt, in diesem spezifischen Fall, dem Umstand Rechnung ein, daß die Erze nicht von Menschen hergestellt, sondern lediglich ausgebeutet werden können. Hier ist die Redeweise von der Naturproduktivität nicht metaphorisch, sondern bezeichnet ein von der Ökonomie nicht veränderbares Faktum, das auch einem Londoner ‚city-man' wie Ricardo einleuchtet.

Für die unverfügbaren Tatsachen der Welt behält die metaphysische Tradition unverändert ihren Wert – wie Ricardo ja auch langfristig die industrielle Produktion an der absoluten Schranke der Naturfruchtbarkeit abnehmender Erträge der Grenzböden scheitern läßt. Die Industrieökonomie erscheint als eine Episode im größeren Determinantensystem der Natur, die den Menschen auf seine Endlichkeit zurückweist (siehe: Foucault 1974: 310 ff.).

Die antike metaphysische Disposition

Ricardos Definition stimmt im Grundmodus mit der antiken Verhältnisbestimmung von Natur und Ökonomie überein, wie sie S.T. Lowry vorschlägt:

> „Allein die Natur produziert Reichtümer; die Menschen können sie lediglich verwalten" (Lowry 1965: 207).

Ricardo pointiert lediglich den geschichtlich gedachten Umstand, daß die den Menschen in ihrer modernen Ökonomie mögliche Intensivierung der Arbeit um so schneller auf die natürlichen Schranken wieder zurückverwiesen werden, die sich in der abnehmenden Grenzproduktivität der Böden wie eine Klammer um die Phantasie des unendlichen Fortschritts legen, die die Aufklärung hervorbrachte. Der ricardianische ‚Pessimismus', der auch bei Malthus aufscheint, redet davon, daß es nur eine vorübergehende bzw. geschichtliche Dynamik gäbe, die letztendlich wieder in die große Ordnung der Natur münden müsse – das metaphysische Erbe der abendländischen Antike. Für die Ökonomie ist dieses Erbe durch die Aristotelische Ökonomie aus dem 1. Buch der ‚Politik' kodifiziert:

> Aristoteles' für die Geschichte der älteren ökonomischen Theorie grundlegende Unterscheidung zwischen „natürlicher" (*oikonomike / ktetike chrematistike*) und „unnatürlicher" (*kapelike chrematistike*) Ökonomie trennt nicht nur die autarke Versorgungswirtschaft des einzelnen Oikos vom grenzenlosen und deshalb ethisch ambivalenten

> Handels- und Gelderwerb (um des Handels- und Gelderwerbs willen)[6], sondern bezieht sich zugleich auf eine metaphysisch begründete Distinktion zwischen dem natürlichen Sein, das sein immanentes Telos erfüllt, und einem unnatürlichen Sein des Handels, das keine Grenze weiß, wodurch es nicht nur tendenziell den Zusammenhalt der Polis gefährde, sondern – ohne inhärentes Maß – dem Wesen der Physis entgegenstünde (Riedel 1975).

Bis in die Neuzeit war die aristotelische Konzeption der Ökonomie das einzige theoretische Modell (vgl. Kap. 1 von Priddat 1991a). Ricardo ist diese antike Konnotation nicht bewußt, Marx dagegen sehr. Die metaphysischen Dispositionen der englischen „Klassik" in der Geschichte sind Rudimente spätscholastischer Argumentationen aristotelischer Provenienz, soweit sie schulphilosophisch aufbewahrt und weitergegeben wurden. Aber der Problematisierungskontext der Werttheorie trägt, wenn auch schwache, Züge des Grundgedankens aristotelischer Metaphysik:

> „Der Kern der aristotelischen Lehre von der techne ist, daß dem werksetzenden Menschen keine wesentliche Funktion zugeschrieben werden kann. ... Der werksetzende und handelnde Mensch stellt sich in die Konsequenz der physischen Teleologie: er vollbringt, was die Natur vollbringen würde, ihr – nicht sein – immanentes Sollen. Techne und physis sind gleichsinnige Konstitutionsprinzipien, das eine bewirkt von außen, was das andere von innen zustandebringt" (Blumenberg 1957: 247 f.).

Aristoteles' metaphysische Konsequenz, daß im Werk des Menschen *essentiell* nichts geschieht (Blumenberg 1957: 273; auch: Blumenberg 1951: 463), wird zur Grundlage der physiokratischen Theorie der ausschließenden Naturproduktivität, die die industriellen Aktivitäten unter dem Aspekt der Neuwertschaffung für unproduktiv hält, während die aufgeklärte Ökonomie der „Klassiker" Englands die formbildenden Aktivi-

---

[6] Aristoteles 1981, 1. Buch, Ab. 8-11; vgl. auch Priddat 1989b.

täten menschlicher Arbeit von der Mitbestimmung der Naturproduktion entkoppelt.

Auch bei den englischen „klassischen“ Ökonomen „produziert“ die Natur weiterhin die Materialien, die dann Gegenstände der zweckmäßigen Formierung der Arbeit werden. Aber die Natur tritt nicht mehr als generative Potenz in Erscheinung, sondern als substantielle Entität, deren Struktur der Physik, nicht der Ökonomie als zu erforschende Aufgabe bleibt. Was hier als Aufhebung der metaphysischen Disposition erscheinen kann, steht aber wiederum nur in einer anderen scholastischen Interpretationslinie, die auf das „ens per se subsistens, das durch sich Bestand habende Seiende“ (De Vries 1983: 90) rekurriert und nicht auf die Physis, sondern auf eine von den Menschen herzustellende Dauerhaftigkeit verweist.

Bis die Zwecke „von der Vorstellung eines natürlichen Endes natürlicher Prozesse abgekoppelt und als wählbar vorgestellt werden“ (Luhmann 1984: 320 f.) – ein Prozeß der Entwicklung ökonomischer Theoriegeschichte von den antiken Dispositionen der Physiokraten bis zur subjektiven Grenznutzenlehre des späten 19. Jahrhunderts –, hält die Ökonomie sich metaphysische Rückversicherungen dort offen, wo sie ihr Verhältnis zur Naturproduktion untersucht. Denn solange nicht hinreichend widerlegt ist, daß die Natur Materie *und* Form nach *ihren* immanenten Gesetzen hervorbringt, bleibt es für viele Ökonomen in diesem Punkt ungewiß, ob die Arbeit, verstanden als Formierung der Materie, überhaupt freien Willen und autonome Zwecke ins Spiel der Welt bringen kann. Der – nachträglich so genannte – Übergang von der klassischen Politischen Ökonomie zur modernerer Grenznutzentheorie Ende des 19. Jahrhunderts wird ein Übergang von der objektiven zur subjektiven Wertlehre genannt. Es bedarf erst der Abkehr von metaphysischen Grundpositionen, um der subjektiven Wertlehre Raum zu verschaffen.

Die *objektiven Werttheorien* betrachten die Arbeit eine eine Transformation, nämlich als Umwandlung von vorgefundenem Naturstoff in nützliche Gebrauchsformen. Dabei ist es wichtig, daß die Materie eine andere, brauchbare Form erhält; doch ist dieser Prozeß für die ‚Klassiker' nicht wertbestimmend. Objektiv erhält die Arbeit Wert durch den Aufwand, der zu ihrer Reproduktion (im Sinne der Lebenserhaltung) getätigt werden muß. Die Produktionskosten der transformierenden Arbeit sind wertbestimmend.

Die *subjektiven Wertlehren* dagegen betonen die Wertentstehung aus den Graden der Nützlichkeit der durch Arbeit transformierten Materien. Hier wird der formierende Aspekt der Arbeit stärker betont. Daß das Material irgendwo in der Natur produziert wird oder entsteht, wird unwichtig, solange die Verfügbarkeit über die Naturressourcen gesichert werden kann. In den subjektiven Werttheorien bekommt die Arbeiten eine formbestimmende Aufgabe, die sie innerhalb der Ökonomie wichtiger werden läßt als in den Arbeitswerttheorien der Klassik, wo die Arbeit lediglich ein Reproduktionschemata erfüllt.

Denn wo die Formen wertbestimmend werden, ist die Fähigkeit, neue Formen hervorzubringen und überhaupt eine Vielfalt von Formen erzeugen zu können, unabhängig von immanenten oder expliziten Naturbedingungen, von besonderer Bedeutung. Doch bleibt die Ökonomie, in der subjektive Wertlehren vorherrschen, eigentümlich blaß in bezug auf die Geltung der Arbeit; das liegt daran, daß die Kreation neuer Formen der Produkte und ihrer Vermarktung zur vornehmen Aufgabe des Unternehmers wird, wie es Schumpeter dann zu Beginn des 20. Jahrhunderts in seiner Figur des ‚innovativen Unternehmers' idealtypisch figuriert. Es reicht fortan aus, die Arbeit als Mittel für diesen hervorgehobenen unternehmerischen Zweck effizient zu organisieren.

In der Industrialisierung verschiebt sich das Subjekt der Ökonomie von den einzelnen (Handwerker-)Arbeitern auf die Unternehmen, in denen arbeitsteilig ein Produkt erstellt wird, dessen Produktion und Form die Unternehmensleitung organisiert. Unternehmen sind Leistungsgefüge, die die Trennung von Kopf- und Handarbeit einleiten. Darin wird die ältere Unterscheidung von Natur und (menschlicher) Arbeit aufgehoben in eine neue Unterscheidung, in der die energetischen Teile der Arbeit (Hand, Kraft) von den intelligenten bzw. kognitiven Teilen auseinandergehalten werden. Das ist, wenn man so will und wie man es im 19. Jahrhundert interpretierte, eine Unterscheidung innerhalb der menschlichen Natur – eine anthropologische Zuschreibung.

Doch ist dies ein spätes Ergebnis; die ‚klassische' Ökonomie und ihr unmittelbarer Vorgänger, die Physiokratie, stehen noch in einem älteren, metaphysischen Natur/Arbeits-Verständnis, das die Modellierung ihrer Theorien prägt.

2. Grenzen der Industrie durch Retribution an die Natur. Die Physiokratie.

„Gott allein ist Produzent"[7], die Natur sein Medium. Über die theologischen, metaphysischen und antiken Fundamente der Physiokratie ist noch wenig geforscht worden.[8] Im Namen der ökonomischen Schule der im Frankreich der Mitte des 18. Jahrhunderts – ‚Physiokratie': ein gräzisierendes Kunstwort, das sich aus ‚physis' und ‚kratein' zusammensetzt – werden „Natur" und „Herrschaft" konnotiert. In Kritik der „merkantilistischen" Außenhandelsökonomie entwickeln die Physiokraten ein Konzept nationaler und rationeller Agrarwirtschaft, das seine georgische Tradition nicht leugnet:

> „Daß die Herrscher und Nationen niemals die Tatsache aus den Augen verlieren, daß der Boden der alleinige Quell der Reichtümer ist, und daß es die Landwirtschaft ist, welche diese vervielfältigt" (Quesnay 1976a: 295).

---

[7] Dupont de Nemours 1766 in einem Brief an J.B. Say, in: Nolte 1983: 263.

[8] Über die theologischen Aspekte: Rieter 1983; über die metaphysischen: Kubota 1960; über die antiken: Lowry 1965: 207; Brunner 1956; Singer 1958; Immler 1985, dort Teil II. 4.

Die These von der Vervielfältigung der Materialien durch Agrikultur fanden wir bereits bei A. Smith, aber Quesnay, der Mentor der physiokratischen Schule der Ökonomie, zielt nicht auf die Heraushebung der formierenden Arbeit, sondern auf die Erhaltung der Naturpotenzen:

> „Alle Menschen, welche arbeiten, konsumieren, um existieren zu können. Aber der Konsum vernichtet die Subsistenzmittel. Sie müssen also von neuem hervorgebracht werden. Nun ist es die Arbeit des Landwirts, die nicht nur die Subsistenzmittel hervorbringt, welche er selbst vernichtet hat, sondern auch diejenigen, welche von allen anderen Konsumenten vernichtet werden. Im Gegensatz hierzu verschafft die Arbeit des Handwerkers diesem nur ein Recht als Teilnahme am Verbrauch der Subsistenzmittel, welche durch die Arbeit des Landwirts von neuem hervorgebracht werden" (Quesnay 1976b: 270 ff.).

Handwerker (*artisans*) werden von den Landwirten (*cultivateurs*) nach ihrem produktiven Beitrag zur Regeneration der Bodenfertilität unterschieden (Quesnay 1976b: 236); nur die letzteren sind produktiv. Die *artisans* dagegen sind steril, unfruchtbar.[9]

Streng trennt Quesnay zwischen einer „Kombination von Reichtümern" und einem „Generieren", d.h. einer „Schöpfung von Reichtümern" (Quesnay 1976b: 237). Das „Generieren" wird als Hervorbringung der Natur angesehen, an deren Fruchtbarkeit den Menschen mittels Arbeit teilzunehmen (pendre part) erlaubt (permis) ist.[10] Die *cultivateurs* empfangen alles direkt aus den Händen der Natur; die Natur wird durch

---

[9] Das Schema der Aufteilung des ‚tableau économique' ist bereits in Platons ‚Nomoi' zu lesen: Platon legt dort eine „Verteilung der Nahrungsmittel vor", die drei verhältnismäßig gleiche Teile der agrarischen Produktenmenge unterscheiden läßt: ein Teil für die Freien, ein Teil für die Sklaven derselben, der dritte Teil für die Handwerker und die Fremden. Nur der dritte Teil durfte verkauft werden (Platon: 8. Buch, 13. Abschnitt, 848 a – b).

[10] Mirabeau d. Ä. 1764: Bd. 1, chap. II, S. 37; Quesnay hat an diesem Werk Mirabeaus entscheidend mitgearbeitet.

Vorschüsse (*avances*) und Pflege- bzw. Kulturarbeiten (*soins*) produktiv gemacht ist (Quesnay 1976c: 170).

In allem aber ist zuerst und immer die Natur produktiv:

> „Was immer (dieser Arbeitsmann) für seine Subsistenz verzehrt hat, muß von der Erde bereits vorher produziert worden sein. Es ist also nicht seine Arbeit, mittels derer seine Subsistenzmittel produziert worden waren. Der Verzehr der Subsistenzmittel hat ebenfalls nichts produziert, da dieser nur eine Vernichtung der von der Erde im voraus produzierten Reichtümer ist" (Quesnay 1976 b: 244).

Die Landarbeit erntet die Früchte der Natur. Die Früchte selbst hat die Natur produziert. Im engeren Sinne produziert die Landarbeit nicht. Die Arbeit ist keine Produktion, sondern eine Herstellung – im Sinne von Bereitstellung – der Naturproduktionen für die Menschen. Der *travail productif* der Landleute ist ein in ökonomische Terminologie transponierter ‚ususfructus': eine nunmehr als Arbeit beschriebene Nutzung der Früchte der der menschlichen Arbeit vorausgehenden Produktion der Natur.

> Der römisch-rechtliche *usus fruchtus* – Nießbrauch – besagt nichts anders, als daß der, der einen Boden pachtet, dafür zu sorgen hat, daß die Substanz des Bodens erhalten bleibt. Der *usus fructus* bezeichnet einen Gebrauch ohne Verbrauch. Mit der Erhaltung der Substanz ist die Erhaltung einer Fertilität gemeint. Wer einen Wald pachtet, kann das Holz soweit schlagen, wie er dafür sorgt, daß im gleichen Maße Bäume nachwachsen durch Wiederaufforstung. Dem Pächter gehört allein der Überschuß (für den reinen Verbrauch).

Auf das physiokratische Konzept übertragen, bedeutet dies Folgendes: die produktive Arbeit der Landwirte besteht nicht darin, daß sie die Früchte ihres Anbaus ernten, sondern darin, daß sie den Anbau so kultivieren, daß sie über die Erhaltung ihrer Subsistenz hinaus Früchte ernten. Erst dieser Überschuß läßt davon reden, daß die Arbeit produktiv sei, d.h. daß sie einen Wert bzw. Reichtümer schaffe.

Die ‚classe productive' der Pächter, Landarbeiter und Bauern erzeugt die Reichtümer der Nation und erhält dafür im Austausch mit den anderen alles für ihre Erzeugungstätigkeit und ihren Lebensunterhalt zusätzlich Nötige. Die beiden anderen Klassen – die der Grundeigentümer und die sterile Klasse des Handels und Gewerbes – sind von dieser Primärproduktion in ihrem Unterhalt abhängig. Nur in dem Maße, wie die ‚classe productive' über ihren eigenen Unterhaltsbedarf hinaus Einkommen erzeugt, können die beiden anderen Klassen sich erhalten und entfalten. Das Industriewachstum i.w.S. ist an die Produktivitätssteigerung der nationalen Landwirtschaft gebunden. Es kann nur in dem Maße wachsen, wie der agrarische *surplus* wächst.

Die Handwerker, Industriellen und Händler modifizieren nurmehr die Formen der von den Primärproduzenten erzeugten „echten" Reichtümer (Quesnay 1976b: 237). Deshalb werden die ersteren steril genannt, da sie, unfruchtbar, nur ihre Subsistenzien verzehren und keine neuen Werte schaffen. Sie verbessern die rohen Stoffe durch Kombination, was nur eine Veränderung der Materien, aber keine Generierung ist. Der reale Zuwachs von Reichtümern wird nicht durch die Menge des erzeugten Produktes, sondern durch die erlangte Fähigkeit definiert, diesen Zuwachs wiedererstehen zu lassen (Quesnay 1976b: 240).

Der Begriff des „Wiedererstehens" ist ein Substitut für „Produktion" im Sinne von „Regeneration".

> „Die Quelle der durch sterile Arbeiten erworbenen Reichtümer würde nach recht kurzer Frist versiegen, wenn diese Reichtümer des täglichen Lebens verbraucht würden, ohne durch Kulturarbeiten erneuert zu werden" (Quesnay 1976c: 147).

Quesnay's Unterscheidungen wiederholen ältere metaphysische Argumente. Die Genesis (lat. *generatio*), das „Werden schlechthin", Erzeugung, ist vom „akzidentiellen Werden" der Veränderung (*kinesis, motus*) zu trennen (De Vries 1983: 14). Eine substantielle Veränderung bzw. Formierung der Stoffe, ein „Einswerden der veränderten Bestandteile", wird von Quesnay für die menschliche Arbeit ausgeschlossen. In Nachfolge einer thomas'schen Interpretation Aristoteles' sind die Gebilde menschlicher Arbeit für den Physiokraten nicht einheitliche Substanzen: „alle künstlichen Formen sind akzidentielle Formen" (De Vries 1983: 91).

Die *prima materia* oder Substanz der Natur, die in allen Transmutationen dieselbe bleibt, kann durch akzidentielle Veränderung (der bearbeitenden Formierung) keine Erzeugung (oder Produktion im Sinne der Regeneration der natürlichen Bodenfertilität) sein.[11]

Quesnay wendet – moderner – das scholastische Prädikat der Substanz als „unveränderlich Beharrende" (De Vries 1983: 91) an, um in einen aktiven Erhaltungsprozeß zu bezeichnen, den die Ökonomie an der Natur-Substanz zu leisten habe, um ihre eigene Produktionsgrundlage fortbestehen zu lassen.

Hier rücken andere, naturrechtlich-neuzeitliche Motive in den Vordergrund, die die metaphysische Disposition der Scholastik für das ökonomische Prinzip der gesellschaftlichen Selbsterhaltung aufbereiten. Quesnay betont – in der georgischen Tradition der antiken Philosophie, aber, ohne beim Oikos stehen zu bleiben, auf die ganze Wirtschaftsgesellschaft erweitert – den *cultura*-Aspekt der Agrikultur: die Hege und Pflege der Quellen der Naturfrüchte.[12]

Die ökonomische Vernunft habe sich darin zu erweisen, daß sie die notwendige Wiedererstattung zur Erhaltung der natürlichen Fruchtbarkeit leiste. Im Konzept dieser gesamtwirtschaftlichen Retribution an die Naturproduktivität sind vom Gesamtprodukt (*produit total*) eines Jahres die *avances* abzuziehen, bevor das Nettoprodukt (*produit net*) zur gesellschaftlichen Disposition der Einkommen bereitstehen kann. Die *avances* sind Investitionen, aber noch im eingeschränkten Sinne nach der Logik einer agrarischen Volkswirtschaft: Sie umfassen nur die

---

[11] Über die Tradition der metaphysischen Substanz-Akzidenz-Topik: De Vries 1983: 88 ff.

[12] Vgl. dazu generell: Niedermann 1941.

Bodenbereitung, Saatgutaufwendungen und alle anderen nötigen Agrikulturarbeiten.

Für die Selbsterhaltung der gesellschaftlichen Ökonomie setzt Quesnay die Organisation der Miterhaltung der natürlichen Produktionsprozesse voraus. In das „Kapital" der Natur zu investieren heißt, den gesellschaftlichen Konsum in Höhe der Investitionen in *avances* – nach Maßgabe des *Ordre naturel* – zu begrenzen.

Die Reproduktion der Gesamtwirtschaft hat die Retribution an die Natur einzurechnen. Es wäre unangebracht, die Physiokraten deshalb zu Protagonisten modernerer ökologischer Vorstellungen ernennen zu wollen (wie z.B.: Binswanger 1979: 157; Immler 1985), denn sie sorgen sich nicht um die durch menschliche Industrie hervorgebrachte Naturzerstörung, sondern vielmehr, gerade entgegengesetzt, um den möglichen Rückgang der natürlichen Fruchtbarkeit. Die Ökonomie ist in den Augen der Physiokraten eine gesellschaftliche Veranstaltung der Erhaltung und Entwicklung der Naturpotenzen, gegen die Resurrektion der „wilden" Natur, der Brachen, Wüstungen und Ödländer (Quesnay 1976d). Sie ist, in altem Sinne und in moderner Berechnung, eine Kultur-Theorie.

In erster Linie geht Quesnays Sorge darum, daß wir nicht zuviel, sondern zu wenig Natur zur Produktion veranlassen, um auf Dauer davon leben und die Gesellschaft entwickeln zu können. Vehement setzt er sich für rationelle Formen der Landwirtschaft ein und sieht eine natürliche Tendenz der Bodenerschöpfung als absolute Naturgrenze jedweder Industrieentwicklung (deren wahre Dimension er noch nicht ahnte). Nicht gegen die Industrie wendet er sich, wohl aber gegen eine unproportionierte Entwicklung des industriellen oder sterilen Sektors, was einem Luxus an Übernutzung der produktiven Kräfte einer Nation gleichkäme. Der Luxus wird nicht moralisch, sondern ökonomisch kritisiert – als Überkonsumption im Verhältnis zu mangelnden Investitionsleistungen im Agrarsektor (Walsh/Gram 1978: 48 f.).

Mit der Idee der Harmonie von natürlicher Produktion und ökonomischer Reproduktion, in der ‚ordre de la nature' und ‚ordre de la morale' (die Moral hier allgemein als Gesetz des menschlichen Handelns verstanden) konjugieren, wird die Immanenz der Naturproduktion als eine ökonomisch Leistung verstanden, die nicht per se, sondern kraft aufgeklärter Vernunft von der Gesellschaft erst zu organisieren ist. Es geht Quesnay nicht um die Naturfruchtbarkeit schlechthin, sondern um ihre Lokalisierung und Disposition auf arrondierten und hierzu durch menschliche Arbeit präparierten Ackerflächen.[13]

Die produktive Potenz der Natur kann nur durch die durch agrikulturelle Formation hergestellten und begrenzten Naturareale in ökonomische Wertschöpfung verwandelt werden. Erst der kultivierte, in diesem Sinne hergestellte Ackerboden gewährt einen Überschuß (*surplus*), dessen Definition einen Sinn nur dann macht, wenn zwischen einem Zustand natürlicher Fülle und einem Zustand kultivierten Arrangements hervorgebrachter Fülle unterschieden wird. Welches Maß hätte denn ein Überschuß der Natur an sich selbst? Wenn schlechtere und bessere Naturzustände die Überschußdifferenz erklären sollen, liegt die Ursache in der menschlichen Fähigkeit, den besseren Zustand realisieren zu könnnen.

Darin sind die Fundamente für eine allgemeine Kapitaltheorie angelegt (vgl. Priddat 1987b). Ohne Investitionen (*avances*) entsteht kein Überschuß, folglich dann auch kein Fond disponibler Einkommen, nach dem die Dimension nicht-produktiver Gesellschaftsklassen bestimmt würde. Die Natur ist eine durch den politisch-ökonomischen Formierungsprozeß selbst bestimmbare Größe geworden, aber nicht im Sinne autonomer Zurichtung, sondern abhängig von den gesellschaftlichen Konsumopfern, die für die Agri-Kultur-Investitionen geleistet werden müssen.

---

[13] Quesnay verfolgt ein Ideal der Verstetigung, das er in China und in Peru historisch verwirklicht sah, vgl. Priddat 1989a.

Doch bleibt die Physiokratie ambivalent: daß sie sich weder für eine Natur- noch eine Arbeitproduktivität entscheidet, sondern erst einmal den Begriff eines ökonomischen Gesamtsystems entwickelt, macht sie der nachfolgenden Theorie zum einen hochinteressant und zugleich obsolet. Man fragt später entschiedener, wer und zu welchem Zweck Materien formiert.

Die Physiokratie ist zweifach zu interpretieren. Sie hat eine antikische Basis: „Nur die Natur produziert Reichtum, aber die Menschen können ihn verwalten“ (Lowry 1965: 207). Die *réproduction anuelle* ist dem Zeitzyklus der natürlichen Fruchtfolgen nachgebildet, die zwar durch rationelle Ackerbaumethoden effizienter genutzt werden könne, aber nur in Richtung der Ausnutzung der natürlichen Vorproduktion. Die primäre Produktion ist die der Natur selbst; die menschliche Agrikultur leistet eine sekundäre Produktion, die nur dann wertschöpfend genannt werden kann, wenn sie einen *surplus* über die Subsistenz der Agrikultivateure hinaus schafft.

In dieser – in die antike Konzeption hineingesetzte – *surplus*-Theorie deutet sich eine moderne Kapitaltheorie an (vgl. Priddat 2001d), die aber von den Physiokraten nicht zu Ende formuliert wurde, da sie unbedingt auf der agrarischen Basis jeder Ökonomie beharren.[14]

Hier bleibt ihr Arbeitsbegriff ambivalent. Zum einen kreieren die Landleute neue Werte, aber nur insoweit, wie sie die Fruchtbarkeit der Natur über das Maß ihrer Reproduktion hinaus steigern können. **Der *travail productif*, der hier definiert ist, beruht nicht auf einer Umformung der Materien der Natur, sondern auf einer Anreizung der in der Natur verborgenen Potenzen. Arbeit ist in diesem Sinne eher katalytisch, denn transformatorisch definiert.**

---

[14] Die Konnotation antiker und physiokratischer Ökonomie ist längst herausgestellt: vgl. Brunner 1956: 33 ff.; Singer 1958: 29 ff.; Lowry 1965: 207; Meyer 1977: 223 ff. und Immler 1985: Teil II.4.

3. Unveränderliche Substanz und Dauerhaftigkeit. Der „klassische" Tenor der metaphysischen Disposition.

Condillac

Im Titel seines Werkes ist ein definitiver Unterschied zur Physiokratie schon gleich ersichtlich: E.B. Condillac, „Le commerce et le gouvernement considérés l'un à l'autre" (1776). W.St. Jevons lobte später dieses Werk als eines seiner Vorläufer; J.A. Schumpeter dagegen hält es für eine unbrauchbare Kompilation der von Galiani und Turgot bereits besser entwickelten Nutzwerttheorien des späten 18. Jahrhunderts (Schumpeter 1965: Bd. 1, 234 f.). Für unsere Darstellungsabsichten ist Folgendes von Bedeutung (in der Formulierung von Ch. Gide und Ch. Rist):

> „Wenn der Wert nur im Nutzen, und der Nutzen selbst nur in einer bestimmten Beziehung zwischen den Dingen und unseren Bedürfnissen besteht: was heißt Erzeugen dann anderes, als diese Beziehung zwischen Dingen und unseren Bedürfnissen schaffen? Stellt nun aber die Natur, der Boden diese Beziehung her? Sehr selten" (Gide/Rist 1923: 55).

Condillac notiert dazu selbst:

> „Sie (die Natur; B.P.) bringt hauptsächlich Dinge hervor, die für uns nutzlos sind und von denen wir keinen Gebrauch machen können. Durch die menschliche Arbeit erhalten die Dinge erst Formen, die sie nützlich machen. Erzeugen bedeutet: Stoffe umformen" (zitiert nach Condillac, in: Gide/Rist 1923: 55)

In dieser speziellen Version der *actus/potentia*-Topik gibt es keinen Unterschied mehr zwischen produktiven und sterilen Tätigkeiten, sondern nurmehr eine gestufte Kette von Materie/Form-Verbindungen, wovon die jeweils letzte Form wiederum die Materie, genauer: das Material der nächsten Formierung ist. Die Pointe der Condillac'schen Applikation der Materie/Form-Topik aber besteht in der Begründung des **Reichtums durch Formen-Vielfalt:**

> „Wenn die Erde mit Erzeugnissen bedeckt sein wird, so wird es nicht mehr Substanz als vorher geben; sie hat nur neue Formen, und in diesen Formen besteht eben der ganze Reichtum der Natur" (dito).

Die Substanz verändert sich nicht, wie der spätscholastischen Metaphysik des Fr. Suárez zu entnehmen war:

> „Daß es Substanzen und Akzidentien gibt, ist offenkundig aus der beständigen Veränderung ... der Dinge; so ändert sich z.B. das Wasser, indem es aus kaltem zu warmen Wasser wird. ... Bei einer solchen Änderung muß etwas an dem Ding verlorengehen oder gewonnen werden ... Es wird aber nicht die Substanz des Dinges verloren...; die Substanz des Wassers bleibt nämlich unverändert erhalten ... Das, worin die Änderung erfolgt, ist also Akzidenz" (zitiert nach: De Vries 1983: 90).

Suàrez' Argumentationsfigur, die hier nur als Beispiel eines metaphysischen Vorläufers des Condillac'schen Argumentes auftreten soll, verweist auf den Umstand, daß die Formel von der Erhaltung der Substanz der Natur dann bei den Ökonomen nicht, wie später im 19. Jahrhundert, eine physikalische, sondern eine noch, wenn auch residuale und philosophisch nicht mehr reflektierte, metaphysische Begründung hat. Eleganter finden wir wie bei I. Kant:

> „Bei allem Wechsel der Erscheinungen beharrt die Substanz und das Quantum derselben wird in der Natur weder vermehrt noch vermindert" (Kant 1968: 162).

Die Physiokraten und Condillac sind sich in dieser Begründung durchaus einig, nicht aber in den völlig divergierenden Schlußfolgerungen. Während die Physiokraten eine Ökonomie der aktiven Substanzerhaltung (Naturpolitik qua agrarischer Kapitalinvestition) vorschlagen, deren akzidentelle Veränderungen an die Gesetze des metaphysisch (und theologisch) ausgelegten *ordre naturel* gebunden bleiben, wird für Condillac die Substanz der Natur zur unbeeinflußbaren *prima materia*, der jede Form Ausdruck ihrer Potenz werden kann. Die Substanz wird identisch mit der beharrlichen oder dauerhaften Materie, womit sich schließlich die Materie als etwas erweist, das zwar jeder ökonomischen Produktion zugrundeliegt, aber gerade nicht ihr Spezifisches ausmacht, das in der Form-Veränderung liegt.

Materie und Form gehören fortan ontologisch distinkten Sphären an: die eine der physikalischen und die andere der praktischen bzw. genauer: der ökonomischen Sphäre. J.B. Say hat diese moderne metaphysische Formulierung kanonisiert:

> „Weder können Gegenstände durch menschliche Verfügungen hervorgebracht werden, noch ist die Masse der Materie, die diesen Erdball ausmacht, fähig, sich zu vermehren oder zu vermindern. Alles was die Menschen tun können, ist, vorhandene Materialien in anderen Formen zu re-produzieren, wodurch sie eine Nützlichkeit erhalten, die sie vorher nicht besaßen, oder ihre Nützlichkeit vergrößert sich im Verhältnis zum vorherigen Zustand. So gibt es tatsächlich nur ein Hervorbringen von Nützlichkeit, nicht von Materie; und dieses wird Produktion von Reichtum genannt“ (Say 1971: 62).

Die Originalausgabe „Traité d'Économie politique“, Paris 1803, dient G. Hufeland 1807 zur Vorlage seiner Formulierung desselben Sachverhaltes:

> „Der Mensch kann freylich im anderen Sinne so wenig schaffen, als vernichten; aber diese seine Unfähigkeit geht nur den Stoff an. Den Werth kann er wohl schaffen, indessen immer nur eben darum, weil dieser Werth allezeit ganz von der seiner eigenen Wirkung überlassenen Vorstellung abhängt“ (Hufeland 1815: 1.Th., 33).

Ergänzend sei nur angemerkt, daß sich auf Condillac und Say noch andere deutsche Ökonomen stützen:

> „In dieser beständigen Wechselwirkung wird kein Bestandtheil neu geschaffen, keines vernichtet. Ihre Gesamt-Summe vermehrt und vermindert sich in Jahrhunderten um kein Sonnenstäubchen“ (Steinlein 1831: 221).

Ebenso bei Lotz:

> „Bleibt auch bei aller menschlichen Forschung im Gebiete der Naturgeschichte, Physik und Chemie ... das Reich der Sachen und sein Umfang unverändert, auf das Reich der Güter haben solche Forschungen einen unendlichen, für die Menschheit äußerst wohlthätig wirkenden Einfluß" (Lotz 1837: 174).

Der emphatisch verwendete Begriff der Nützlichkeit zeigt, wie schon bei Condillac, an, daß nicht mehr die Natur Werte schafft, sondern ausschließlich nur noch das menschliche Beurteilungsvermögen, die Vernunft-Natur des Menschen. Die ökonomischen Werte werden zwischen Begehr, Trieb und vernünftigem Erkennen und Urteilen ordiniert. Das ist bereits ein Schritt über die „Klassik" hinaus, wie wir es an Ricardos und Malthus' Kritik erkennen können (Ricardo 1975: chap. XX; Malthus 1836: 28 ff.). J.St. Mill wird an diesen Say'schen Formulierungen anknüpfen, wie wir später zeigen. Von Bedeutung ist hier vorerst aber ein anderer Umstand. Scheinbar hat Say Condillacs Formulierung der Substanzerhaltung der Natur übernommen; aber es trügt.

Was Condillac noch als Formen-Reichtum der Natur gemeint hatte, wird bei Say zum Formierungs-Reichtum der Ökonomie. Der Schritt ist radikaler, da er die Wert-Formen des ökonomischen Geschäftes nicht mehr als, irgendwie geartete, Vollendungen der Naturformenpotentiale gedeutet wissen will; bei Condillac ist diese metaphysische Vollendungsmetapher noch nicht ganz auszuschließen.

A. Smith

Der Wert der Güter, definiert Adam Smith 1776 parallel zu Condillac in seinem „Wealth of Nations", ist etwas dem Materiellen durch Bearbeitung Hinzugefügtes („which workmen add to the materials") (Smith 1981: Bd. 1, 330).

Die Wert-Form, das *additum*, besitzt keinen signifikanten Zusammenhang mehr mit der Materie (außer dem abstrakten, daß die Materie in der Natur entsteht und daß jede Form immer nur Form eines Substrates sein kann). Soweit geht er noch mit seinen „Lectures“, wie wir zu Anfang dieses Essays zitierten, konform. Den Unterschied zwischen produktiver und unproduktiver Arbeit aber, den Smith von den Physiokraten kennt, erläutert er, unabhängig von deren agrikoler Fixierung, so, daß die Arbeit des Manufakturarbeiters sich in einem bestimmten Gegenstand oder einer verkäuflichen Ware fixiere und realisiere, während die Arbeit des häuslichen Dienstboten dagegen im Augenblick ihrer Leistung zugrundegehe und keinen Wert zurücklasse, für den ein gleiches Maß an Diensten beschafft werden könne (Smith 1981: Bd. 1, 330).

Das entscheidende neue Kriterium ist die Konnotation von „verkäuflichen“ und „dauerhaften“ Gegenständen (*permanent subject*) (dito) im selben Zusammenhang.

Neu ist hieran die Geltung des Beharrlichkeits-Prädikates der Substanz für das Produkt. Damit wird die Qualität der Natur-Produkte auf die Gegenstände menschlicher Herstellungen übertragen und das, was Quesnay der menschlichen Fertigung gar nicht zubilligen konnte – eine substantielle Veränderung bzw. Formierung der Stoffe – ein „Einswerden der veränderten Bestandteile“ –, wird zum Wesensmerkmal der Produktion erhoben.

Indem die menschliche Arbeit durch formierendes Hinzufügen neue Substanzen herstellt, die die metaphysische Qualifikation des Dauerhaften haben, ist einer naturphilosophischen Rückbindung des Produktionsbegriffes jede Basis entzogen und die Dimension der produktiven Tätigkeit weit über den agrikulturellen Bereich hinaus ausdehnbar.

Denn es geht nicht mehr, wie noch bei Quesnay, um die Erhaltung der Produktionspotenz der Natur, sondern nun um die Erhaltung der menschlichen Fähigkeit, ihr eigenes Herstellungsvermögen auf Dauer zu sichern. Infolgedessen rückt die Arbeit per se in den Mittelpunkt der ökonomischen Analyse.

Aus diesem Grunde geht es Smith auch nicht schlicht um die Produktion dauerhafter Gegenstände (d.h. Gebrauchswerte), sondern um die dauerhafte Institutionalisierung jenes Prozesses, der die Arbeitsleistungen und die Erhaltung ihrer Leistungskompetenz gewährleistet. Unproduktiv ist für Smith diejenige Arbeit, die ihr Produkt bloß konsumiert, während die Herstellung dauerhafter Güter auf die Produktion des *surplus'* verweist – auf jenen Überschuß, der die unmittelbare Konsumtion *per definitionem* übersteigt.

Eine Zusatzbemerkung zum Begriff des „permanent subject" – „which endures after that labour is past" (Smith 1981, Bd. 1: 330) – bestätigt, daß Smith auf den *surplus* abzielt. Im Begriff der Herstellung dauerhafter *und* verkäuflicher Gegenstände ist die kapitaltheoretische Konsequenz enthalten, wonach die Produktion auf Vorrat (*stock, capital*) die einzige Gewähr für die Erhaltung künftiger Produktivkräfte bietet. In der Wahl zwischen Investition und Konsum bzw. zwischen aktuellem und künftigem Konsum wird nicht nur das „klassische" Allokationsmodell konstituiert, sondern im Kapital die neue „beharrliche" Substanz benannt, die die Erhaltung des Lebens der Gesellschaft sichert und kontinuiert.[15]

Nicht die Dauerhaftigkeit des resultierenden Produktes, seine Gebrauchswerteigenschaften, sondern der Kapitalprozeß selbst, der die Dauerhaftigkeit der Produktionsmöglichkeiten in der arbeitsteilig organisierten Tauschwertproduktion erlangt, hat jene substantielle Qualität, die der Ökonomie fortan eine eigene Struktur unabhängig von politischen, ethischen und naturphilosophischen Begründungen zu geben scheint.

Ein weiterer Aspekt sei hier nur en passant erwähnt: Daß die Differenz zwischen produktiver und unproduktiver Arbeit, so esoterisch sie der modernen Betrachtung erscheinen mag, den endgültigen Bruch der Ökonomie mit der Tradition der praktischen Philosophie

---

[15] Und nicht nur, wie H. Arendt Smith hier interpretiert, die Welt-Herstellung des homo faber (Arendt 1981: 124 ff.).

seit Aristoteles beschert. „Churchmen, lawyers, physiciens, men of letters of all kind", öffentliche Berufe, die in der alten Praxis-Orientierung hohe Tugendpositionen im politischen Leben einnahmen, werden jetzt solchen „frivolous professions" wie „players, boofoons, musicians, opera-singers, opera-dancers etc." (Smith 1981: Bd. 1: 331) gleichrangig gemacht, um ihre Unproduktivität herauszuheben, die sie nun dem Primat der produktiven Agenten des gesellschaftlichen Lebens unterordnen müssen.
So „ehrenwert und nützlich" ihr Dienst auch sei, „ihre Leistungen ... produzieren nichts". „Their protection, security, and defence of the commenwealth, the effort of their labour this year, will not purchase it's protection, security, and defence, for the year to come" (dito). Hier wird nicht nur, wie M. Riedel anmerkt (Riedel 1969: 23), die klassisch-politische Tugendordnung der vollendeten Praxis in den Primat der werk- und wertschaffenden Poiesis transformiert[16], sondern zudem das Telos der kapitalwirtschaftlichen Produktion als Sicherstellung der Vorsorge expliziert. Die Reproduktion des Kapitalprozesses ist zur ökonomischen Substanz geworden, d.h. „Substanz" wird als Prozeß aufgefaßt.

Es geht Smith, wenn man ihn genauer analysiert, nicht nur um eine akzidentelle Veränderung durch Werthinzufügung, die die Arbeit der Materie besorgt, sondern um die Analyse des Gesamtallokationsprozesses, um die Rückwirkungen der Produktion auf die Erhaltung der Arbeitsmöglichkeiten und ihrer produktiven Potenzen – diesem Ziel dient die Schaffung von *surplus* und Reichtum. Die Rückversicherung aber, daß die kapitalwirtschaftliche Evolution der Menschengattung selber

[16] M. Riedels Hinweis, daß A. Smith' Definition der produktiven/unproduktiven Arbeit als explizite Attacke auf den klassischen Kanon der gesellschaftlichen Hochrangigkeit der Politiker, Könige, Priester, Adeligen und Militärs zu gelten habe, zeigt nicht nur, daß wir es mit Smith' Zivilisationstheorie – und nichts anderes ist der ‚Wealth of Nations' – mit einem modernen Werk zu tun haben, sondern daß die Bedeutung seines Werkes auch darin zu suchen ist, daß es Smith gelang, die reichtumsfördernde neue bürgerliche Welt ökonomisch-politisch zu legitimeren. Den Titel ‚Politische Ökonomie' trägt sie zurecht, da sie, in *economic terms*, eine neue politische Ordnung vorstellt, die anders aussieht, als die gebildeten Leser seiner Zeit voraussetzen konnten.

womöglich ein entelechischer Prozeß der Natur ist, macht es möglich, die „klassische“ Ökonomie, bei Smith und Malthus, zum Referenzmodell der späteren biologischen Evolutionstheorie werden zu lassen (vgl. das Smith-Kapitel in Kliemt 1985).

Die Arbeit der „klassischen“ Ökonomie vollendet nicht mehr, im Sinne der physischen Teleologie, das „immanente Sollen“, indem sie Materien nach deren ihnen innewohnenden Teloi zuende formt, sondern ist selber zu einer Art produktiver Natur geworden, die von „innen“, nach ihrer blinden Trieb- und ihrer bewußten Vernunftnatur, die Formierung und Bewertung der „äußeren“ Welt betreibt, die, als Natur, jetzt zur Umwelt wird.

Den Schritt von der „äußeren“ zur „inneren“ Natur – die anthropologische Wende – vollziehen auch die deutschen Ökonomen, wie wir noch sehen werden; aber ihre Tendenz geht auf das „Ideale“ oder „Ideelle“, nicht auf die eher „biologische“ Untermauerung (Kliemt 1985: 151) des Verhältnisses von Arbeitsproduktivität und Populationsgröße bei Smith. Nur nachhaltiges Wachstum des Sozialproduktes kann die Löhne so hoch halten, daß das Bevölkerungswachstum (der Arbeiter) anhält. Vor allem das 8. Kapitel des ersten Buches des „Wealth of Nations“ ergibt

> „insgesamt eine rudimentäre ‚Populationsbiologie‘ der menschlichen Art unter Einbeziehung des von dieser Art geschaffenen artifiziellen gesellschaftlich-wirtschaftlichen Rahmens. ... (Erst Charles Darwin und Alfred Russel Wallace; B.P.) blieb es vorbehalten, Smiths Gedanken auf die Natur insgesamt zu übertragen“ (Kliemt 1985, 151).

Kapital- und Einkommenswachstum, die Steigerung des *wealth of nations*, erhöhen die Nachfrage nach Arbeit und längerfristig, bei relativer Knappheit des Arbeitsangebotes, die Löhne. Höhere Löhne in der Folge eines gestiegenen Sozialproduktes sind die Bedingungen einer zunehmenden Bevölkerung, „increasing wealth is the cause of increasing population“ (Smith 1981: Bd. 1, 99). Die Regenerationskraft, die die Physiokraten allein noch der Natur (und der komplementären ökonomischen Organisation) zuschreiben wollten, ist nun, auf die Arbeitskrafts- und Fertilitätspotenz der Bevölkerung übertragen, zur „ökonomischen Natur“ par exellence geworden (vgl. bes. Sieferle 1990).

Exkurs: Die Natur als materieller Plafond menschlicher Arbeit

Wenn man von Smith' (und Malthus') populationsbiologischen Einbettungen absieht, bleibt die Arbeit in der ‚klassischen' Ökonomie ein Akt der Transformation der Materie. Das ist wörtlich zu nehmen: Die Natur produziert natürlich weiterhin die Materialien, die ‚rohen Stoffe', während die menschliche Arbeit Kraft, Energie und Intelligenz darauf verwendet, den Stoffen eine nützliche und brauchbare Form zu geben.

Dieses ältere Schema ließ sich nicht vollständig in den eigentumstheoretisch definierten Arbeitsbegriff John Lockes auflösen[17], der – gegen die vorhergehenden Okkupations-Recht-Theorien (Brocker 1992: Kap. 3) – das Eigentum nur dann legitimiert sehen wollte, wenn es durch Arbeit erworben war. Lockes berühmte Arbeit/Eigentum-Relation findet sich in der ‚klassischen' Ökonomie nur teilweise wieder[18], da es offensichtlich ist, daß „der Mensch ... für die Erarbeitung und Produktion neuer Güter und körperlicher Gegenstände der natürlichen Rohstoffe (bedurfte; B.P.), die er selbst nicht wiederum durch Arbeit erzeugen (und als ‚Werk seiner Hände' betrachten), sondern allein der Natur entnehmen konnte“ (Brocker 1992: 364).

---

[17] Vgl. dazu: Priddat 1988: Kap. II.5; Priddat 1990a: 16 ff.; Brocker 1992.

[18] Zur Kritik einer arbeitswerttheoretischen Interpretation Lockes vgl. Priddat 1988: Kap. II.5.4.

Natürlich basiert Smith – wie auch andere ‚Klassiker' – insofern auf Locke, als das Eigentumsrecht der Arbeiter an den Früchten ihrer Arbeit sichergestellt sein müsse.[19] Aber es bleibt die alte metaphysische Schranke bestehen, die die menschliche Arbeit gegen die natürlichen Produktionen abgrenzt.

> „Da der Mensch ... die Existenz des Materials vor jeder bearbeitenden Aneignung voraussetzen mußte, konnte er durch seine Arbeit allein niemals das Eigentumsrecht an äußeren Gegenständen erwerben. Denn das Material selbst war kein Produkt einer menschlichen Leistung und durch keine menschliche Arbeit welcher Art auch immer selbst hervorzubringen. Die Arbeit des Menschen erschuf daher niemals wirklich neue Dinge, sondern veränderte stets nur vorhandene Stoffe und Materialien, in deren Besitz es folglich auch nicht durch Arbeit hatte gelangen können. Bevor der Mensch äußere Gegenstände bearbeiten und durch Umformungsprozesse neue Güter erzeugen konnte, mußte er bereits im rechtlichen Besitz des zu bearbeitenden Materials sein, um diese Bearbeitung vornehmen zu dürfen. ... Die Bearbeitung und Formung konnte daher selbst nicht wiederum den rechtlichen Anspruch auf die Güter (das Material) begründen, den sie im Gegenteil eben jederzeit schon voraussetzen mußte" (Brocker 1992: 364).

Diese Argumentation berührt den Kern der Locke'schen Arbeits/Eigentumstheorie. Zwar stechen die ‚klassischen' Ökonomen nicht gerade dadurch hervor, daß sie die Eigentumsvoraussetzungen ihrer neuen Ökonomie besonders ausführlich analysierten (sie übernahmen schlicht privatrechtliche Standards), aber die Fragen, die an die arbeitswerttheoretische Fundierung der ‚Klassik' gestellt wurden, brachte sie letztendlich zum Scheitern. Bei Smith, Malthus und Ricardo blieb unklar, inwieweit Zins- und Renteneinkommen durch Arbeitsleistung erklärt werden konnten. Aushilfe schuf Nassau Senior durch seine Abstinenztheorie des Zinses: Der Zins sei eine Vergütung für die Enthaltung des Kapitalisten, gleichsam Entgelt

---

[19] Vgl. Brocke 1992: 321 f., der Bentham, J.St. Mill und McCulloch zitiert: Das Recht müsse den Arbeitern das Produkt ihrer Arbeit sichern.

für seine spezifischen Arbeitsleistungen, die der Nicht-Konsum erbrächte. Schon diese Erklärung, obwohl sie für einige Zeit Furore machte, blieb unbefriedigend; schwieriger war die Erklärung der Bodenrenten.

Es war offensichtlich, daß der Bodenwert nicht durch Arbeit erklärt werden konnte. Die Unterschiede der Bodenfertilität waren natürliche Unterschiede. Somit war des Besitzrecht am Boden erklärungsbedürftig; es ließ sich nicht in eine Arbeitswertschema bringen. Anstelle der Frage nach der Arbeit trat hier die Frage nach der Besitzlegitimation. Zwei Antworten entstanden:

1. eine radikale Bodenbesitzreform, oder aber
2. Theoriewechsel: Man griff auf die utilitaritische Alternativtheorie zurück, um den ökonomischen Wert aus dem Nutzen zu erklären, nicht aus der Arbeitsleistung bzw. aus den aufgewendeten Produktionskosten.

Auf die subjektiven Wertlehren kommen wir gleich zu sprechen; hier interessiert der Grund für die Probleme arbeitswerttheoretischer Konzeptionen im Hinblick auf unsere besondere Fragestellung. Es reicht anscheinend nicht, wie wir an Smith herausgearbeitet hatten, die Transformation von Stoffen (mit der entscheidenden Betonung des Formierungscharakters) als wertbestimmende Determinante herauszuheben.

Der Wert, den die Arbeit „adds to the materials", wie Smith es formulierte, verändert zwar die Form des Materials in Richtung besonderer Brauch- oder Nutzbarkeit für die Menschen, wodurch ein neues Gut auf den Markt gebracht werden kann, das es vorher – in dieser spezifischen Form – nicht gab. Doch ist das für die ‚klassische' Ökonomie nicht das Wichtige; sie betrachtet die verschiedenen Formen nicht besonders, indem sie sie unter der Rubrik ‚values of use' unsortiert einordnet. Ihr kommt es vielmehr auf die Reproduktionskosten der Arbeit an, d.h. auf die Menge an Nahrungsmitteln etc., die für jede Arbeit, unabhängig davon, welche Formen sie herstellt, aufgewendet werden müssen.

Allein dadurch, daß diese Aufwendungen verauslagt werden, hat das Produkt der Arbeit bereits Wert, und zwar unabhängig davon, ob sich für das Produkt auf dem Markt auch ein Preis realisieren läßt, der die Kosten deckt. Der Markt reguliert vielmehr, ob es sich gelohnt hat, die Arbeit zu verausgaben. Nur diejenige Arbeit, die sich nachher auf dem Markt profitabel realisiert, ist in der Lage, die Kontinuität der Arbeit sicherzustellen bzw. die Selbsterhaltung der Arbeitsprozesse, an die ja immer Lebensprozesse gekoppelt sind. In diesem Sinne ist das Produkt der Arbeitsprozesse primär die Reproduktion des Kapital-/Investitionsprozesses, und nur sekundär das gebrauchsfertige Produkt, das auf dem Markt angeboten wird. Das auf dem Markt verkaufte Gut ist vielmehr nur ein notwendiges Medium der Erhaltung des Kapitalprozesses (und das Geld ist ein Medium 2. Ordnung).

Somit schafft sich die kapitalwirtschaftlich organisierte Ökonomie eine Materie zweiter Ordnung, die die Materie 1. Ordnung, die der Natur, systematisch voraussetzt. Das Bild klappt um: zwar gilt weiterhin noch die Arbeit als Transformation von Material, aber dieser naturbezogene Prozeß wird durch einen artifiziellen Prozeß überlagert, in dem die Arbeit – als produktive Arbeit – die Erhaltung und Reproduktion des eingesetzten Kapitals betreibt: die ökonomische Materie sui generis.

Die Kopplung zwischen beiden Materialsphären – zwischen der natürlichen und der ökonomischen – wird durch die Knappheit der Ressourcen bestimmt: in einem arbeitsteiligen, kapitalwirtschaftlich dynamischen Entwicklungsprozeß der Wirtschaft werden die Produktionen der Natur teilweise knapp, was in einem Anstieg der nicht-arbeitsbedingten Produktionskosten sichtbar wird. Dies ist dann ein Anlaß, neue Formen der Arbeit, neue Materialen und Güter in den ökonomischen Prozeß hineinzunehmen.

Die Natur bleibt die wahre und einzige Produzentin; sie allein ‚produziert' die Materien und Materialien. Aber dieser Prozeß wird – unter Einfluß der modernen Naturwissenschaften – inzwischen physikalisch, nicht mehr metaphysisch gedeutet. Weil die Naturproduktionen, die weiterhin natürlich unbedingte Voraussetzungen für die menschlichen Produktionen bleiben, jetzt aber auch physikalisch gedeutet werden können, liegt es schließlich nahe, auch die menschliche Arbeit selbst in physikalischer Terminologie als *energetische* Aufwendung bzw. als *Kraftäußerung* aufzufassen. Dadurch entledigt man sich elegant des Problems der unbedingten Trennung von Natur und Arbeit: als geäußerte Kraft ist die menschliche Arbeit selber eine Teil der Naturenergie. Die Einkommenstheorien müssen dann nurmehr noch klären, wieviel Energieersatz für die Arbeiter nötig ist. Dabei werden die Nahrungsmittel quasi kalorisch gemessen; die Lohnhöhe wird dann dadurch definiert, daß sie die Reproduktion der Arbeiterfamilien (ihren Nahrungsbedarf und die Ernährung der Kinder) sichern müsse (was, dem ‚ehernen Lohngesetz' zur Folge, nur als Schwanken der Lohnhöhe um das Existenzminimum gedeutet wird).

Dadurch, daß die Arbeitswerttheorien nicht in der Lage waren, das Verhältnis von natürlicher und menschlicher Produktion vollständig in Arbeit aufzulösen, verlieren sie im Laufe des 19. Jahrhunderts an Erklärungswert. Damit löst sich die Frage nach dem Verhältnis von Natur und Arbeit nicht, sondern sie löst sich auf. Der Schritt aber, die Natur als Plafond jedwelcher menschlichen Arbeit beizubehalten, und sie zugleich aber zu einer physikalischen Entität zu erklären, die den Natur- und Ingenieurwissenschaften übergeben wird, vollzieht sich langsamer und theoretisch schwieriger, als man sich vorstellen konnte.

4. Produktion des Ideellen. Deutsche Nationalökonomie im 19. Jahrhundert.

Die junge deutsche Nationalökonomie stellt sich zu Anfang des 19. Jahrhunderts die Frage nach dem Verhältnis von Natur und Ökonomie, wie bei den Deutschen zu erwarten war, grundsätzlich. Die Stoffumwandlung oder Formierung der Materien durch Arbeit – die Smith-Rezeption macht sich allenthalben bemerkbar – wird aber auf eine anthropologische Grundlage zu stellen versucht, die noch weiter fragt, was denn die Zwecke der Arbeit orientiert: der menschliche Wille, der die Zwecke setzt.

Zwischen den, aus dieser Perspektive, Extremen der englischen Arbeits- und der physiokratischen Natur-Wert-Theorie bildet sich ein Konsensus für die Supradisposition des „Ideellen" – mit zwei verschiedenen Konsequenzen:

1. einer frühen Herausbildung subjektiver Werttheorie,
2. mit einer kulturgeschichtlichen bzw. ethisch-historischen Einbettung der Ökonomie.

„Äußere" versus „innere" Natur

Den Physiokraten wird unisono und posthum vorgehalten, daß sie einseitig die Naturproduktivität favorisierten und die „Materie zum Wesen des Guten"[20] erhoben hätten. In der Analyse der Neuwertbildung des Volksvermögens werden die englischen und physiokratischen Einseitigkeiten in einer Theorie der Kombination der verschiedenen produktiven Kräfte zu synthetisieren versucht. K. Steinlein zählt dazu: „A. Naturkräfte, B. Menschen-Kräfte, C. Kräfte der Güter-Vorräte ... oder der

[20] Baumstark 1835: 555, auch 549; ebenso: Steinlein 1831: 33 f., 72 ff.; Rau 1855: 40 ff.

Capitale“ (Steinlein 1831: 238). Drei bisherige Grundirrtümer faßt Steinlein zusammen:

1. „daß Reichtum nichts anderes sey, als aufgehäufte Arbeit“,
2. „daß aller Reichthum ... das Werk der Natur sey“,
3. „daß die Natur die Kraft der Arbeit nicht beschränke“ (Steinlein 1831: 248 f.).

Das zentrale Problem sei die Analyse der Neuwertschöpfung, d.h. die Antwort auf die Frage, welche Agentien das „Vermögen einer Nation durch Hervorbringung (Production) neuer Werte im Sinne der Wirthschaft“ (Baumstark 1835: 553; auch: Steinlein 1831: 238 ff. und 243) vergrößern.

In einem Rückblick über die „Lehre von der Produktion und von der Produktivität“ in der Ökonomie des 19. Jahrhunderts war L.v. Wiese sich 1908 noch sicher, daß die Unklarheiten der Smith'schen Produktionstheorie an dem Umstand festzumachen seien, daß Smith die Wirtschaft ausschließlich vom Erwerbsstandpunkt aus betrachtete. Der Begriff der Produktivität, der von dem der Produktion abgeleitet erscheint, hätte, strengstens genommen, nichts mit der Lehre der Produktion zu tun, sondern sei vielmehr die Grundlage der Theorie des Volkseinkommens (Wiese 1908: 2. Bd., 5) bzw. seiner Entstehung. Th. Bernhardi nannte es 1849 eine Verwechslung von Produktion und Erwerb (Bernhardi 1849: 109). Präziser beschreibt diese Differenz K.H. Rau:

> „Eine Erzeugung neuer Güter, bei der mehr schon vorhandene verzehrt würden, als das Product vergüten kann, wäre ... keine wahre Production, weil sie keine Vermehrung des Vermögens bewirkt, wenn sie auch technisch betrachtet zu der nämlichen Gattung von Verrichtungen gehören mag, wie die wirklich productiven“ (Rau 1855: 88 Fn. a).

Wie bei Smith wird von Rau die Produktion als Surplus-Produktion betrachtet, allerdings mit der begrifflichen Novität, technische und wahre, d.h. ökonomische Produktion auseinanderzuhalten – eine Trennung, die F.B.W. v. Hermann in die deutsche Ökonomie kanonisch eingeführt hatte (Hermann 1832: Kap. 5).

Die Schwierigkeiten, die die Nationalökonomen vor dieser Differenzierung hatten, zeigt sich in besonderer Weise bei F.B. Weber (1803). Weber unterscheidet die Privatöconomie 1. in productive oder schaffende, 2. in distributive oder eintheilende Gewerbe. (2) ist bei ihm der Handel. (1) wird weiter gegliedert in

1a) das eigentlich productive Gewerbe – Landbau,
1b) eduktive Gewerbe – Fabriquen, Manufacturen, Handwerke,
1c) zugleich pro- und eduktive Gewerbe – Bergbau und Hüttenwesen.

Der Kunstbegriff des „eduktiven" Prozesses bezieht sich auf das Edukt, den aus Rohstoffen abgeschiedenen Stoff, den „Auszug" (oder Extrakt). Reine Formverwandlung ist das nicht; die Industrie bleibt eng an die Extrahierung roher Stoffe geknüpft. Daß das Edukt ein neuer Stoff ist, wenn auch aus einem „alten" gezogen, macht Weber sich nicht zueigen.

Aber sein Schema bleibt isoliert; ein anderes gewinnt vorübergehend Anerkennung, das in Production (Oeconomie), Fabrication (Technologie) und Handel (Handlung) differenziert (so bei Fulda (1803); ebenso ähnlich bei Sturm (Jena 1807), von Buquoy (Leipzig 1815), Oberndorfer (Landshut 1818), Geier (Würzburg 1818)). Der Gliederungs-Topos von (Ur-) Produktion, Technologie, Handel hält sich bis in die junge Nationalökonomie, der diese späten Cameralisten zuarbeiteten. Damit bleibt ihnen selbstverständlich, Materiehervorbringung und Materieumwandlung auseinanderzuhalten – ein Umstand, der sie gegen die Physiokraten in dieser Frage immun hält, und sie zugleich auch die „englische Einseitigkeit", daß nur die Arbeit Wert erzeuge, skeptisch betrachten läßt.

Der ehemals metaphysische wird zum technischen Begriff, der die „Productivität auf solche Wirksamkeit beschränkt, wodurch die Stoffe neu erzeugt oder materiell verändert werden"

(Riedel 1838: Bd. 1, Vorrede IX f.). Dagegen steht der neue, ökonomische Begriff der Produktion:

> „Man muß die Productivität auf alles ausdehnen, was dem Vermögen oder Einkommen eines Volkes einen Zuwachs an Gebrauchswerten zu Theil werden läßt. d.i. was die im Nationaleinkommen oder Nationalvermögen enthaltenen Gegenstände zu wirksamen Mitteln zur Abhülfe des Volkseinkommens macht. In diesem Fall muß die Vertheilung des Volkseinkommens selbst als eine Thätigkeit erscheinen, welche eine Production entwickeln kann ... . Welchen von beiden Wegen man erwählt, kommt lediglich auf den Begriff an, welchen man dem Ausdrucke Production unterlegt: im ersteren Falle wird die Production auf Stoffproduction beschränkt, im letzteren Falle erscheint sie zur Werthproduction ausgedehnt: jene Beschränkung dürfte zwar für die Technik, für die Nationalöconomie jedoch diese Ausdehnung unbedingt angemessener seyn, da die Größe des Volkseinkommens ... nicht durch den Umfang, sondern durch die den Einkommensobjecten beiwohnende Fähigkeit zur Befriedigung des Volksbedarfs bestimmt wird“ (Riedel 1838: Vorrede S. X).

Die Natur erscheint zwar weiterhin noch als eine der produktiven Kräfte, aber ihre Hervorbringungen gelten allgemein als ökonomisch wertlos; sie sind reine Potenzen. Smithianisch definiert A.F. Lueder: Die Natur schafft nur Dinge, keine Güter.

> „Es kann also für uns auf keine Weise in der uns umgebenden Natur eine Quelle von Gütern geben. Der Boden erhält nicht Werth, wenn wir ihm Werth beilegen, sondern erst dann, wenn er aufhört, nur Geschenke der Natur, wie man es nennt, zu tragen, wenn er Belohnung menschlicher Arbeit trägt, ..., und mit dem, im Ackerbau angelegten Kapitale“ (Lueder 1829: 101 f. und 187; ebenso: Hagen 1839: II. Aufsatz, 71).

Lueders Konklusion führt für das Verständnis der deutschen wirtschaftstheoretischen Entwicklung einen Schritt weiter:

> „Fast alle unsere Güter sind nicht in der Natur vorhanden, der Geist muß sich erst jedes dieser Güter schaffen, sich ein Ideal bilden“[21];

[21] Lueder 1820: 187; zur subjektiven Wertlehre der frühen deutschen Ökonomie: Debes 1934, vor allem: Streissler 1990.

hernach sind die Mittel bereitzustellen und zuletzt ist zu arbeiten, um das Ideal zu realisieren.

Folgerichtig werden fortan „äußere" von „inneren" Naturkräften unterschieden (Hagen 1839, 71). Dabei erfährt die wertschaffende Arbeitskraft eine neue Interpretation als „innere" Natur-Kraft, die sich „äußert", differenziert nach körperlichen und intellektuellen, ideellen, willentlichen Fähigkeiten (Steinlein 1831: 252; auch: Hagen 1839: 74 ff.). Die „Kraft" als Prädikat der Arbeit ist in der Ökonomie kein Begriff körperlicher Verfassung, sondern jene *energeia* Aristoteles', die das Werk (*ergon*) schafft – der *actus*, der die *potentia* erst verwirklicht.[22]

Was auf der einen Seite der „Natur außer uns" an Wertschöpfungskompetenz endgültig abgesprochen wird, übernimmt auf der anderen Seite die „Natur in uns" (Hagen 1839: 71).

Damit wird aber, in paradoxer Form, die eben kritisierte Naturproduktivität auf anderer Ebene wiederbelebt – nur daß es jetzt die „Natur" der Menschen ist, die Werte erzeugt -

> „Der Mensch als der andere Genius der Natur" (Schmitthenner 1839: V. Buch, 352).

Gemeint ist die Fähigkeit der „inneren" Natur, über den Willen frei die eigne Geschichte und deren wirtschaftliche Voraussetzungen bestimmen zu können. Die Natur ist, anthropologisiert, in die Ökonomie aufgehoben worden.

Der „äußere Naturfond" (Hagen 1839: 71) umfaßt alle dinglichen Güter; der Wert der Güter kommt aus der Form, nicht aus dem Stoff (Hagen 1839: 76; auch: Roscher 1874: 56). Allenthalben wird diese Formel schematisch repliziert. Sie ist der Basissatz für die Geltung des subjektiven Willens, ob er nun als Geist idealisiert oder später psychologisch interpretiert wird, um damit die Grundlage für die frühe Ausbildung der

[22] De Vries 1983: 17; für die deutsche Nationalökonomie im selben Sinne: Schmitthenner 1839: § 260; Soden 1810: § 182, S. 90.

Elemente subjektiver Werttheorie zu geben, aber auch für die kultur-evolutionistischen Erweiterungen, wie sie nicht nur in der ‚ethisch-historischen Schule' der deutschen Nationalökonomie gepflegt werden (vgl. Kap. III.1).

Eine andere Wendung gibt F. List der Produktivitätsdebatte. Der Nationalreichtum bestehe nicht, wie noch Smith und seine deutschen Epigonen behaupteten, in einer Menge an Tauschwerten, sondern in einer möglichst vielseitigen Entwicklung der Produktivkräfte, d.h. der geistigen und materiellen, sozialen und politischen Fähigkeiten, Faktoren und Hebeln des Erwerbs und Verkehrs (List 1841; zitiert nach: Kautz 1869: 672). Dazu zählen 1. die gesellschaftliche Ordnung, 2. der Geist, 3. die Naturkräfte als Triebfedern der Werterzeugung (dito).

A.E.F. Schaeffle nennt, in ähnlicher Tendenz, die „Production" eine „materielle Fixierung", eine Art Imprägnation von „sittlicher Kraft in unpersönlicher Materie" (Schaeffle 1873: Bd. 1, 8).

Diese idealistische Linie der Betonung geistiger und moralischer Kräfte der Nationalökonomie findet einen typischen Ausdruck in A.E.F. Schaeffles Idee, wonach die Produktion materieller Güter, nachdem sie die Versorgung der Bevölkerung gesichert habe, in eine potentielle grenzenlose Produktion ideeller Güter sich fortsetzen werde (Schaeffle 1873: Bd. 1, 157 f.).

Die Ökonomie, eine Geisteswissenschaft mittlerweile, ist in die ideale Höhe jener willkürlichen Formierung „äußerer" Natur angelangt, der nur noch sittliche oder politische, aber keine natürlichen Schranken mehr gelten.

Der Fortschrittsgedanke – das Pathos des 19. Jahrhunderts – tritt in die Nationalökonomie als Veredelungsprozeß – „der große Prozeß der Versittlichung des Natürlichen" (Fröbel 1879: 3). Letztendlich diene der Gebrauch des Volksvermögens nur sittlichen oder idealen Zwecken (Fröbel 1970: 2). Die „ungewürdigten Tatsachen der Natur" harren ihrer Verwertung für menschliche Zwecke, um sich „zu immer höheren Wertformen" in das Gebiet der „unschätzbaren Tatsachen" zu entfalten (Fröbel 1870: 3). Die „Operationen der Wirthschaft setzen hier fort, und bewirken den weiteren Fortschritt aus dem physischen Reiche in das ethische“ (Fröbel 1870: 11; auch: Dühring 1865: 319), was, in die Standardformel des 19. Jahrhunderts übersetzt, „die fortschreitende Benutzung der Naturkräfte zur Erreichung der Zwecke der Menschen“ (Mangoldt 1871: 44) gewährleiste.

Die alte aristotelische Anschauung, daß das tugendhaft vollendete Leben der wahren Natur des Menschen entspreche, findet bei manchen der deutschen Ökonomen einen eigentümlich geschichtsmetaphysischen Ausdruck. Eine naturmetaphysische Rückbindung dieser Geschichtsteleologie formuliert Schaeffle:

> „Bei weitem Ueberblick über die reale Welt erkennen wir einen allmäligen Uebergang von blind nothwendiger Wechselwirkung der Naturkräfte zu immer zweckmäßigerem Wirken. Die sittliche Thätigkeit ist der oberste in der Erfahrung wahrnehmbare Höhepunkt in diesem Schöpfungs=Fortschritt zur Entfaltung zweckmäßigen, nützlichen Wirkens. Aber ein Reich selbstbewußter und selbstgesetzer Zweckmäßigkeit, ein Reich der Erscheinungen realen Geistes, erschließt sich durch die Gesittung innerhalb der Natur. Was die Wissenschaft nicht beweisen kann, mag der Glaube gerne abnehmen, daß nämlich der ganze Mechanismus der bewußtlos waltenden Natur schließlich die Bestimmung habe, der Verwirklichung des allein werthvollen sittlich Guten zu dienen, daß durch Ausbreitung der Gesittung immer mehr Materie zur Vergeistigung, zu sittlicher Organisation zu gelangen habe. Der National=Ökonom wenigstens wird überall auf einen solchen Glauben hingedrängt; immer mehr Materie sieht er in Güter, immer mehr blinde Naturbewegung in sittlich nützliche Arbeit und sittlich nüzliche Arbeit und sittlich nüzlichen Unterhalt, immer mehr unpersönliches und zweckloses Dasein in persönliches Vermögen und persönliche Bildung umgesezt“ (Schaeffle 1873: Bd. 1, 3).

Eigentümlich korrespondiert dieser Vergeistigungs-Evolution der Ökonomie eine neue Naturtheorie, die sie, auf ihre Art, von der der modernen Physik besorgt.

Die Arbeit, vordem in der Ökonomie eine den Willen verwirklichende Formierung der Stoffe, wird nach der Einsicht in die neue Physik zu einer Energieform. „Man nennt die Bewegung einer Masse, sofern sie Arbeitskraft vertritt, die lebendige Kraft einer Masse“, wie H.v. Helmholtz 1854 in einem Vortrag erläutert, um dann die physikalische Spekulation für ein ökonomisches Raisonnement zu liefern:

> „Wir Menschen können für menschliche Zwecke keine Arbeitskraft erschaffen, sondern wir können sie uns nur aus dem allgemeinen Vorrathe der Natur aneignen. Der Waldbach und der Wind, die unsere Mühlen treiben, der Forst und das Steinkohlenlager, welche unsere Dampfmaschinen versehen und unsere Zimmer heizen, sind uns nur Träger eines Theiles des großen Kraftvorrathes der Natur, den wir für unsere Zwecke ausbeuten und dessen Wirkungen wir nach unserem Willen zu lenken versuchen“ (Helmholtz 1865, zitiert in: Sternberger 1974: 39).

Der Sieg der Dampfkraft, konstatiert der Ökonom G. Cohn, sei ein Beweis der „Emancipation von den Launen der Natur“ (Cohn 1885: 228). Die „klassische“ Arbeitskraft, die die Realisation der Naturpotenz als Wertschöpfung betrieb, wird wieder zur Naturkraft, die wir uns aneignen können. So bleibt es nicht aus, daß physikalische Varianten der Produktionstheorie entstehen, die in neuer Redeweise den alten Formierungsprozeß der Materie wieder aufgreifen:

> „Die Rolle, die dem Menschen in der Produktion zufällt ... besteht einfach darin, daß er, selbst ein Stück der Naturwelt, seine natürlichen Kräfte mit den unpersönlichen Naturkräften kombiniert, und zwar so kombiniert, daß aus dem Zusammenwirken der vereinigten Kräfte die Entstehung einer bestimmten Stoffgestalt naturgesetzlich erfolgen muß“ (Böhm-Bawerk, zitiert in: Zuckerkandl 1898: 383).

Durch die physikalische Interpretation gelingt es, der Ökonomie die Herstellung von Materien, eine neue Einheit von Materie und Form, wie der Terminus „Stoffgestalt“ es bezeugt, zuzuschreiben. Was Quesnay noch streng vom ökonomischen Produktionsbegriff absondern wollte, das „Kombinieren“ (gegenüber dem naturimmanenten „Generieren“), ist jetzt zur alleingültigen Definition des ökonomischen Produktionsbegriffes geworden. Und was Smith noch mit dem Prädikat der Dauer auszeichnen mußte, um den Arbeitsprodukten die Qualität einer Substanz zuzubilligen, ist nun, ohne metaphysischen Begründungsaufwand, zu einem Faktor-Allokations-Prozeß geworden, der im Kräfteparallelogramm von Mensch und Natur die Materie als Vektor resultieren läßt.

J. St. Mill

J.St. Mill hätte längst, in Fortführung der Say'schen Argumentation, die moderne Physik in die Produktionstheorie hereingeholt. Zweifach komme die Natur in der Ökonomie vor:

1. traditionell bietet sie den „Stoff dar, ... verschafft das Material",
2. gewährt sie aber „auch Kräfte, ... (ist) thätige Energie". „Naturkräfte ersetzen Arbeit".

> „Der Mensch hat kein anderes Mittel auf den Stoff einzuwirken, als indem er ihn bewegt. ... Der Mensch übt diese Macht aus, indem er sich entweder vorhandener Naturkräfte bedient, oder Gegenstände zu solcher Mischung und Verbindung zusammenfügt, daß Naturkräfte dadurch hervorgebracht werden".

Die Natur, deren Energien jetzt produziert werden können, gilt als „Kraft, welche zur Erreichung menschlicher Zwecke nützlich wird". Da Arbeit niemals Stofflichkeiten erzeugen, sondern nur die Formen der Naturstoffe ändern könne, zieht Mill daraus die Konsequenz Say's, daß sie Nützlichkeiten (*utilities*) produziere (Mill 1852; alle Zitate aus den Seiten 30-57).

Indem die Gesetze der Produktion zu natürlichen Gesetzen erklärt sind, können die Gesetze der Distribution unabhängig von ihnen und durch den menschlichen Willen allein bestimmt werden (Paul 1979: 122).

Der subjektive Wert objektiver Natur

Say's Nützlichkeits-Wertbegriff ist längst vor J.St. Mill in der deutschen Nationalökonomie aufgegriffen worden. „Das wahre Wesen des Vermögens beruht also auf seiner Nützlichkeit, ... dem Werth" (Baumstark 1835: 549; auch: Hagen 1839: 83). Die Bedürfnisse bestimmen nun, welche Arbeiten verrichtet werden und welche Zwecke verfolgt werden sollen. Bei der „Umgestaltung des Nutzbaren (an der Natur; B.P.) in das Nützliche" (Hagen 1839: 57) ist die Produktion kein von der Nachfrage nach Gütern mehr unabhängiger Prozeß und von den technischen Modalitäten abgelöst. Verfolgen wir diese Argumentationslinie bei H.F.E. Lotz:

Nur die Natur und der menschliche Geist können Dinge schaffen (Lotz 1837: Bd. 1, 145). Die „Natur schafft alle ihre Erzeugnisse ... immer durch sich selbst" (Lotz 1837: Bd. 1, 147 und 148), weshalb das menschliche Schaffen materieller Güter – im Gegensatz zum geistigen Schaffen immaterieller – gebunden bleibt an die „vorhergegangene Kraftäußerung der schaffenden Natur" (Lotz 1837: Bd. 1, 150).

Aber, wendet Lotz gegen „Smith und die Freunde des Industriesystems" ein, die Arbeit allein erzeuge auch keine Werte, sondern nur erst „die Erhebung der Dinge zu Gütern durch Anerkenntnis ihrer Tauglichkeit für menschliche Zwecke" (Lotz 1837: Bd. 1, 156).

Die Wert-Formen, die die Natur-Stoffe durch die Arbeit erhalten haben, werden nicht durch den Arbeits-Wert bzw. die Produktionskosten, sondern durch Anerkennung, d.h. durch subjektive Urteile gebildet, die der Vorstellung und Abwägung in rationaler Wahl entstammen:

> „Das Urtheil über ihre (der Güter; B.P.) Brauchbarkeit zu diesem Zweck heißt ihre Schätzung" (Steinlein 1831: 220; ebenso: Hufeland 1814: 17 und 32).

Wert im subjektiven Sinne ist fortan die Bedeutung, die ein Gut für die Wohlfahrtszwecke eines Wirtschaftssubjekts besitzt

(Roscher 1874: 7; ebenfalls: Schaeffle 1862: 10). Dieser subjektive Zweck ist noch nicht in die Tauschwert- oder Preistheorie vollständig integriert, sondern bezeichnet ersteinmal nur die Idee, daß Zwecke nicht durch Arbeit, sondern umgekehrt die Menge an aufzuwendender Arbeit durch die Zwecke, d.h. durch die Bedürfnisse bestimmt werden.

Von der ‚Produktion der Natur' über die ‚zweckdienlich formierende Arbeit' zur ‚zwecksetzenden subjektiven Wertentscheidung' bewegt sich die ökonomische Theorie von ihren physiokratischen Neuerungen zum grenznutzentheoretischen Finale Ende des 19. Jahrhunderts. Erst jetzt sind die Zwecke „von der Vorstellung eines natürlichen Endes natürlicher Prozesse abgekoppelt und als wählbar vorgestellt" (Luhmann 1984: 320 f.). Am Schluß dieser Entwicklung kann das Konzept der naturtheoretischen Begründung der Ökonomie ganz aufgegeben werden:

> „Die früher gewöhnliche Eintheilung der Naturkräfte in organische, chemische und mechanische hat auch für den Nationalökonomen keine große Bedeutung. ... Um so bedeutsamer ist für uns die Eintheilung der wirtschaftlich brauchbaren Gaben (Stoffe, Kräfte und Verhältnisse) der äußeren Natur danach, ob sie fähig oder unfähig sind, Tauschwerth zu erlangen" (Roscher 1874: 57; auch: Arndt 1851: 16).

W. Roschers Resumee hält sich nicht mehr mit der Unterscheidung von Stoff und Form auf. **Nicht mehr die Formierung der Materie durch Arbeit, sondern die Bewertung der Vielfalt unterschiedlicher Formen der Natur- und Arbeits-Erscheinungen wird zur eigentlich ökonomischen Aufgabe erklärt. Die Natur bleibt dabei eine materiell unverletzbare Seinsidentität von besonderer, separierter ontologischer Dignität, während die Formveränderungen unendlich viele Zwecke zu realisieren gestatten, die nunmehr nach den Bedürfnissen beurteilt werden – und nach dem Preis.**

1855 wiederholt K.H. Rau scheinbar den Satz von der Summenkonstanz der Stoffe der Natur, den wir von Condillac und Say kennen:

> „Die Werthserhöhung (durch Production), insofern sie aus einer körperlichen Veränderung hervorgeht, kann ... nur auf Umgestaltungen, Verbindungen und Trennung der auf der Erde vorhandenen Stoffe beruhen, deren Menge im Ganzen, wenn man die Atmosphäre mit einrechnet, unabänderlich ist" (Rau 1855: 88).

Rau fügt diese Bemerkung erst in seiner 1855-iger Auflage neu ein. Er schreibt nicht bei Condillac oder Say ab, sondern sieht sich durch neuere Behauptungen der Physik, wie in H.v. Helmholtz' „Prinzip der Erhaltung der Energie" (Helmholtz 1847), die zum späteren 1. Hauptsatz der Thermodynamik ausgebaut wurden, zu dieser Erläuterung veranlaßt.

Durch die formierende menschliche Produktion wird keine Materie „verbraucht" und die Natur, wenn auch nicht mehr als autopoietische Einheit, so doch als unzerstörbar betrachtet. Nur die Formen wechseln, werden zerstört und reformiert. Die Ökonomie kann ihr metaphysisches Fundament in ein physikalisch gesichertes tauschen. Die andere Konsequenz, die thermodynamische Entropie oder Unumkehrbarkeit des Energieflusses in ungeordnetere Formen, bleibt der ökonomischen Wachstumseuphorie des Formen-Reichtums verborgen. Nicht mehr die Natur, sondern die Möglichkeit der Entfaltung wissenschaftlichen Fortschrittes gibt nun die Grenze der Formenvermannigfaltigung an. Die Natur wird zur ontologischen Versicherung der Evolutionspotenz der Geistes-Arbeit (Fröbel 1870: 2 und 6).

A. Marshall

Eigentümlicherweise verschafft A. Marshall, der große englische Ökonom des späten 19. Jahrhunderts, dieser Konzeption eine letzte Reputation:

> „Der Mensch kann keine materiellen Dinge hervorbringen (create). In der geistigen (mental) und der moralischen Welt vermag er tatsächlich neue Ideen produzieren; wenn aber behauptet wird, er produziere materielle Dinge, produziert er in Wirklichkeit nur Nutzwerte (utilities), oder, in anderen Worten, seine Anstrengungen und Opfer, die die Verwandlung der Form oder der Anordnung der Materie erfordert, gewähren ihm eine Verbesserung der Bedürfnisbefriedigung. Alles was er in der physischen Welt erreichen kann, ist, entweder die Materie so zuzubereiten, daß sie brauchbarer (more useful) wird, wie wenn er einen Holzblock in einen Tisch umformt, oder eine Weise zu finden, wodurch die Materie durch die Natur selber gebrauchsfähiger gemacht wird, wie wenn ihm beim Säen die Naturkräfte die Saat selbst ins Leben schießen lassen" (Marshall 1961: Bd. 1, S. 63).

Das meiste der Formulierungen ist von J.St. Mill übernommen. Eigentümlich ist, daß Marshall die Materie wieder zum Geheimnis der Natur-Produktion macht. In einer erläuternden Passage für die Leser am Rand dieses Absatzes fügt er interpretierend hinzu:

> „Der Mensch kann keine Materie produzieren, sondern nur Nützlichkeiten (utilities), die der Materie einwohnen (inherent)" (Marshall 1961: Bd. 1, 63, Randglosse).

Was sind *utilities*, die der Materie einwohnen? Der kleine Relativsatz relativiert die scheinbar gewonnene Klarheit und bringt die naturteleologische Immanenz der längst aufgegebenen Metaphysik wieder ins Spiel. Nützlichkeiten, die der Materie einwohnen, sind nicht frei wählbar.

Nun darf man für Marshall diese Sentenz nicht überbewerten, aber doch zeigt sie auf einen Rest an Unsicherheit über das Verhältnis von Ökonomie und Natur. Möglicherweise – aber das ist erst noch eine Hypothese – ist dieser Relativsatz aber ein Schlüssel für eine andere Interpretation der Marshall'schen Konzeption der „organischen" oder „biologischen" Struktur der Ökonomie. Das Telos der Marshall'schen Ökonomie, die Hebung des „standard of life" (Marshall 1961: Bd. 1, Book VI, chap. XIII) und die Entwicklung von „higher activities" (Marshall 1893: 388), wie er an anderer Stelle Aristoteles zustimmend zitiert, deuten auf eine philosophische Figur, die in der Vollendung des Lebens nicht nur ein Telos der Ökonomie, sondern auch der Natur erblickt – als endgültige Entfaltung der Natur des Menschen durch die Möglichkeiten der modernen Industrie.

Sind die *utilities*, die der Materie einwohnen und durch wirtschaftliche Aktivitäten realisiert werden, doch wieder Konsequenzen einer Teleologie der Natur, die die Menschen der Natur „immanentes Sollen" vollbringen läßt?

Ausblick: Georgescu-Roegen z.B.

Die Antworten, die hierauf möglich wären, bilden ein Thema für sich. Wir haben den Prozeß beschrieben, der die moderne Ökonomie von metaphysischen, naturteleologischen Implikationen abgelöst hat. Moderne Formulierungen wie die J. Hirshleifers: „Produktion ist ‚Austausch' mit der Natur" (Hirshleifer 1970: 12) sind nur noch metaphorische Redeweisen, die zum einen an die physiokratische Du Pont de Nemours' vom „natürlichen Handel" mit der Natur erinnert (Dupont de Nemours 1776, zitiert in: Foucault 1974: 245), zum anderen – in ihrer Allgemeinheit – Raum genug lassen für die „ökologischen" Reinkarnationen naturteleologischer Rudimente. Der ‚Handel mit der Natur' ist retributionspflichtig; die Produktion, als Entnahme aus der Natur, ‚kostenlos'.

Die Trennung in Geistes- und Naturwissenschaft, in der die Ökonomie zur ersten geschlagen wird, wurde besonders in den „Wirtschaftsphilosophien" des frühen 20. Jahrhunderts vertieft und der Versuch begonnen, die Materie ganz in „zu steigernde Substanz der Handlungsmöglichkeiten" (Natorp 1925: 373) aufzuheben und aus einem Begriff der Naturphilosophie einen der praktischen Philosophie zu machen. Während die „Substanzgrundlage des Naturgeschehens" – ganz im Sinne des dargestellten Duktus des 19. Jahrhunderts – „konstant gedacht" werden müsse (Natorp 1925: 372), ist die

> „Materie des sozialen Lebens ... der Umfang desjenigen Mannigfaltigen ..., welches durch die doppelte Formung des Rechts und der Erziehung zur Einheit des sozialen Lebens ... zu bringen ist. Diese Einheit hat Naturcharakter nur im Sinne der Allgemeinheit, und das heißt, der bloßen Möglichkeit" (Natorp 1925: 377).

Als Möglichkeit ist die Einheit des Wirtschaftens jetzt fast schon „Natur",

> „denn ‚Natur' ist für die Wirtschaft, wie überhaupt für den Menschen, d.h. für die Praxis in jeder Gestalt, selbst kein geschichtsloser Faktor, sondern, als die Natur des Menschen, als die Natur, die er allein kennt und mit der er allein rechnen kann, ist es durchaus nur die Natur, wie sie ihn bisher erschlossen, ja von ihm selbst, nach seinen gewiß noch sehr menschlichen Denk- und Erkenntnisweisen, geprägt ist" (Natorp 1925: 398).

Daß „ein Drang der Eroberung, der Bemächtigung der Natur als ganzer durch den ‚Geist'" die „darin liegende Gefahr der Vergewaltigung, der Denaturierung der Natur, und dann, in der Rückwirkung auf den Vergewaltiger selbst" heraufbeschwören könne, wird wohl registriert, aber „leicht besiegt".

> „Wäre nur der Geist recht geistig, so müßte er das Geistverwandte, dem dem Geist Zugekehrte und Antwortgebende im Natürlichen selbst erkennen und aus ihm sich selbst stärken und steigern. ... Es würde die Naturgrundlage nicht, indem sie gebraucht würde, zugleich verbraucht und durch den Verbrauch verdorben werden, sondern, vom Geist befruchtet, willig und dankbar wieder ihm fruchten, und so beide sich gegenseitig helfen zur ständiger Veredlung und Lebensbereicherung" (Natorp 1925: 368)

Die geisteswissenschaftliche Attitüde dieses Vorschlages zur „ökologischen" Ökonomie aus dem Jahre 1925 ist den ressourcenmateriellen Konzepten heutiger ökologischer Theorie fremd. N. Georgescu-Roegen z.B. – ein amerikanisch-rumänischer Ökonom – bleibt stärker den traditionellen Materie-Problemen zugewandt. Er kennt die oben zitierte Marshall-Passage, die er als in der modernen Ökonomie gelegentlich auftauchende Äußerung des Inhalts interpretiert,

> „daß der Mensch nur Gebrauchsgüter herstellen könne – eine Bemerkung, die das Ganze nur noch mysteriöser macht. Wie ist es dem Menschen möglich, etwas Materielles zu produzieren, wenn die Tatsache feststeht, daß er weder Materie noch Energie schaffen kann?" (Georgescu-Roegen 1972: 18)

Wieder wird die natur-metaphysische Fragestellung des 18. Jahrhunderts aufgenommen, aber thermodynamisch reinterpretiert:

> „Ein unorthodoxer Nationalökonom – wie ich einer bin -. würde sagen, daß das, was in den ökonomischen Prozeß aufgenommen wird, aus wertvollen natürlichen Stoffen besteht, das, was aus ihm entlassen wird, aus wertlosem Abfall. Aber dieser qualitative Unterschied wird, allerdings in anderen Formulierungen, durch eine besondere (und merkwürdige) Disziplin in der Physik bestätigt, die als Thermodynamik bekannt ist. Vom Gesichtspunkt der Thermodynanik aus tritt Materie/Energie in den ökonomischen Prozeß in einem Zustand niedriger Entropie ein und verläßt ihn in einem Zustand hoher Entropie" (dito).

Demzufolge verändert die ökonomische Produktion den Energie- bzw. Materiezustand, so daß man sagen könnte, daß zwar keine neue Materie, aber spezifische Entropiezustände produziert werden, die die Gesamtenergie bzw. -materie des irdischen Systems in the long run reduzieren. Georgescu-Roegens Theorie ist durchaus komplexer, als hier vorgetragen werden kann, aber die Konsequenz für die Neufassung der Materie/Form-Topik wird deutlich.

Die Idee des 19. Jahrhunderts von der „Summenkonstanz der Stoffe", auf deren Grundlage die Ökonomen das freie Spiel der Wert=Formen aufbauen konnten, wird, in derselben Semantik, die sie benutzten, in Frage gestellt durch die thermodynamische Tatsache, daß die Wert=Formen bzw. die Resultate der Produktionsprozesse den „Natur-Fond" nicht mehr unberührt und unbeschädigt lassen.

Was hier aber plausibel erscheint, hängt ganz ab von der Gültigkeit der Definition dessen, was „Materie“ bzw. „Energie“ ist. In der „Wirtschaftsphilosophie“ P. Natorps wird der thermodynamisch reduzierten Materie Georgescu-Roegens die „zu steigernde Substanz der Handlungsmöglichkeiten“ gegenübergestellt: Das Finale der ökonomischen Geschichte der Materie/Form-Topik offeriert zwei Materien – eine, die die Möglichkeiten der menschlichen Wirtschaftspraxis einengt, und eine, die sie ausweitet. Die Lösung dieses Problems erforderte aber eine metaphysische Erörterung der Art, wie sie für die Ökonomie im Laufe ihrer Modernisierung gerade aufgegeben wurde. Wir sind heute eher geneigt, das Produktionsparadigma aufzugeben und die Ökonomie *in terms of knowledge and choice* zu interpretieren.

Doch wie werden *knowledge* und *choice* produziert? Nun wird das, was man als gegeben annahm, in ontologischer Unverbrüchlichkeit, selber zum Thema: was wissen wir? Wir generieren wir Wissen? Das Komplement von Wissen: Gewißheit ist Ungewißheit. Wissen/Nicht-Wissen werden zum Feld der Innovation, der eigentlichen Sphäre der Generierung von Neuem, das die dynamischer und konkurrenter werdende Wirtschaft des 21. Jahrhunderts als neuen Wertschöpfungsfokus entdeckt.

III. Nachklassische Moderne Ökonomie I: Geschichte und System

Der Industrialisierungsprozeß des 19. Jahrhunderts verwandelt das Form/Materie-Schema. Die neue Wissenschaft der Ökonomie muß neue Begriffssysteme lernen. Nicht mehr die Transformationen von Materie in Gebrauchs-Formen dominiert die Wirtschaftsprozesse im 19. Jahrhundert, sondern die Vermannigfaltigung von Formen, die sich diverse Materien suchen, sie untereinander substituieren. Hier greifen Technik, Wissenschaft und Technologie ein. Damit ändern sich Produktionsbegriff wie auch Werttheorie. Vor allem aber verliert die Materie ihre Materialität: Sie wird zum Medium vieler Formen, auch vieler immaterieller Formen. Das Medium der Ökonomie wird eindeutig das Geld, dessen Wertformen die Preise sind.

Einerseits wird die Materie selbst zu etwas zu Formierendem – im 18. Jahrhundert –, anderseits wird die Idee, welche Formierungen relevant und ökonomisch durchsetzungsfähig bzw. erfolgreich sein können, zum entscheidenden Wertschöpfungsagens – im 19. und 20. Jahrhundert. Es sind vor allem Formierungen, die nicht mehr durch einzelne Künstler, Handwerker etc. hergestellt werden, sondern **durch eine Organisation**, d.h. ein arbeitsteiliges Konstrukt, das seriell arbeitet und Produktivität maximieren kann (vornehmlich in der Form der Unternehmung, aber auch in diversen Kooperationsformen bzw. Wertschöpfungsverkettungen).

Die Entwicklung der Arbeitsproduktivität, der Schlüssel für die Verbesserung des Lebensstandards, den wir Wohlfahrtsgesellschaften erreicht haben, hängt von den Fortschritten der Arbeitsteilung in der Geschichte ab (Hart 2000: 97). Arbeitsteilung setzt eine entwickelte Form von Organisation voraus, die anders gemeistert sein will als die – meist handelsgetriebene – Unternehmungen zuvor. Ein neuer Typus von organisationaler *governance* entsteht: das *Management.*

Wertschöpfungen werden jetzt zu managende organisationale Prozesse. Im 19. Jahrhundert war man im Prozeß der Industrialisierung vornehmlich mit der Meisterung dieser neuen Herausforderungen beschäftigt. Es war ein produktionsgetriebenes Jahrhundert: der Beginn der Massenproduktion im Rahmen einer *economy of scale*. Die Ausweitung der Märkte: neue Kolonialisierung, innere Märkte über Produktivitätsbeteiligungen der Arbeiter, erschien als eine Folge des Produktivitätssteigerungspotentials arbeitsteiliger Industrieorganisation.

Das 20. Jahrhundert war eine Epoche der Vollendung dieser Systeme, am Ende aber lagen die neuen Herausforderungen in der Öffnung und Kreation neuer Märkte, vor allem finanzkapitalgetrieben. In *co-opetitions*-Prozessen ist der Wert einer Unternehmung selber ein Gut für einen *market of corporate control* (Jansen/Schliessing 2000).

Die Arbeitsteilungsprozesse der 19. Jahrhunderts werden durch Wissensteilungsprozesse ergänzt: „the division of knowledge“ ist „the really central problem of economics as a social science“ (Hayek 1937: 50). Während Arbeitsteilung eine produktivitätssteigerndes Kooperationsproblem beschreibt, ist Wissensteilung kein Kooperationsproblem, sondern ein Motivationsproblem. Unter welchem Umständen teilt jemand sein Wissen mit anderen, unter welchen nicht? Die unterstellte „Uniformität menschlicher Motive, sofern es um Beteiligung am Tausch geht“ (Luhmann 2000: 82), endet.

Wenn wir von der Ökonomie des 21. Jahrhunderts, des beginnenden 3. Jahrtausends, als *Wissensgesellschaft* und *Informationsökonomie* reden, sind wir in der Kommunikation der Formen, Zeichen und des Wissens angelangt, die natürlich weiterhin von materiellen Prozessen begleitet wird, aber sie formt, nicht von ihnen bestimmt wird (vgl. Franck 1998). Es gibt keine ‚Natur der Sache‘ mehr, wenn wir so reden wollen, sondern diverse Ausformungen von etwas, deren ‚Natur' in neuen Ideen, Aufmerksamkeiten, Fokussierungen liegt – nicht in etwas, das beschlossen läge in der Materie, um sich in Formungsprozessen zu der ihr innewohnenden Wahrheit: zur wahren Form, zu öffnen.

Die ‚Natur der Sache' wird von etwas, in das Arbeit inkorporiert wurde, in etwas transformiert, in das Bedeutung ‚inkorporiert' oder ihm zugeschrieben wird. Carl Menger nennt Ende des 19. Jahrhunderts den Nutzen (*utility*), wie die Engländer den neuen Bewertungsbegriff einführen, *Bedeutung*. Zwar setzt sich Mengers Begriff nicht durch, aber erklärt, was bezeichnet ist: subjektive wie allgemeine Meinung bzw. Relevanz (vgl. Priddat 1997a).

Die Ökonomie wird *semantischer*: Erwartungen, Einschätzungen, Evaluationen, Interpretationen von zukünftigen Ereignissen, Profiten, Einkommen etc. werden wichtiger; die Ökonomie wird *semiotischer*: weil die Zeichen möglicher Handlungen ebenso Geltung erlangen wie die Beweise aktueller Handlungen (vgl. Hutter 1998). Wieweit sie ihre Werthaltigkeit nachhaltig durchhalten, bleibt offen; optionale Werte werden genauso gehandelt wie andere. Die Güterökonomie wird nicht nur monetäre bzw. Kapitalökonomie, sondern vor allem Finanzwirtschaft: die Aktienmärkte werden virulent.

Nicht mehr das, was produziert ist, sondern wie das Produkt bewertet wird, ist ebenso signifikant für die Wertschöpfung. Die rationale Wahl aus gegebenen Alternativen unterschätzt die Potentiale der Freiheit, auf die die liberal formatierte moderne Ökonomik sich beruft. Frei sind die Agenten, wenn sie andere als erwartete Alternativen prominent machen. Das neue Stichwort, bei Schumpeter eingeführt, heißt Innovation. Freiheit ist radikal Freiheit der Reformulierung von etwas, das angeboten wird – Freiheit der Nicht-Akzeptanz dessen, was produziert wurde.

Doch wird das erst im 20. Jahrhundert erreicht: im 19. konfiguriert sich die ökonomische Wissenschaft in einer Spreizung, die exemplarisch an Gustav von Schmoller und Carl Menger vorgestellt werden soll – als Differenz der Methoden. Gustav von Schmoller repräsentiert den Versuch einer historischen Methode; Carl Menger, als Antipode, den einer systematisch-analytischen Methode. Beide sind im 20. Jahrhundert durch mathematisch basierte Mikroökonomik ersetzt worden; beide haben Gemeinsamkeiten auf Gebieten, die man heute einer Ökonomik nicht zurechnet: beide haben eine Theorie der Kultur.

Vor allem aber läßt sich die moderne Ökonomie in ihrer nachklassischen Experimentierung an der Umklappung der vertikalen moralischen oder Sinndimension der Ökonomie in eine horizontale Hierarchie der Relation aktueller versus künftiger Bedürfnisse darstellen.

1. Historisch-ethische Nationalökonomie: Gustav von Schmoller

> „Schmoller wollte ... sein Volk und seine Zeit ihre sozialen Probleme begreifen lehren. ... Aber er wollte daneben auf den Willen seines Volkes Einfluß üben, politische Ziele weisen“ (Schumpeter 1926: 3).

Wahrscheinlich war Gustav von Schmoller der bedeutendste und einflußreichste deutsche Ökonom der zweiten Hälfte des 19. Jahrhunderts. Er begründete die „jüngere historische Schule“, die er selber – von ihren Gegnern dem „Kathedersozialismus“ zugeschlagen – eine „ethisch-historische“ nannte.

Schmollers Oeuvre ist weit gefächert – von historischen, theoretischen bis zu finanzwissenschaftlichen und wirtschaftspolitischen Arbeiten[1], aber im Mittelpunkt seiner Arbeit steht die Untersuchung der „socialen Frage“ in allen ihren rechtlichen, sittlichen und ökonomischen Aspekten der sich in der Industrialisierung wandelnden modernen Gesellschaft. Er betonte vornehmlich die staatsrechtlichen und institutionellen Bedingungen der wirtschaftlichen Entwicklung; die freie

[1] Vgl. Schmoller 1985-86. Die – vorläufig – vollständigste Bibliographie findet sich im Anhang von: Gioura 1994: 137 ff.

Marktallokation brächte nicht nur eine allgemeine Zunahme der Wohlfahrt, sondern zugleich auch der Zunahme sozialer Ungleichheit. Schmoller war davon überzeugt, daß aus „der vormaligen ‚Geschäfts-Nationalökonomie' des orthodoxen Manchesterliberalismus und der dogmatischen politischen Ökonomie im Gefolge von Adam Smith ... nicht zuletzt unter seinem Einfluß wieder eine ‚moralisch-politische Wissenschaft' entstanden (sei), die ‚mit der Fackel der Erkenntnis' der praktischen Politik ‚voranleuchten könne'".[2]

1914 sieht sich Schmoller ironisch aber bereits als „unmoderner Autor", der die „Arbeiterfrage eine Frage des sittlichen Fortschritts" nannte, was ihn zu der „starken Betonung der sozialen Pflichten der Staatsgewalt" trieb (Schmoller 1914: I, 21). Er steht – auch nach dem Methoden- und dem Werturteilsstreit (Hansen 1968, Nau 1997 a + b) – zu seiner am Beginn der zweiten Hälfte des 19. Jahrhunderts gewonnenen „ethischen" Position der Ausgleichung der sozialen Interessen, die ihm in der modernen dynamischen Industriewirtschaft die einzige Garantie für Wohlfahrt und nationale kulturelle Identität zu sein schien.

Die „Arbeiterfrage als Herausforderung geschichtlicher Verantwortung" (Pankoke 1990: 22 – 29) zu verstehen, war bereits 1872 sein programmatisches Ziel, als er die Eröffnungsrede auf der Gründungsversammlung des Vereins für Socialpolitik hielt (Schmoller 1873). Gegen die Überzeugungen der im „Volkswirthschaftlichen Congreß"[3] organisierten liberalen Anhänger

---

[2] Vom Bruch 1987: 176 (Schmoller zit. nach Schmoller 1904a: 122, und nach der Eröffnungsrede Schmollers auf der Nürnberger Tagung des Vereins für Socialpolitik 1911 (in: Schriften des Vereins für Socialpolitik, Bd. 138 (1912), 4).

[3] Der „Kongreß deutscher Volkswirte" (Volkswirtschaftlicher Kongreß) war eine erstmals 1858 in Gotha zusammengetretene Wanderversammlung, welche die Popularisierung der Freihandelsidee zum Ziel hatte. In den ersten Jahren engagierte sich das Plenum vor allem für Gewerbefreiheit, Freizügigkeit und die Förderung des Genossenschaftswesens, nach 1866 hauptsächlich für die Neuorganisation des Bank- und Münzwesens im Sinne der Goldwährung und Geldmengenkontrolle. Der 22. und letzte Kongreß fand 1885 in Nürnberg statt. Die Verhandlungen des Kongresses erschienen seit 1861 im Druck.

der Freihandelsschule sollte der „Verein für Socialpolitik" einer anderen, „durchaus einheitlichen principiellen Ueberzeugung" Rechnung tragen: einer Auffassung, die den Staat nicht, wie die Protagonisten des „laisser-faire", als „nothwendigerweise möglichst zu beschränkendes Uebel", sondern als

> „das grossartige sittliche Institut zur Erziehung des Menschengeschlechtes" anerkennt (Schmoller 1873: 9).

Die Eröffnungsrede ist von besonderer Bedeutung, da sie alle Thesen anführt, die nicht nur Schmollers (und seiner Kombattanten) spätere Analysen und Theorie bestimmen sollen, sondern zudem auch ein Szenario entwirft, das zur Grundlage der Bismarck'schen Sozialreform werden konnte (vgl. Scheer 1975: 258 – 280).

Schmollers Rede unternimmt den Versuch, eine möglichst allgemein akzeptable Plattform für den Verein für Socialpolitik zu bieten, um die „Gegner der Manchesterpartei"[4], trotz ihrer unterschiedlichsten Meinungen, in diesem Punkt organisieren zu können (Schmoller 1873: 8). Die „durchaus einheitliche principielle Überzeugung", auf die Schmoller meinte die Anwesenden einigen zu können, konzentriert sich – anders als bei den Manchesterliberalen – auf die besonderen Aufgaben des Staates:

> „eine starke Staatsgewalt, welche über den egoistischen Klasseninteressen stehend, die Gesetze gebe, mit gerechter Hand die Verwaltung leite, die Schwachen schütze, die unteren Klassen hebe" (Schmoller 1873: 9).

---

[4] Als „Manchestertum" wird in meist abwertender Absicht eine Gesellschaftsidee bezeichnet, die als treibende sozialökonomische Kraft nur das egoistische Eigeninteresse der Individuen kennt, welches sich im extremen wirtschaftlichen Liberalismus des 19. Jhdts. sowohl binnen- wie außenwirtschaftlich nahezu ungehemmt entfalten konnte. In der englischen Stadt Manchester hatte Richard Cobden als Führer der sogenannten Manchesterpartei zusammen mit der örtlichen Handelskammer (deren Präsident er war) und gestützt auf die „Anti Corn League" (die er 1839 gegründet hatte) die englischen Getreidezölle vehement bekämpft. In Anlehnung an die streng anti-etatistische englische Partei bildete sich in Deutschland die Deutsche Volkswirtschaftliche Agitationspartei.

Das wird untermauert durch ein Bekenntnis zum Preußentum, das Schmoller als Idealgestalt eines Wohlfahrtstaates anbietet: die Versammelten sähen

> „in dem 200jährigen Kampfe, den das preußische Beamtentum und das preußische Königthum für Rechtsgleichheit, für Beseitigung alter Privilegien und Vorrechte der höhern Klassen, für Emancipation und Hebung der unteren Klassen siegreich gekämpft, das beste Erbteil unseres deutschen Staatswesens, dem wir niemals untreu werden dürfen“ (dito).

Schmoller betont, daß es ihm in der Lösung der Arbeiterfrage darum ginge, „die unteren Klassen soweit zu heben, zu bilden, zu versöhnen, dass sie in Harmonie und Frieden sich in den Organismus der Gesellschaft und des Staates einfügen“ (Schmoller 1873: 11), damit „ein immer grösserer Theil unseres Volkes zur Theilnahme an allen höheren Gütern der Kultur, an Bildung und Wohlstand“ berufen werden könne.

Dieses „grosse Ziel der Weltgeschichte“ sei „im besten Sinne des Wortes“ eine „demokratische Aufgabe“ (Schmoller 1873: 12). Der schlechtere Sinn dieses Wortes bestünde dann in der Abschaffung der Monarchie, die für Schmoller zum Träger der Reformen wird, weil die heterogene deutsche Nation aus sich heraus nicht in der Lage sei, ihre verschiedenen (klassengebundenen wie regionalen) kurzfristigen gegen die langfristigen (nationalen und gemeinwohlorientierten) Interessen abzuwägen. ‚Demokratie‘ ist für Schmoller nicht anders denkbar als staatspaternalistisch durchgesetzte soziale Chancengleicheit, auf jeden Fall nicht als politische oder Wahldemokratie.[5]

Die Rede von 1872 fordert wie selbstverständlich eine staatliche Orientierung; sie wird als neutrale Organisation oberhalb der partikulären (wirtschaftlichen wie politischen) Interessen angesehen. Es ist eine Umkehrung der „klassisch“-liberalen Neutralität des Staates, nunmehr in die Richtung einer allge-

---

[5] Über Schmollers Demokratieauffassung vgl. Giouras 1994: 116 ff.

meinen Wohlfahrtsaufgabe.[6] Es galt die Überzeugung, daß unter Schmollers Einfluß die Ökonomie wieder eine „moralisch-politische Wissenschaft" geworden sei, die „mit der Fackel der Erkenntnis" der praktischen Politik „voranleuchten könne" (vom Bruch 1987: 176). Das ist nichts anderes als ein staatswirtschaftlich positiv bestimmter Begriff von ‚Politischer Ökonomie'.

Schmoller selbst faßt es 1897 prägnant zusammen:

> „Die heutige Volkswirthschaftslehre ist zu einer historischen und ethischen Staats- und Gesellschaftsauffassung im Gegensatz zum Rationalismus und Materialismus gekommen. Sie ist aus einer blossen Markt- und Tauschlehre, einer Art Geschäftsnationalökonomie, welche zur Klassenwaffe der Besitzenden zu werden drohte, wieder eine grosse moralische-politische Wisenschaft geworden, welche neben der Produktion die Verteilung der Güter, neben den Wertherscheinungen die volkswirthschaftlichen Institutionen untersucht, welche statt der Güter- und Kapitalwelt wieder den Menschen in den Mittelpunkt der Wissenschaft stellt" (Schmoller 1897: 26).

Wenn die klassische Ökonomie – Smith folgend – die staatswirtschaftlichen Aufgeben fast ausschließlich auf die Produktion der öffentlichen Güter Recht und Verteidigung, d.h. auf die Herstellung von äußerer und Rechts-Sicherheit reduziert wissen will, erweitert Schmoller den staatswirtschaftlichen Aufgabenkreis auf die Produktion innerer Sicherheit, die sich nicht mehr auf rechtliche und polizeiliche Aufgaben beschränken läßt, sondern auch die soziale Sicherheit umfassen müsse.

Er analysiert in einem groß angelegten Lebensprojekt die Bedingungen institutionaler Stabilität. Die Gründe sind zum Teil politische-staatserhaltende, zum anderen, größeren Teil aber ökonomische, die aus der Interpretation der Einkommensverteilungsentwicklung einer industriellen Wachstumsökonomie hergeleitet werden.

---

[6] Was A.W. Small 1909 zu der Schlußfolgerung führte, daß die Schmoller'-sche Sozialpolitik eine konsequente Fortsetzung cameralistischer Wohlfahrtsideen sei (Small 1909: Kap. XXII).

Stärker noch als andere deutsche Ökonomen seiner Zeit insistiert Schmoller auf die unterschiedlichen Anpassungsgeschwindigkeiten der verschiedenen sozialen Schichten und Klassen innerhalb der neuen, beschleunigt wachsenden Industriewirtschaft, die erst allmählich durch „allgemeine Bildung" auch der unteren Stände angeglichen werden können. Erst „geistige Hebung" mache sie „fähig für die Eingliederung in die Geld- und Kreditwirtschaft", wo sie doch zum größten Teil gerade einer agrarisch-naturalwirtschaftlichen Lebenswelt entrissen sind (Schmoller 1914: II: 30).

Zwei Grundlinien durchziehen Schmollers gesamte Konzeption:

1. die Teilnahme des Arbeiterstandes an der ökonomischen und der kulturellen Entwicklung, wozu
2. die Voraussetzungen geschaffen werden müssen, durch Lohnerhöhung und parallelen „sittlichen Fortschritt" die „dauerhafte Besserung unserer socialen Zustände" zu erreichen.[7]

Schmoller redet – ganz im Stil der Zeit – mit sittlichem Pathos vom „grossen Ideal"; doch folgen dem immer praktische Ideen und institutionelle Regelungsvorschläge. Gerade deswegen hält er die mathematische Exaktheit der Ökonomie der Grenznutzenschule seiner Zeit, wie er an St. W. Jevons anmerkt, „durch Ersetzung von fiktiven Größen für psychische Ursachen und unmeßbare Marktverhältnisse" für einen bloßen „Schein der Exaktheit, die nicht besteht", mit der fatalen Konsequenz, „daß ausschließlich mathematisch-naturwissenschaftliche Studien in der Regel zum politisch-volkswirthschaftlichen Urteilen verunfähigen".[8]

Denn auch Angebot und Nachfrage, von denen man sage, daß sie das Einkommen verteilen, sind nur „summarische Ausdrücke für Größenverhältnisse, in denen sich Gruppen mensch-

---

[7] Schmoller 1914: II, 30; vgl. ebenso den letzten Absatz von Schmoller 1873.

[8] Schmoller, zit. b. Koslowski 1991: 75, Fn. 25.

licher Willen gegenübertreten; die Ursachen, welche diese Größenverhältnisse bestimmen, sind teilweise natürliche, überwiegend aber sind es menschliche Beziehungen und Machtverhältnisse".[9]

Gegen die Auffassung der Ökonomie als einer Theorie eigener Gesetzeshaftigkeit setzt Schmoller den Standpunkt, daß „volkswirthschaftliche Institutionen", zu denen auch der Markt zählt, ein Produkt menschlicher kollektiver Arrangements sind, in denen (Vom Bruch 1985a) „Werturteile" über die menschlichen Lebensbedingungen gefällt werden. Folglich ist ihre Analyse der vornehmste Gegenstand der (deshalb „ethisch" genannten) Nationalökonomie (Gehrig 1914: 280 f.), weil für Schmoller das „eigentliche Prinzip" der Volkwirtschaft „die gesellschaftliche Gestaltung der wirtschaftlichen Vorgänge" ist (Schmoller 1978: I: 5).

Der bisher vorherrschende „Glaube an die Stabilität der volkswirthschaftlichen Institutionen" sei ein „Produkt des kindlichen Aberglaubens der älteren Nationalökonomie an die Allmacht des Individuums"[10]; nicht die Ökonomie sui generis, sondern die „socialökonomische" Initiative sei allein in der Lage, die Stabilität ökonomischer Institutionen über die Zeit zu garantieren. Unvollkommene Institutionen, die den zeitgemäßen Gerechtigkeitsvorstellungen nicht mehr entsprechen[11], sind durch „sociale Reform" neu einzurichten.

Die „sociale Reform"

Schmollers Konzeption der „socialen Reform" läuft darauf hinaus, daß die „Sittlichkeit" kein überkommenes Muster gesellschaftlicher Normen sei, an denen die Wirtschaft sich zu orientieren habe, sondern eine neu zu installierende Institution

---

[9] Schmoller 1881a, zit. b. Gehrig 1914: 280.
[10] Schmoller 1881a, zit. b. Gehrig 1914: 280, Fn. 1.
[11] Z.B. beim Lohn (Schmoller 1904a: 304).

vertraglicher Bindungen – z.B. von Tarifverträgen, an denen die Unternehmer- wie die Arbeiterorganisationen ihre Handlungsmöglichkeiten in einer historisch völlig neuen Situation überhaupt erst herauszubilden hätten. Weder der Markt noch der Staat allein wären in der Lage, die weit über das reine Einkommensverteilungsproblem hinausgehenden Problem der „socialen Frage" lösen zu können (Vom Bruch 1985a); es sind vielmehr die mesoökonomischen Institutionen, d.h. die sozialen und die parastaatlichen-parafiscalischen Verbände, die ihre eigene Regulationskompetenz rechtlich garantiert bekommen sollen.

Für Schmollers staatswirtschaftliche Neigung, die in der Eröffnungsrede 1872 deutlich hervortritt – während er vorher noch, in einer Kritik des Fichte'schen Polizeistaates, liberaler gestimmt war –, ist an die in der deutschen Ökonomie eigene Präponderanz des Staates anzuknüpfen. Der Staat, dessen Exekutive noch lange ins 19. Jahrhundert hinein – z.B. von K.H. Rau (Rau 1852) und R. v. Mohl – Polizei genannt wird, ist in seiner professoralen und exekutiven Beamtenschaft aufgeklärt genug, die Innovation der smith'schen Wachstumsökonomie zu verstehen. Aber sie halten in einem bis zur Mitte des Jahrhunderts noch hauptsächlich agrarisch struktierten Staat daran fest, daß der Übergang zu einem System wirtschaftlicher Freiheit eine gemeinwohlorientierte Transformation sein müsse, die die Nutzenzuwächse der einen Klasse nicht auf Kosten der anderen vollziehe.

Diese ‚proto-paretianische' Regel liegt der Lösung der „socialen Frage" zugrunde, die zwar von ethischen Motiven getragen wurde, aber zugleich auf einer ökonomischen Konzeption der intertemporalen Allokation basiert. Böhm-Bawerks spätere Hypothese der Minderschätzung des Zukunftsnutzens ist den deutschen Ökonomen, die sich um die beiden historischen Schulen versammeln, längst bekannt: sie plädieren für staatswirtschaftliche und gesellschaftliche Institutionen, die die Ungewißheit der in rationalen Nutzenoptimierung noch ungeübten Klassen durch normative Stabilisation der Erwartungen reduzieren sollen. Die sozialökonomischen Institutionen, allen voran die der Sozialversicherungen, sollen neue rationale Verhaltensmuster oder, in „terms of time“, „Sitten“ herausbilden helfen, die längerfristig die Informationen aller Beteiligten über ihre neuen Handlungsmöglichkeiten verbessern und zu Verhandlungsformen (z.B. in den Tarifauseinandersetzungen) führen. Die tradierten Handlungserwartungen sollen den neuen, industriellen Wachstumsbedingungen angepasst werden.

Die „ethisch-historische“ Nationalökonomie ist nicht durch das Gegensatzpaar „ethisch“ versus „ökonomisch“ zu charakterisieren, wie Menger, Weber und Sombart es nachher kritisierten. Wir haben es vielmehr mit einer Theorie meritorisch-paternalistischer Staatswirtschaftsallokation zu tun, die nicht politische, rechtliche oder ethische Normen gegen eine effiziente Allokation ins Spiel bringt, sondern umgekehrt die Effizienz der Allokationsentwicklung abhängig sieht von den staatlichen institutionalen Innovationen, die die Staatsbürger potentiell erst in die Lage versetzen, Wirtschaftsbürger im normativen Sinne der Smith'schen „klassischen“ Ökonomie zu werden.

In dieser Logik war es selbstverständlich, daß der Staat für einzelne Klassen einen Nutzen definieren konnte, den sie selbst noch nicht wahrnahmen, weil ihre Wahrnehmung der neuen Handlungsräume traditionell beschränkt war. Ihre jahrhundertelangen Erfahrungen, die sie in „Sitten“ und Verhaltensnormen internalisiert hatten, boten in der dynamischen wachstumsökonomischen Welt der beginnenden Industrialisierung keine aussreichend rationalen Verhaltensorientierungen mehr. Sie wurden inkompetent, gerade dann, wenn sie auf ihren alten Standards und Tugenden beharrten. Wenn man diese tradierten Orientierungen als kulturelle Muster oder Mentalitäten beschreibt, ist damit ein Erfahrungsraum benannt, aus dem heraus die in ihm gebundenen Individuen die neuen Handlungsmöglichkeiten der dynamischen Marktwirtschaft als Verunsicherung erfahren. Ihre Fähigkeit, die darin bestand, die Risiken ihres tradierten Handlungsraumes abschätzen zu können, erweist sich im neuen Umfeld als Inkompetenz, die durch neue Normen des Handelns reformiert werden muß.

Das ist der entscheidende Punkt, an dem Schmoller und die Mehrzahl der deutschen Nationalökonomen die hohe Bedeutung der Staatswirtschaft in Anschlag bringen bzw. aufrechterhalten. Der Staat hat institutionelle Sicherheit zu gewährleisten. Er muß die unsicher gewordenen Erwartungen stabilisieren, indem er neue Handlungskompetenzen zu erwerben und zu bilden hilft. Der Schmoller'sche Staat tritt als Investor in ‚human capital' in Erscheinung.

Der ökonomische Staat wird von Schmoller vordringlich nicht als Agentur effizienter Allokation behandelt, sondern als ein Garant institutionaler Sicherheit, der in der Entwicklung moderner Konkurrenzmärkte – Güter- wie Arbeitsmärkte – die Regeln neu entwirft und kontrolliert, innerhalb derer die Einkommens- und Beschäftigungsverhältnisse sicherer ordiniert werden können. Erst aufgrund dieser normativen Regelung unsicherer gewordener kontraktueller Beziehungen seien neue Handlungsrationalitäten herauszubilden, die im Laufe ihrer historischen Entwicklung des Umgangs in den neuen Umwelten neue sittliche Habitus werden können. Die von Schmoller propagierte „Sittlichkeit" ist normativer Art: Sie müsse deshalb hergestellt werden, weil die alten „Sitten" und Ordnungsmuster in der industriellen Dynamik zerfallen.

Da Schmoller die industrielle Dynamik selber für einen ökonomisch-geschichtlich notwendiger Prozeß erachtet, sind die institutionellen Bedingungen herzustellen, die die in noch anderen Traditionen stehenden Individuen überhaupt erst in die Lage versetzen, die neue Ökonomie zu akzeptieren und in ihr handlungsfähig zu werden. Schmollers „ethische Ökonomie" bezeichnet somit ein Programm einer institutionell abgesicherten Entwicklungsökonomie, die Friedrich Lists Idee[12] zu einem politisch-ökonomischen Wohlfahrtskonzept verallgemeinert, das sich wesentlich auf die Frage der Institutionenentwicklung

[12] Vgl. Scherf 1989; aber auch das List-Kapitel in: Priddat 1998c.

– als Voraussetzung ökonomischer Entwicklungen – konzentriert. **‚Sittlichkeit' wird von Schmoller dynamisch, nicht mehr statisch verstanden.**

Der Staat tritt, vordringlich nicht als Interventions- oder Redistributionsstaat auf, sondern als ein die Wirtschaftsverfassung reformierender Rechtsstaat, der nicht den Inhalt und die Dimension der neuen „sittlichen Verhältnisse", wie es in Schmollers Terminologie heißt, reguliert, sondern nurmehr dafür sorgt, daß es Regeln und Normen gibt, deren Überschreitung er sanktioniert. Dazu zählen Fabrikaufsicht, tarifrechtliche Institutionen und die Sozialversicherungen, die, als Parafisci entworfen, vom Staat nur die Normen ihrer Verfahren vorgeschrieben bekommen.

Eindeutig wird hier die meritorische Funktion des Staates positiv bewertet: Er produziert „soziale Sicherheit" als ein meritorisch-öffentliches Gut, dem zwangskörperschaftlich alle betroffenen Wirtschaftsbürger unterstellt werden. Die Kosten bleiben, außer denen für die Aufsichtsbürokratie, gering; das meritorische Gut nötigt eine Redistribution zwischen den Klassen und innerhalb der einzelnen Klassen auf, die von den Betroffenen aktuell jeweils als mit ihren Präferenzen unvereinbar angesehen werden. Das wichtigste Argument der Schmoller'schen Konzeption aber lautet: Die meritorische Maßnahme verletzt womöglich die aktuellen Präferenzen, nicht aber die zukünftigen.

Sie ist eine zwangsverfügte Investition in „human capital", sei es durch die Bereitstellung von meritorischen Bildungsgütern, sei es durch das Zwangssparen für die Sozialversicherungsleistungen. Durch die Sozialversicherungssysteme werden die unteren Klassen genötigt, sich selbst als Investoren in ihren eigenen Zukunftsnutzen (und den ihrer Familien) zu betrachten, d.h. unter den neuen Bedingungen dynamischer Wirtschaftsentwicklung eine rationale Planung ihrer Lebenseinkommen vorzunehmen.

In der Auseinandersetzung mit Lujo Brentano u.a.m. setzt sich Schmoller vehement für zwangskörperschaftliche Sozialversicherungsinstitutionen ein, gegen die auf freiwilliger Basis organisierten „Arbeiterhilfskassen", die nur einen Teil der Arbeiter versichern könnten, wo es doch aus sozialökonomischen Wohlfahrtsgründen darauf ankomme, alle zu verpflichten – auch gerade diejenigen, die sich nicht freiwillig versicherten : sei es, weil sie es aus Einkommensmangel nicht könnten, sei es, weil sie lasterhaftem Konsum frönten. Auch könnten die Unternehmer nur durch eine allgemeine Zwangsversicherung beitragspflichtig gemacht werden. Zwangskörperschaftliche allgemeine Versicherungskollektive sind für Schmoller die einzige sozialökonomische Institution, die der ethischen Anforderung sozialer Verantwortung ökonomisch Ausdruck verschafft.

Der Staat fungiert bei der Einrichtung der sozialen Zwangsversicherungen als ein Investor in neue Erwartungsstabilität. Er tritt auf als Sachwalter der zunkünftigen Interessen, die in den aktuell geäußerten der Wirtschaftsbürger keinen Ausdruck finden. Das methodische Problem dabei ist, daß die futurischen Interessen außerhalb der staatlich-meritorisch definierten Institutionen nicht erscheinen. Wohl gibt es das Profitinteresse der in zukünftige Erträge investierenden Unternehmer; aber die Nicht-Unternehmer verfügen nicht über diese Zwecke.

Die Vorsorge für Zukunftsinteressen hängt von der Größe des Vermögens ab; anstatt auf die sozialistischen Ideen der Umverteilung der Vermögen zwischen arm und reich richtet sich Schmollers Absicht auf die Qualifizierung der Arbeiter, die sie zu höheren Löhnen berechtige, die längerfristig sie zu eigenem Vermögen bringen können. Zwischenzeitlich sichert die Sozialversicherung alle gegen die Unsicherheit der Einkommens- und Beschäftigungsentwicklungen ab.

Gleichsam übernimmt der Staat für die Nichtvermögenden unternehmerische Funktion, z.B. in der zwangsordinierten Investition in „human capital". In diesem Sinne sind die meritorischen Entscheidungen des Staates keine Restriktionen der Kosumentensouveränität der individuellen Präferenzen, sondern der institutionale Entwicklungsraum neuer Präferenzen, die unter anderen Bedingungen nicht ausgebildet und zu realisieren gewagt worden wären. Die Ökonomie hat bei Schmoller eine zivilisatorische Aufgabe.

Die Intertemporalität der Verläßlichkeit aber ist die wichtigste Komponente: Erst aufgrund der staatsmächtigen Garantie, die Schmoller in der preußischen Monarchie auf lange historischen Epochen annehmen wollte, wird die Sicherheitsgewährleistung neuer Verhaltensformen übernommen. Und erst aufgrund dieser institutionalen Stabilitätsversprechung und der historischen Erfahrung ihrer Geltungsmöglichkeit kann die staatlich-institutionelle Innovation als ein neuer Handlungsraum von den Individuen aufgefaßt werden, dessen rechtsstaatliche Garantie sie gegen individuelle Risikoübernahme versichert.

Damit ist folgende Konstellation benannt: Die (para-) staatlichen Institutionen sind sozialreformerisch bewußt konstruierte „sittliche" Institute, die gewährleisten, daß die in ihnen zwangskörperschaftlich verfaßten Individuen im Laufe einer historischen Gewöhnung deren Handlungsmuster als „Sitten" internalisieren. Die „historische Methode" faßt die „Sitten" nicht nur als historisch-empirische Tatbestände auf, die die Ökonomie, wenn sie realistisch sein will, berücksichtigen solle, sondern als Resultate einer „sittlich-politischen" Institutionalisierung, die nicht naturgesetzhaft eintritt, sondern einer zur Kulturwissenschaft erweiterten Ökonomie zu entnehmen ist (Kap. 4 in Koslowski 1991).[13]

In diesem Sinne ist die Sozialversicherungsantwort auf die „sociale Frage" keine nur praktische, auf politischen Kompromissen beruhende Lösung, sondern eine institutionenökonomische Konsequenz[14] aus einer ökonomischen Konzeption, die die Kultur der Gesellschaft als Ressource der Gesamtallokation mitreflektiert.[15] Schmollers ökonomisches Denken ist – wie

[13] Vgl. dazu die Darlegungen von Prisching 1993/94: 130 ff.
[14] Vgl. dazu Backhaus 1989a, 1989b, 1993b. Besonders auch Peukert 1993.
[15] Kap. 4 in: Koslowski 1991.

auch das der meisten deutschen Nationalökonomen der Zeit – im Fundament „klassisch“, aber in Distanz zu deren engen Allokationsbegriff, der bei Schmoller auf die kulturellen Ressourcen zu erweitern versucht wird.

So läßt sich seine theoretische Absicht auf ihren knappsten Begriff bringen; sie hat sich aber nicht in der gewünschten Weise verwirklichen lassen. Seine institutionenökonomischen Einsichten sind als politische, nicht als ökonomische Konzeption mißinterpretiert worden.[16] Zwar habe die deutsche Volkswirtschaftslehre international niemals ein größeres Echo gehabt als zu Schmollers Zeiten (und durch seinen Verdienst), „aber das Unvermögen, eine theoretische Alternative zur Neoklassik zu formulieren, ist wohl der wichtigste Grund für den nach Schmollers Tod erstaunlich raschen Niedergang der Historischen Schule gewesen“.[17] Ob dieses Urteil heute weiterhin aufrechterhalten werden wird, bleibt angesichts der Versuche, die Idee einer historischen Methode oder der Ökonomie als Kulturwissenschaft an Schmoller wieder neu aufzunehmen, zumindest abzuwarten.

Soziale Verantwortung und Gerechtigkeit sind Schmollers leitende Kategorien seiner ökonomischen Theorie. In zwei großen und sehr beachteten Aufsätzen zur Gerechtigkeitsproblematik[18] entwickelt Schmoller ein Leistungsgerechtigkeitskriterium[19], das den Lohnarbeitern einen Anteil am Produktivitätszuwachs zugesteht, und zwar nicht nur, weil damit die politische Drohung der Revolution aus der sozialen Frage sozialreformerisch gelöst würde, sondern weil nur auf diesem Wege die Ausbildung einer qualifizierten Facharbeiterschaft gelänge, d.h. ein Arbeitsmarktangebot, das das zu Schmollers Zeiten erreichte Wachstums- und Produktivitätsniveau auch längerfristig aufrechterhalten liesse. Schmoller registriert die Probleme und Vor-

---

[16] Vgl. z.B. Tieck 1989.

[17] Schefold 1989: 100.

[18] Schmoller 1875 und 1881a.

[19] Seifert 1989.

ausbedingungen des technischen Fortschritts sehr aufmerksam und verbindet sie mit ausgearbeiteten Gedanken zur Bildung von Humankapital. Freie Tarifverträge, die die Entwicklungen des Arbeitsangebots nicht nur nach der Menge der Arbeiter, sondern differenziert nach ihren Qualifikationen ermöglicht (und mit einem Lohn, der die Ausbildung der Kinder gewährleistet) verbinden sich mit dem Sozialversicherungsschutz, der der Erhaltung ausgebildeter Qualifikationen dient und ihrer Entwertung durch Krisen und Krankheiten vorbeugen soll.

Bereits in seiner Schrift von 1863 zur Frage der steuerlichen Bewertung der Einkommen greift Schmoller Von Hermanns Kritik der „klassischen" Einkommenlehre auf, um die Differenz zwischen Ertrag der Produktion und verfügbarem Einkommen (aus dem Ertrag)[20] für eine neue Bewertung des Arbeiterlohnes als Einkommen nutzbar zu machen:

> Wenn der Lohn kein Teil der Produktionskosten, sondern ein Einkommensbestandteil ist, gilt fortan eine variable Beziehung zwischen Gewinn und Lohn, die nicht mehr durch „klassische" wirtschaftliche Gesetzmäßigkeiten determiniert ist, sondern durch die Ausgestaltung der Tarifinstitutionen.[21]

Doch bleibt das hierin postulierte „socialökonomische" Einkommensanrecht an Leistungskriterien gebunden, die allerdings bei Schmoller vornehmlich für die Facharbeiterschaft gelten, nicht für das Heer der Ungelernten, die Schmoller ihrem ungebildeten Zustand überlassen sehen will, wenn sie sich der Anstrengung sittlicher Verpflichtungen vernünftigen Konsums und vernünftiger Ausbildung (zumindest der Kinder) entziehen. Wir haben es mit einer frühen Konzeption dualer Arbeitsmärkte zu tun.

Nur höhere Leistung und wesentlich höhere Qualifikation begründen einen Redistributionsanspruch. Für die ungelernten Arbeiter bleibt der Arbeitsmarkt weiterhin „manchesterlich"

---

[20] Schmoller 1863; Meyer 1887: 3 ff.

[21] Vgl. den Kommentar zu Hermann in: Burkhardt/Priddat 2000.

organisiert. Doch sind dies mehr nur Andeutungen. Die Rekonstruktion der ökonomischen Theorie Schmollers steht noch aus.[22] Es kam hierbei darauf an, Schmollers Ökonomie nicht nur nach der Seite der Ethik der Gerechtigkeit hin darzustellen[23], sondern deren ökonomische Struktur, derer sich Schmoller nicht nur bewußt war, sondern vielmehr der Zweck der Erörterung. Bei Schmoller geht die Ethik ins ökonomische Detail: sie wird Element der ökonomischen Theorie, nicht mehr bloß ihr Rand.

Schmoller hat, anders als Roscher, Knies und Hildebrand, die das ethische Moment der Ökonomie sehr wohl betont wissen wollten, für dessen institutionelle Verwirklichung gearbeitet. Schmoller denkt den Staat von einem verantwortlichen Ethos her, der a priori über den wirtschaftlichen Einkommensinteressen der verschiedenen Klassen steht. Aus dieser Position (der legitimen Macht des Staates) war ihm die staatswirtschaftliche – „sittlich-politische" – Disposition der Volkswirtschaft kein Hemmnis der wirtschaftlichen Entwicklung, sondern eine notwendige Vorausbedingung.

Was bei Knies begonnen hatte, führt Schmoller auf seine Weise zuende: Die theoretische Ökonomie nicht mehr getrennt von den historisch-empirischen Voraussetzungen der nationalen Lebensformen zu halten, sondern sie zu einer „allgemeinen Volkswirthschaftslehre" auszubauen, die nicht abstrakt verfährt, sondern politisch-praktisch orientiert bleibt, um die Gestaltung der Wirtschaft aus dem „Verstehen" der Kultur ihrer Subjekte betreiben zu können. Das wäre die einzige Garantie dafür, daß sich Ökonomie und „Sittlichkeit" nicht mehr unverträglich gegenüberstehen und die kulturellen Präferenzen mit bedacht werden.

---

[22] Vgl. Dopfer 1988; Backhaus 1989a, 1989b, 1993b; Schefold 1989b, Shionoya 1994, Peukert 1993.

[23] Seifert 1989; Koslowski 1991: 92 ff.

2. Theorieinnovation 1871: Carl Menger Die moderne Ökonomie als Allokations-Effizienz-Modell der Wirtschaft

Carl Mengers hatte 1871 eine neue Konzeption der Ökonomik vorgeestellt. Der Methodenstreit zwischen Schmoller und Menger – hat die Ökonomik eine historische oder eine analytische Methode? – soll hier nur indirekt thematisiert werden (Hansen 1968; Nau 1997a + b, Hodgson 2001). Menger führt, in den deutschen Sprachraum, eine neue Methodik ein. Er definiert den ökonomischen Güterraum wie folgt:

> 1. Zweck der Ökonomie ist die Befriedigung von Bedürfnissen.
> 2. Mittel dieses Zweckes sind die Güter 1. Ordnung, die Konsumgüter, die
> 3. durch Produktionsmittel hervorgebracht werden, die selber hergestellt worden sind, d.h. Güter n-ter Ordnung (wobei gilt: n>1) sind.

In diesem Schema sind die Zwecke freie Variablen, die allein durch Bedürfnisse definiert sind. Die unmittelbaren Bedürfnisse durch Güter 1. Ordnung zu befriedigen, setzt voraus, daß es mittelbare oder Produktions-Bedürfnisse n-ter Ordnung geben muß, die logisch vorher befriedigt sein müssen. Der genannte Zusammenhang ist ein ökonomischer, präziser: der der Allokation aller Ressourcen und Leistungen. In der Reihe: Bedürfnisse (Zwecke_1) – Konsumtionsgüter ($\text{Zwecke}_2 = \text{Mittel}_1$) – Produktionsgüter ($\text{Mittel}_2$) sind die Bedürfnisse Anlaß, aber kein Faktor des ökonomischen Systems[24], das sich wesentlich auf die Relation der Mittel (M_1, M_2) konzentriert.

---

[24] Genauer: alle die Bedürfnisse können Zwecke ökonomischer Bemühungen sein, die sich im Güterraum abbilden lassen. Damit ist die Menge aller

Die Güter n-ter Ordnung oder Produktionsgüter sind die Mittel zum Zweck (Z_2) der Herstellung von Gütern 1. Ordnung oder Konsumgüter, die dem finalen Zweck (Z_1) der Befriedigung der Bedürfnisse dienen. Die Dimension der Bedürfnisse determiniert in gewisser Weise der Allokation der Mittel ihrer Befriedigung. Es ist

> „das Gesetz zu betrachten, dass die Güter höherer Ordnung in Rücksicht auf ihre Güterqualität durch jene Güter niederer Ordnung bedingt sind, zu deren Hervorbringung sie dienen" (Menger 1871: 21).

Daraus sind zwei signifikante Schlußfolgerungen zu ziehen:

1. das ökonomische System bildet, als Allokationssystem, einen „Causal=Zusammenhang" (dito),
2. die Güter n-ter Ordnung stehen nicht unmittelbar zur Verfügung, d.h ihre Produktion braucht Zeit[25].

> „Wer über gewisse Güter unmittelbar verfügt, ist der Quantität und Qualität derselben sicher. Wer indess über jene Güter nur mittelbar, das ist durch den entsprechenden Besitz Güter höherer Ordnung verfügt, kann nicht mit der gleichen Sicherheit die Quantität und Qualität der Güter niederer Ordnung bestimmen, über welche er am Schlusse des Processes der Gütererzeugung zu verfügen in der Lage sein wird" (Menger 1871: 23).

Mit der Verfügung über Ressourcen und Produktionsmittel ist ein Eigentümer nur mit einer Produktionspotenz versehen, deren Ergebnis unsicher bleibt. Sicher ist allein die faktische Verfügung von Gütern 1. Ordnung.

> „Die Güter höherer Ordnung erlangen und behaupten demnach ihre Güterqualität nicht mit Rücksicht auf Bedürfnisse der unmittelbaren

---

Bedürfnisse ausgeschaltet, die sich, qua Definition, nichtökonomisch befriedigen lassen – d.h. insbesondere die religiösen, moralischen, freundschaflichen etc., weil deren Ressourcen durch die im Bedürfnis geäußerte Nachfrage nicht knapper werden.

[25] Der Zusammenhang (der Allokation) ist kein „regelloser", sondern untersteht dem „Gesetz der Causalität", damit „unzertrennlich ... der Idee der Zeit" (Menger 1871: 21).

> Gegenwart, sondern lediglich im Hinblicke auf Bedürfnisse, welche sich menschlicher Voraussicht zufolge erst in solchen Zeitpunkten geltend machen werden, in welchen der Productionsprocess (...) bereits vollendet sein wird" (dito).

Die Verfügung über Güter 1. Ordnung unterscheidet sich zur Verfügung über Güter n-ter Ordnung dadurch, daß die Besitzer der letzteren allein über zukünftige, in Menge und Qualität nur wahrscheinliche Güter verfügen, die Besitzer der ersteren aber über definitive Mengen und Qualitäten. Der Grad der Sicherheit oder Gewißheit über die künftigen Güter 1. Ordnung hängt von der Möglichkeit der Vorausschau ab, d.h. von Grade der Kenntnis der Produktionsprozesse und -weisen.

> „Der grosse oder geringere Grad von Sicherheit in der Voraussicht der Qualität und Quantität des Productes, über welches die Menschen durch den Besitz des zu seiner Hervorbringung erforderlichen Güter höherer Ordnung verfügen, hängt von der mehr oder minder vollständigen Erkenntnis der im ursächlichen Zusammenhange mit der Production jener Güter stehenden Elemente des Causal-Processes und der mehr oder minder vollständigen Unterwerfung derselben unter die Verfügung der Menschen ab. Der Grad der Unsicherheit in den beiden obigen Rücksichten ist durch das Gegentheil bedingt. Je mehr Elemente bei dem Causal-Processe der Güterentstehung mitwirken, die wir nicht kennen, oder über die wir, wofern wir sie kennen, nicht zu verfügen vermögen, das ist, eine je grössere Anzahl dieser Elemente keine Güterqualität besitzt, um so grösser ist auch die menschliche Unsicherheit über die Qualität und Quantität des Productes des ganzen Causal-Processes, nämlich der entsprechenden Güter niederer Ordnung" (Menger 1871: 26).

Die Unsicherheit der Gütererzeugung ist hier identisch mit der Unkenntnis der Produktionsprozesse und der wissenschaftlichen Einsichten darüber. „Zeit und Irrtum" – wie Menger dieses Kapitel überschreibt (§ 4) – sind eng korreliert.[26]

---

[26] Eine, wie K.H. Borch konstatiert, für 1871 höchst bemerkenswerte Konnotation in der ökonomischen Theorie, wo doch die Konnotation von Zeit und Raum sehr viel näher gelegen habe (Borch 1973: 61 f.).

Vollständige Information ist nur in zeitlosen Prozessen möglich – d.h. im Verhältnis von Bedürfnis und seiner Befriedigung durch effektiv vorhandene Güter 1. Ordnung. Die Z_1 / Z_2 – Relation ist i.d.S. immer wohldefiniert; nicht aber die diese Relation in Z_2 bestimmende M_1 / M_2 – Relation.

Genauer gesagt: $M_{2(t)}$ determiniert $M_{1(t+1)}$ mit einer Wahrscheinlichkeit Ò, deren Grad des Eintreffens mit zunehmender ‚Information' steigt, d.h. mit der Zunahme wissenschaftlicher Erkenntnis über die Produktionsverfahren und die Erlangbarkeit von Ressourcen (also mit dem wissenschaftlich-technischen Fortschritt der „fortschreitende(n) Erkenntniss des ursächlichen Zusammenhanges der Dinge").

Mengers „Culturtheorie"

Für einen Ökonomen vom Schlage Mengers ist die Ökonomie nur insofern ein Wachstumsgenerator, als sie in der Lage ist, die Bedürfnisbefriedigung befriedigend zu heben, d.h. als kultureller *agens movens*. Ökonomisches Wachstum ist nur durch Kulturentwicklung zu legitimieren, d.h. durch Zivilisationsprogress.

> „Die Genußmittel, welche früher das Product eines zufälligen Zusammentreffens der Bedingungen ihrer Entstehung waren, sind, sobald die Menschen dies letztere erkannt und in ihre Gewalt genommen haben, innerhalb der durch Naturgesetze gezogenen Grenzen ein Product ihres Willens, und die den Menschen verfügbaren Quantitäten derselben finden ihre Grenze nur in den Grenzen ihrer Einsicht in dem ursächlichen Zusammenhang der Dinge und dem Umfang ihrer Macht über diese letzteren. Die fortschreitende Erkenntniss des ursächlichen Zusammenhanges der Dinge mit ihrer Wohlfahrt und die fortschreitende Bemächtigung der entfernteren Bedingungen derselben haben demnach die Menschen aus dem Zustande der Rohheit und des tiefsten Elends emporgeführt zu der gegenwärtigen Stufe ihrer Cultur und Wohlfahrt, haben weite, von wenigen, mühselig und doch in äusserster Armuth lebenden Menschen bewohnte Landstriche in dicht bevölkerte Culturländer umge-

> wandelt und es ist nichts sicherer, als dass auch der wirthschaftliche Fortschritt der Menschen in kommenden Zeitepochen sein Mass in den obigen Fortschritten findet“ (Menger 1871: 29).

Menger überträgt seine ökonomischen Erkenntnisse in eine Kulturtheorie, die den stetigen Erkenntnis- und Informationsgewinn als Zunahme an Sicherheit in der Vorausbestimmung der Mengen und Qualitäten zukünftiger Güter 1. Ordnung interpretiert.[27]

Die Unsicherheit über die Produktionsbedingungen nimmt geschichtlich stetig ab. Die Differenz von Naturproduktion und besser, d.h. industriell organisierten Produktionsprozessen sind in Graden abnehmender Unsicherheit über die gewünschten Resultate darstellbar. Aber

> „obzwar die fortschreitende Cultur die Tendenz hat, die hier in Rede stehende Unsicherheit unablässig zu mindern“,

bleibt ein

> „gewisser (...) Grad an Unsicherheit“ (Menger 1871: 24)

bestehen.

Im Gegensatz zur vorherrschenden Nationalökonomie in Deutschland sieht Menger 1871 die ‚Versicherung‘ der Bedürfnisbefriedigung, die er ebenso wie seine Kontrahenten zum Zweck der Ökonomie erhebt,[28] nicht in den staatlichen und institutionellen Substituten, sondern in der Progression der Marktwirtschaft selbst, die, mit stetig zunehmender „Cultur“, die Effizienz der M_1 / M_2 – Relation erhöht, d.h. nicht nur die Voraussagbarkeit der zukünftigen Mengen und Qualitäten von Gütern 1. Ordnung verbessert, sondern darüber hinaus die immer knappe Befriedigung der immer darüber hinausgehenden Bedürfnisse ausweiten kann.

---

[27] Durch „Forschung“ wird „ein gewisser Theil jener Unsicherheit beseitigt“ (Menger 1817: 25).

[28] D.h. „...die Deckung des Bedarfs und in weiterer Folge die Sicherung des Lebens und der Wohlfahrt der Menschen...“ (Menger 1817: 31)

Das vorerst vorherrschende Risiko subjektiver Schätzung von Eintrittswahrscheinlichkeiten wird in diesem Kultur-Prozeß zunehmend objektiviert, d.h die Unsicherheit verschwindet nicht vollständig, wird aber, durch die wissenschaftliche Erkenntnis, in Risikoentscheidungen objektiver Wahrscheinlichkeitszuschreibung transformiert.

Das Verhältnis von Zeit und Irrtum[29], das Menger 1871 in § 4 thematisiert, wird im späteren Kapitel über die „wirtschaftlichen Güter" (2. Cap.) wieder aufgenommen und konkretisiert.

> „Die Quantität von Gütern, welche ein Mensch zur Befriedigung seiner Bedürfnisse benöthigt, nennen wir seinen *Bedarf*. Die Sorge der Menschen für die Aufrechterhaltung ihres Lebens und ihrer Wohlfahrt wird demnach zur Sorge für die Deckung ihres Bedarfes" (Menger 1871: 32).

Die „Sorge", die als Bedarfsdeckungsoperation Vorsorge ist, hat die Bedeutung einer Kulturfunktion:

> „Die Culturmenschen zeichnen sich aber dadurch vor allen anderen wirthschaftenden Individuen aus, dass sie nicht nur für eine kurze Spanne Zeit, sondern weit hinaus für die Befriedigung ihrer Bedürfnisse sorgen, die Sicherstellung derselben für viele Jahre, ja für ihr ganzes Leben anstreben und der Regel nach noch darüber hinaus dafür Sorge tragen, dass es auch ihren Nachkommen an den zur Befriedigung ihrer Bedürfnisse erforderlichen Mitteln nicht fehle. Ueberall wo wir unsere Blicke hinwenden, sehen wir bei Culturvölkern ein System grossartiger Vorsorge für die Befriedigung menschlicher Bedürfnisse" (dito).

Bei einer temporalen Verfügung des Bedarfs ist eine bedarfswirtschaftliche Planung der Ökonomie obsolet (Menger 1871: 35 f.).

---

[29] Es ist von Interesse, daß Menger den Begriff des Irrtums, den er in der Überschrift einführt, im zugeordneten Abschnitt nicht wieder aufnimmt. Es wird nur von Unsicherheiten geredet. Folglich ist „Irrtum" jene Entscheidung unter Risiko, die in der Schätzung der Eintrittswahrscheinlichkeit irrend, falsche Erwartungen entwickelt hat

> „Vielmehr sorgen die Menschen, wofern die ihnen verfügbaren Mittel hiezu ausreichen, auch für die eventuelle Befriedigung dieser Bedürfnisse vor, und rechnen überall dort, wo es sich um die Bestimmung ihres vollen Bedarfes handelt, auch die für die obigen Zwecke erforderlichen Güter in denselben ein.
> Was nun aber hier von jenen Bedürfnissen gesagt wurde, von welchen es unbestimmt ist, ob sich dieselben überhaupt geltend machen werden, gilt im gleichen Masse überall dort, wo über das Bedürfnis nach einem Gute kein Zweifel obwaltet und nur ungewiß ist, in welchem Masse sich dasselbe geltend machen werde, denn auch in diesem Falle halten die Menschen, und zwar mit Recht, ihren Bedarf erst dann für vollständig gedeckt, wenn sie über die für alle voraussichtlichen Fälle ausreichenden Güterquantitäten zu verfügen vermögen" (Menger 1871: 37 f.).

Die Differenz zwischen Bedürfnis und Bedarf ist zeitmodal definiert: Bedürfnisse sind aktuelle Präferenzen, Bedarf umfaßt zusätzlich die zukünftigen Bedürfnisse, d.h. genauer: der Bedarf umfaßt zusätzlich das Bedürfnis auf gegenwärtige Güter n-ter oder höherer Ordnung, die in die Lage versetzen, die künftig gewünschten Güter 1. oder niedriger Ordnung bereitzustellen.

Die Bedarfsdeckung ist folglich ein Allokationstypus *intertemporaler* Art, der ein Gleichgewicht von gegenwärtig zur Verfügung stehenden Gütern 1. Ordnung (aktueller Konsumgüterbestand) und von zukünftig zur Verfügung stehenden Gütern 1. Ordnung (zukünftiger Konsumgüterbestand), ausgedrückt in den aktuell zur Verfügung stehenden Gütern n-ter Ordnung (aktueller Produktionsmittelbestand), herzustellen hat.[30]

Daraus folgert Menger weiter, daß „der menschliche Bedarf an Gütern höherer Ordnung (...) von den Menschen, soweit die

---

[30] Diese intertemporale Allokationsdefinition ist auch der Grund dafür, daß Menger, anders als Jevons und Walras, kein System allgemeinen Gleichgewichts im Modus der Zeitneutralität entwarf, sondern einen Ansatz zur dynamischen Ungleichgewichtsanalyse, zumindest aber einen Ansatz, „to treat Time and Uncertainty in a symmetric manner" (Borch 1973: 61)

practische Nöthigung hiezu vorliegt, vorausberechnet werden kann". Innerhalb „bestimmter Zeitgrenzen" – die die „Erfahrung" über das Verhältnis von Bedürfnis, Befriedigung und Produktionsprozeß und darüber hinaus über die „Zeiträume", innerhalb derer der Bedarf an Gütern zutage treten wird, lehrt – wird man (im Laufe dieses Kulturprozesses, den M. Weber bald den der zunehmenden Rationalisierung der Welt nennen wird), mit stets sich „vervollkommnender Genauigkeit" (Menger 1817: 45) den Bedarf zu berechnen imstande sein.

> „Die *Erkenntnis des Güterbedarfs in kommenden Zeiträumen* ... (ist) die erste Voraussetzung aller auf die Befriedigung der Bedürfnisse gerichteten vorsorglichen Thätigkeit der Menschen. ... Wie immer demnach die äusseren Verhältnisse sein mögen, unter welchen sich die obige Thätigkeit der Menschen entwickelt, der Erfolg derselben wird durch die *richtige Voraussicht* der ihnen in kommenden Zeiträumen erforderlichen Güterquantitäten, das ist ihres Bedarfes, wesentlich mitbedingt sein, und es ist klar, dass der völlige *Mangel dieser Voraussicht* jede auf die Befriedigung ihrer Bedürfnisse gerichtete vorsorgliche Thätigkeit überhaupt unmöglich machen würde" (Menger 1871: 45 (Hervorhebungen von B.P.)).

Die Reduktion von Unsicherheit – der „völlige Mangel an Voraussicht" – auf relative Gewißheit der Erwartungen – „richtige Voraussicht" – ist nichts anderes als der Versuch einer genaueren Definition eines ökonomischen Risikohandelns, dem eine letzte, kulturell und praktisch bedingte Ungewißheit nicht abzuleugnen ist.[31] Aber im Prinzip behandelt Menger den Vorgang als eine Transformation von Ungewißheit in Gewißheit, die zugleich als eine kulturelle Gesetzmäßigkeit gelten kann.

Der „richtigen Voraussicht" korrespondiert als zweiter Aspekt „der Einblick des Handelnden in die zur Erreichung der angestrebten Zwecke ihm verfügbaren Mittel" (Menger 1871: 46).

---

[31] Man begnügt sich, interpretiert Menger, „mit jenem Grade der Genauigkeit", der zu „practischen Zwecken" eben erforderlich ist (Menger 1871: 46)

Die Voraussicht über den künftigen Bedarf ist keine subjektive Schätzung aufgrund bisheriger Erfahrungen, sondern ein Ergebnis der Einschätzung der Produktions- und Allokationspotentiale – des aktuellen Bestandes an Gütern höherer bzw. n-ter Ordnung und seiner Kombinationsmöglichkeiten. Die „Erkenntnis des Güterbedarfs in kommenden Zeiträumen" hängt dann wesentlich ab von der Kenntnis technischen Koeffizienten der Produktion und ihrer ökonomischen Allokation, so daß die Voraussicht eher eine abgeleitete Funktion der Kenntnis der „verfügbaren Mittel" ist als eine subjektive Schätzung der Eintrittswahrscheinlichkeit künftiger Konsumgüterbestände.

Die „richtige Voraussicht" des zukünftigen Bedarfs ist der Zweck, der die Mittel disponieren läßt, um ihn realisieren zu können. Damit wird das Telos des zukünftigen Bedarfs zur *causa* seiner Deckung durch gegenwärtige Produktion, d.h. Anlaß zu Investitionen.

Am Beispiel der „Unternehmerthätigkeit" entfaltet Menger nocheinmal die Konzeption rationaler Wahl:

> „Die Unternehmerthätigkeit umfaßt a) die *Information* über die wirthschaftliche Sachlage, b) die sämmtlichen Berechnungen, welche ein Productionsprocess, soll er anders ein ökonomischer sein, zu seiner Voraussetzung hat, oder mit anderen Worten das wirthschaftliche *Calcül*, c) den *Willensact*, durch welchen Güter höherer Ordnung (unter entwickelten Verkehrsverhältnissen ...) einer bestimmten Production gewidmet werden, und endlich d) die *Ueberwachung* der möglichst ökonomischen Durchführung des Productionsplanes" (Menger 1871: 137, Fn. **) von S. 136).

Information, Berechnung, Intention und Kontrolle definieren unisono die Unternehmerhandlung. Was das Individuum, nach subjektiver Kenntnis der Sachlage in allen Aspekten, entschieden hat, ist sein Wille, den es ausführt und in der Ausführung kontrolliert.

Vom Risiko ist nicht die Rede. Im Schlußteil derselben Fußnote geht Menger auf Mangoldts „Lehre vom Unternehmergewinn" ein, dessen These, die Unternehmertätigkeit bestehe im wesentlichen aus der „Uebernahme der Gefahr“ der Produktion[32], von ihm zurückgewiesen wird, weil

> „die Gefahr doch nur etwas accidentielles ist und der Verlust- die Gewinn-Chance gegenübersteht“ (Menger 1871: 137, Fn. **) von S. 136).

Wenn jedem möglichen Verlust ein möglicher Gewinn gegenübersteht, ist das Risiko des wirtschaftlichen Handelns ein vorübergehendes Phänomen, das im nächsten Investitionsakt kompensiert werden kann, vorausgesetzt, man lernt aus seinen Fehlern. In diesem Sinne ist die rationale unternehmerische Disposition, gegenwärtige Güter n-ter Ordnung für einen höheren Nutzen (von Gütern 1. Ordnung) in der Zukunft einzusetzen, d.h. in Kapital zu investieren, der *kulturelle Trend* antizipatorischer Kompensation jener virtuellen Verluste, die bei vollständigem Gegenwartskonsum entstanden wären.

Menger kann dennoch sinnvoll davon reden, daß das Risiko – Mangoldts „Gefahr“ – des Verlustes „accidentiell“ sei, denn die kulturelle Gesetzmäßigkeit einer intertemporalen, dynamischen Allokation durch Kapitalwirtschaft ist für Menger ein notwendiger Vorgang, den singuläre Verluste nicht stören können. Menger nennt die Risikoentscheidung auch deshalb einen „Willensact“ – das ist M. Webers Definition der Zweckrationalität in nuce.

Mengers Erörterung läuft folgerichtig auf einen – wohlgemerkt: kulturgeschichtlich interpretierten – Kapitalbegriff hinaus:

> „Mit der steigenden Culturentwicklung und der fortschreitenden Heranziehung neuer Quantitäten von Gütern höherer Ordnung ... (verfügt jedes Individuum; B.P.) bereits in der Gegenwart für kommende Zeiträume ... (über) Capital“ (Menger 1871: 130).

---

[32] „Also nicht in der Verbindung verschiedener Productionsmittel, sondern in deren Anwendung auf eigne Gefahr liegt das Wesen der Unternehmung. Das wirkliche Leben gewährt höchst selten Beispiele einer reinen Uebernahme von Geschäften, d.h. des für den Ausführenden vollständigen Ausschlusses jeder Unsicherheit“ (Mangoldt 1855: 36f.).

„Capital“ entsteht dadurch, daß das Individuum

> „Güter, welche ihm auch je nach seiner Wahl für die *Gegenwart*, beziehungsweise für eine *nähere Zukunft* verfügbar sind, zur Befriedigung der Bedürfnisse einer *ferneren Zeitperiode* verwendet“ (dito).

Die Kulturleistung der Kapitalwirtschaft besteht darin, den höheren Wert eines Gegenwartsgenusses gegenüber einem Genuß gleicher Intensität in der Zukunft (Menger 1871: 128) in eine Form rationaler Zukunftsbewirtschaftung zu verwandeln. Mengers Theorie der Zeitpräferenz (vgl. Rothbard 1987: 645) beschreibt eine, „wie alle Erfahrung lehrt“ (Menger 1871: 128), allgemeine Verhaltensdisposition anthropologischer Dignität, die als „wichtige Schranke des wirthschaftlichen Fortschrittes“ (dito) durch die Kulturleistung der „fortschreitenden Heranziehung von Gütern höherer Ordnung“ (dito) – d.h. durch die Kapitalwirtschaft – aufgehoben wird.

In diesem Sinne ist die kulturell höchste Stufe, die Kapitalwirtschaft, eine Versicherungsinstitution gegen die in ihr selbst auftauchenden Kontingenzen – eine Position, die bei Mengers Kollegen und Mitstreiter, E.v. Böhm-Bawerk, prägnanter in Erscheinung tritt.

Mengers neue Grundlegung der ökonomischen Theorie ist, gegenüber den Parallelunternehmungen von Jevons und Walras (Jevon 1869; 1970; Walras 1952), durch ein besonderes Grenzbewußtsein ausgezeichnet, das in der Wortwahl – in der Unterscheidung von Gütern höherer (n-ter) und niederer (1.) Ordnung – den bewußten Übergang von der ethischen in die ökonomische Güterlehre mit leistet.

Die traditionelle ethische Vertikale, die Hierarchie der höheren (ideellen) über die niederen (materiellen) Güter, wird um 90° in die Horizontale gekippt, die das Verhältnis von Gütern niederer und höherer Ordnung zeitlich organisiert. Die ethische Gütervertikale, die die Ökonomie als ein Verhältnis von materiellen oder niederen Gütern im unteren moralischen Spektrumsbereich einordnete, wird in eine horizontale,

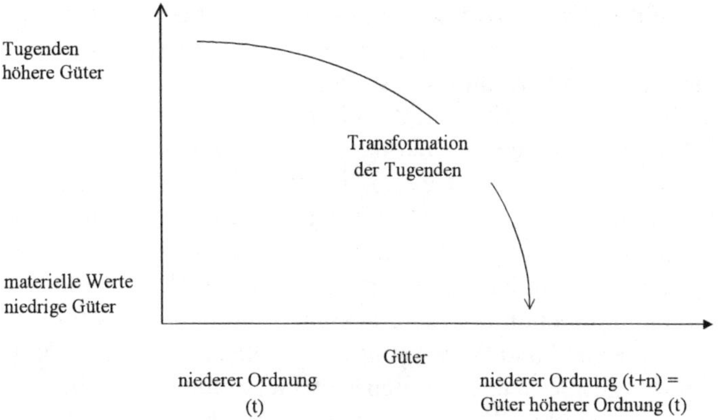

intertemporale Allokation projiziert, die den Erwerb von zukünftigen Gütern niederer Ordnung von der aktuellen Verfügung von Gütern höherer Ordnung abhängig macht.[33] Bei Menger ist die moralphilosophische Tradition endgültig invertiert, die ehemals höheren oder Tugend-Güter sind in die zeitliche Ebene gestreckt und als „bürgerliche Tugend" des ökonomischen Handelns reinterpretiert (vgl. Priddat 1991a: Teil 3.6).

Die Selbstgewißheit der ethischen Tugenden tritt nun als rationale Disposition (zweckrationalen, zukunftsverantwortlichen Handelns), kulturell entwickelt, in Erscheinung: als „Willensact", der das Verhältnis von Gütern niederer Ord-

[33] In der 2. Auflage – 1923 posthum herausgegeben – hatte Menger im Manuskript die Terminologie von Gütern niedriger und höherer Ordnung konsequent durch die (Böhm-Bawerk entlehnte) Bezeichnung: Güter näherer und entfernterer Ordnung, ersetzt. Allein der Herausgeber (K. Menger, der Sohn) fand die neue Bezeichnung als ungeeignet (Menger 1923: 22, Fn. *)), zumal C. Menger auch von den Gütern höherer Ordnung als von Gütern „mehrfach vermittelter Ordnung" sprach. „Näher" und „entfernter" bezieht sich auf die zeitliche Distanz

nung/Gütern höherer Ordnung als „bürgerliche Tugend“ nicht des Sparens, sondern der rationalen Planung der Befriedigung von Zukunftsbedürfnissen angibt. Der Grad der bürgerlichen Tugend ist nicht mehr durch abstrakte Tugendperfektionsanforderungen, sondern durch das Verhältnis von Konsumverzicht zu Investitionsbereitschaft definiert.

Darin ist nurmehr das ökonomische Risiko enthalten, ob die Investition gelingt und Gewinn bringt, nicht aber mehr das moralische Risiko des Mißlingens der Herausbildung eines vortrefflichen Menschens. Die idealen (ethischen) Anforderungen werden in eine Ebene der pragmatischen Realisation von Zwecken transponiert, die der klugen Disposition von Information, Kalkül und Willen gehorchen. Die aristotelische Tradition der zusammenhängenden Unterscheidung von ethischen und dianoëtischen Tugenden – der moralischen und der klugen Wahl – wird nach der Seite der klugen Wahl (*prohaïresis*) einseitig entschieden. Das moralische Risiko, ein Mensch zu sein, ist fortan zweigeteilt in die „Sorge“ der kontinuierlichen Bedürfnisbefriedigung und in die Sorge um (Lebens-)Sinn. Max Weber unterscheidet danach zwei Rationalitäten: Zweck- und Wert-Rationalität.

Die moralischen Implikationen ökonomisch rationalen Handelns – die Sorge um (Lebens-) Sinn – sind nicht mehr Gegenstand der Ökonomie. Die Ökonomie wird auf Zweckrationalität rubriziert, vornehmlich im 20. Jahrhundert durch von Mises und L. Robbins. Damit entfällt endgültig der ältere Risikobereich der Verfehlung des Lebens – sei es des gottgefälligen oder des tugendperfektionierenden –, und es bleibt ein spezifischer Risikobereich ökonomischen Handelns, dem die ökonomische Wissenschaft sich fortan zuwendet.

IV. Werte: Nachklassische Ökonomik II: Medium und Form

1. Gebrauchs- und Tauschwert: Innen/Außen

Die Einführung subjektiver Wertbestimmungen bei den deutschen Ökonomen ist eine eigene Geschichte, die wir im vorherigen Kapitel schon gestreift hatten. Sie läuft parallel zu einer anderen werttheoretischen Geschichte: *der Unterscheidung von Gebrauchs- und Tauschwert*, die die Entwicklung der Ökonomie zur Wissenschaft längst schon immer begleitete.

Systematisch ist die Unterscheidung vom Physiokraten Jean Baptiste Quesnay im 18. Jahrhundert in die ökonomische Theorie eingeführt worden: der Gebrauchswert (*valeur usuelle*) wird vom käuflichen Wert unterschieden (*valeur vénale*) (Quesnay, bei Böhm-Bawerk 1928: 991).

Quesnay hat Mitte des 18. Jahrhunderts diese Unterscheidung nicht erfunden. Die mittelalterlichen Glossatoren des römischen Rechtes kannten für Darlehensfälle die Unterscheidung von *bonitas extrinsecas* und *bonitas intrinsecas*. Die *bonitas intrinseca* sei „die *bonitas*, welche der Sache von Natur innewohne ... . Die *bonitas extrinsecas* hänge aber mehr von den Menschen und vom Handel als von Natur ab. Denn bei gleicher natürlicher Beschaffenheit sei der Preis einer Sache an verschiedenen Orten verschieden“ (Taeuber 1933: 123 ff., auch 188 ff.). Für das Münzgeld existierte die Unterscheidung bereits seit der Neuzeit als Differenz von *valor intrinseca* (der Metallwert der Münze) und *bonus* oder *valor extrinseca* (der zugeschriebene oder nominelle Wert der Münze) (für J. Locke vgl. Priddat 1988: 157 ff.). Neu ist die Übertragung in eine allgemeine Werttheorie, doch finden sich bei Locke (vgl. Priddat 1988: 157 ff.), Petty (Petty 1964: II, 625 ff.), Barbon[1] und anderen bereits dieselben Distinktionen, so daß wir für das englische 17. Jahrhundert mit einer eingeführten Terminologie rechnen dürfen.

Adam Smith hatte im 18. Jahrhundert die Unterscheidung aufgegriffen und in seiner Theorie prominent gemacht: „The word, VALUE, it is to be observed, has two different meanings ... The one may be called ‚value in use'; the other, ‚value in exchange' ... „ (Smith 1970: 44). Der Preis – *value in exchange* – schwankt um den eigentlichen Wert: den *value in use*.[2] Die

[1] Zuckerkandl 1889: 15; Vickers 1960: 90, Fn. 67. Barbon spricht abweichend vom ‚intrinsic vertue', dem er den ‚value' im Sinne des ‚extrinsic value' gegenüberstellt.

[2] Zur Semantik von *valor*, *value* macht M Hutter eine interessante Anmerkung. „Die Übersetzung von valeur zu value verbirgt eine geringe, aber ausschlaggebende Bedeutungsnuance. Das Wort valeur leitet sich her von lat. valere – stark sein. Erst im 13. Jhdt. kommt die substantivische Form value in Gebrauch. Value oder später valeur bezeichnete in Frankreich die Stärke, also die Bedeutung, dei einer sache in der Gesellschaft zugeschrieben wird. Valeur orientiert sich also, um den aristotelischen Ausdruck zu verwenden, am ‚intrinsischen' Wert der Sache. Die englische Karriere von value verlief dagegen anders. Dort traf das Wort aus der Sprache der Eroberer auf das Wort worth aus der Sprache der Eroberten. So wuchs value die Bedeutung des künstlichen, ‚extrinsischen' Wertes zu. Noch John Locke reservierte worth für den inneren Wert, während value bei ihm das Wertverhältnis bezeichnet, mit dem Sachen getauscht werden. So ergibt sich ein subtile Begriffsverschiebung: während im quesnaischen Begriffspaar der gemeinsame Begriff valeur eher der Interpretation ‚innere Stärke' entspricht, paßt value im smithschen Begriffspaar eher zur Interpretation ‚äußeres Preisverhältnis'. Value in exchange, der äußere Wert, war im Grunde schon zum zentralen Wert geworden“ (Hutter 2001: 31). Locke ist allerdings nicht so konsistent, wie hier angenommen wird: er pendelt in der Verwendung von *natural worth* zu *natural value* (Locke 1963: 42 f.; vgl. Priddat 1988: 160 ff.). Wichtiger ist die Definition, die Locke für den *intrinsic worth* bzw. *intrinsic value* angibt: „ The intrinsic, natural worth of any thing, consists in its fitness to supply the necessities, or serve the conveniences of human life; and the more necessary it is to our being, or the more it contributes to our wellbeing, the greater is the worth“ (Locke 1963: 42).

Unterscheidung wurde nötig, weil in den sich entwickelnden Marktwirtschaften Preise exorbitant von den konventionellen Gebrauchseinschätzungen von Gütern und Produkten abweichen konnten. „... if market prices reflect an unproductive allocation, they cannot reflect true ‚value in use'" (Winfrey 1992: 130).

Quesnays Bezeichnung des *valeur vénale* weist zudem noch auf ein moralische Unterscheidung hin, die den käuflichen Wert minder schätzt als den Gebrauchswert, der als eigentlicher Wert interpretiert wird. Die aristotelische Imprängierung des abendländischen Wirtschaftsdenkens hält an bis in die Moderne; Quesnay wiederholt in werttheoretischen Terms Aristoteles' Differenz von natürlicher und unnatürlicher Wirtschaft (vgl. Kap I).

Das gilt auch für Smith und die anderen klassischen Ökonomen, bis hin zu Marx (vgl. Kap. II). Für Smith ist „der Tauschwert ein vergänglicher, schwankender Wert. Der tiefere Wert, der den Tauschwert ‚letztlich' determiniert, wurde weiterhin im Gebrauchswert vermutet. So blieb die Aufmerksamkeit bei der Frage nach der Eigenart der Quelle des inneren Wertes im Hinblick auf ihre Bestimmungskraft für den äußeren Tauschwert. Es ging also um ein Verhältnis: das Verhältnis von Gebrauchswert und Tauschwert" (Hutter 2001: 32).

Hutter bezeugt noch einmal alle Merkmale des metaphysischen Substanz/Akzidenz-Schemas, das wir für die Produktionstheorien als Materie/Form-Topos eingeführt sahen. Der Gebrauchswert ist das Zugrundeliegende, aus dessen Substanz sich bestimmte Formen mit Notwendigkeit entwickeln, in prädeterminierter Vollendung und Prägung.

Nach dem metaphysischen Muster sollte der äußere Wert dem inneren entsprechen, oder doch dessen Repräsentanz sein. In Smiths Arbeitswerttheorie ist dieses Muster noch präsent: Der wahre Wert ist *objektiv*, d.h. repräsentiert durch die Arbeit, die in dem jeweiligen Produkt inkorporiert ist, so daß sie nicht nur die Gebrauchsform dominiert, sondern auch die Wertform: der Preis sollte sich an den Arbeits- bzw. Produktionskosten bemessen.

Winfrey macht darauf aufmerksam, daß Adam Smith den *value in use* als Kriterium der sozialen Norm: Wachstum, interpretiert. Smith „is willing to use an ideal growth path as a norm. The ‚usefulness' of a good is derived not from its utility, in the now familiar sense of satisfying consumer tastes, but from its capacity to enhance economic growth. Thus ‚value in use' is interpreted in terms of societal norms while ‚value in exchange' reflects individual subjective wants" (Winfrey 1992: 127). Der später erfolgte Vorwurf an Smith, er habe die individuellen subjektiven Präferenzen oder ‚utilities' im Verhältnis zur Nachfrage vernachlässigt, sei unzulässig, weil Smith eine ausgefeilte Preistheorie (*value in exchange* über subjektiven Begehr) anbietet und die ‚usefulenss' von Gütern dagegen danach bemißt, was sie für das Wohlfahrtziel leisten, d.h. welche Wachstumseffekte sie haben. Folglich muß er sich strukturell gegen eine einseitige utilitaristische Wohlfahrtskonzeption wenden, die für die Allokationsbemessung nur und ausschließlich die Konsumentenpräferenzen verwendet. Es geht nicht nur um individuellen Konsumpräferenzen, sondern auch um eine Differenz produktiv/unproduktiv, die von Kosumpräferenzen nicht oder durchaus falsch bemessen werden könnten.

> „Is there a configuration of institutions that would allow the ‚unseen hand' to guide society along an ideal path of growth? Of course there can be no definitive answer to this question. However the question itself provides very useful perspectives for understanding Smith's basic themes in *Wealth of Nations*. Smith is aware that free consumer choice, which inevitably allows for waste on frivolous luxurities, such a path may not be attained. Nevertheless much of Smith's analyses and evaluations can be understood from using the norm of a favourable path of economic growth. This includes not only our present concern – Smith's rejection of the link between ‚value in use' and ‚value in exchange'. It also includes his choice of labour as a standard of real value, his definitions of productive and unproductive labour, and, very generally, the nature of his critiques of practically all of the economic institutions of his days" (Winfrey 1992: 130).

Die Einführung der Unterscheidung von Gebrauchs- und Tauschwert zeigt bereits die empirische Differenz; Preise (Tauschwerte) werden noch durch andere Determinanten bestimmt, sie schwanken um die ‚objektiven' Kosten, ohne sie immer und noch mit Notwendigkeit zu repräsentieren (obwohl der klassische Ökonomie das annahm (vgl. die kurze, aber präzise Theoriegeschichte des Kostenbegriffes bei Buchanan 1969, chap. I; ebenso: Kael 2002)).

Marx wollte noch dieser Lücke nachspüren, bis er meinte, sie als systematische Differenz im Mehrwert entdeckt zu haben, den die Kapitalisten aus den Arbeiten ausbeuten, d.h. nicht entgelten. „Die Arbeitswertlehre sollte noch lange die Wertdiskussion prägen. Aber schon Smith selbst gelangte an ihre Grenzen. Nachdem unklar ist, wieviel von welcher Sorte Arbeitskraft aufgewendet werden muß, um einen bestimmten Tauschwert zu erhalten, läßt sich nicht verläßlich von der aufgewendeten Arbeit auf den Marktpreis eines Gutes schließen. Deshalb stützt sich Smith, wie alle klassischen Ökonomen nach ihm, auf die Kosten der Produktion, um zumindest den langfristigen Preis zu bestimmen. Dieses Vorgehen führt zwar zu plausiblen Ergebnissen, aber die Verbindung zwischen Gebrauchs- und Tauschwert geht dabei verloren: Tauschwerte werden nicht über den inneren Gebrauchswert der Arbeit, sondern allein über andere Tauschwerte, eben die Preise oder Kosten der Produktion bestimmt. So bestehen zwei Verfahren der Wertbestimmung nebeneinander: auf der einen, inneren Seite die Wertbestimmung über die Arbeitskraft, auf der anderen, äußeren Seite die Wertbestimmung über Preisverhältnisse. Aber beide Verfahren haben nichts miteinander zu tun" (Hutter 2002: 33).

Wenn der Gebrauchswert den eigentlichen oder substantiellen Wert darstellen soll, der Tauschwert aber der einzig feststellbare Wert ist, der sich an den Marktpreisen zeigt, dann wird in der Unterscheidung beider Wertformen zumindest der Gebrauchswert zur Schimäre: die Zuschreibungen sind funktional nicht mehr brauchbar. Der Gebrauchswert mutiert zur normativen Größe, der Standards (darin auch Lebensstandards) festhält, die im ausdifferenzierenden Angebot des sich entwickelnden Industriekapitalismus obsolet werden.

Entwertung des Gebrauchswertes

Doch ist dies nur eine Linie der Entwertung des Gebrauchswertes. M. Hutter macht auch auf eine unbekanntere andere Linie bei Adam Smith aufmerksam. D. Hume's *Treatise of Human Nature* folgend, findet sich in Smith's *Theory of Moral Sentiment* die Argumentation, daß „nicht mehr der gesellschaftliche Gebrauch" den Dingen Wert verleiht, „sondern die Nützlichkeit (utility), die Menschen durch die Verfügung über Sachen erlangen. Unter den Nützlichkeiten ragt eine hervor, nämlich das Empfinden für Schönheit. Sie ist es, die das Geschehen der ständig äußeren Tauschwertbestimmung treibt. Wieder ist eine geschickte Verbindung geschaffen: Die Nützlichkeit löst den Gebrauchswert vom Brauch. Sie bringt den inneren Wert der Sache in Bezug zu den inneren Wertungen der Einzelnen. ohne Rücksicht auf die gesellschaftliche Einschätzung der Wertungen. Aber die veränderte Interpretation fällt nicht auf, denn aus den neuen Einzelwerten wird derjenige hervorgehoben, der auch nach der alten Wertskala ganz oben steht, eben das Empfinden von Schönheit" (Hutter 2001: 32).[3]

Neben der bemerkenswerten Interpretation einer Smithschen Relation von Ästhetik und Ökonomik liefert Hutter hier eine glänzende Transformationsargumentation, die Gebrauchswert nicht als metaphysisches, sondern als soziales Konstrukt interpretiert. Gebrauchswerte sind demnach normative, meist hoch konventionale Zuschreibungen innerhalb der Gesellschaft: Konventionalitäten, die über eine soziale (Wert-)Form kontrolliert werden. Der innere Wert ist seine Substantialität

---

[3] Zu dieser Smithinterpretation vgl. Gulliori 1993: „ ... Smith finds in the aesthetic disposition itself the motor of economy" (1993: 311).

bzw. Unveränderlichkeit (in Winfreys Perspektive, die auch eine soziale Substanz postuliert, ist sie normativ aufgezeigt: *useful* ist alles, was das Wachstum fördert).

Wenn die Kategorie der Nützlichkeit eingeführt wird, entkoppelt sie die Werte von den Konventionen, Sitten und Bräuchen, *de-normiert* sie. An die Stelle der sozialen Normierung kommen individuelle Codierungen, die damit Ausweitungen von Optionen einführen. Ohne daß sie zu Anfang explizit eingeführt wird, weist die Individuum/Nützlichkeit-Relation systematisch auf einen Wahlakt. Der Wechsel von konventionalen oder normgeprägten Verhalten zu individueller Freiheit ist identisch mit dem Wechsel von institutioneller Bindung und individueller *choice*. Smith's Konnotation der Nützlichkeit über die damals moderne Empfindsamkeit mit der Schönheit muß die Quelle der Wertbestimmung in die Quelle der Empfindsamkeit legen: *in die Seele, die Psyche von Individuen.*

So ward das methodologische Individuum geboren. Denn wenn die „inneren Wertungen des Einzelnen" die Werttheorien bestimmen, sind wir im Übergangsfeld von der objektiven zur subjektiven Wertlehre, auch wenn die Strecke dieses Überganges durchaus das ganze 19. Jahrhundert dauerte. Ausdrücklich haben wir es erst einmal mit psychischen Expressionen in den wirtschaftlichen Entscheidungen zu tun, nicht mit Vernunftüberlegungen (wie sie Kant in der *Kritik der Urteilskraft* finalisiert).

Doch sind wir dem alten metaphysischen Schemata nur halb entronnen. Smith verschiebt die Substanz (aus dem Substanz/Akzidenz-Schema) aus der Natur der Materien in die Natur des Menschen, wenn auch vorerst auf die Arbeit/Arbeitskraft beschränkt. Doch hatten wir bereits bei einigen deutschen Ökonomen des frühen 19. Jahrhunderts gesehen, daß die Verschiebung weiter geht: ins Innere des Menschen (vgl. Abschnitt 4 in Kap. II). Damit muß die strenge Form des Substanz/Akzidenz-Schemas aufgegeben werden, denn die – jetzt anthropologisierte – Natur des Menschen spielt mit Formenvielfalten einher, in den Ausprägungen der Arbeit der Menschen wie in den Entscheidungen. Menschen sind plastische Naturen, nicht auf bestimmte Formate festgelegt.

Folglich ist die Natur des Menschen, die hier von Adam Smith unbewußt eingeführt wird, eine hochdiversifizierte Natur, mit der dann folgenden methodologischen Folge, die Menschen in Form von Individuen zu individualisieren und über deren Entscheidungen Wertfestlegungen zu erzeugen. Das ‚Individuum', wie bald in der Ökonomie die letzte unteilbare Operationseinheit heissen wird, ist die Außenseite eines Inneren, die dem Individuum, das zugleich eine Person markieren soll, als subjektives Proprium zugeschrieben wird.[4]

Die Einführung der Individuen als Agenten in ökonomischen Systemen ist eine Folge der Einsicht in die diversifizierte Natur des Menschen; wenn die alten Sitten, Bräuche, Normen abgelöst werden, braucht man Operatoren, die Differenzen ausmachen, Arbitragen entdecken und eigenständige Relationen auf Angebote haben, die die Dynamik der Konkurenz-Wachstumwirtschaft erst anheizen.

Systematisch hat dieser Umschlag natürlich Probleme, vor allem kognitive: die Institutionen, Normen, Sitten etc., die ihre verhaltensleitende Rolle aufgeben, sind Formen des Wissens, die sie als Regeln an ihre Mitglieder liefern (vgl. Vanberg 1990). Als Individuum müssen die neuen Akteure der Marktfreiheit eigenes Wissen einbringen oder sich bilden (modern spricht man von ‚Lernen' (vgl. Mantzavinos/North/Shariq 2001)). Es reicht dann nicht, nur auf die eigenen Wünsche und Bedürfnisse zu achten. Der kognitive Aufwand ist höher, als die Ökonomik im späten 19. Jahrhundert es einschätzt. Man glaubt an so etwas wie eine ‚objektive Situation', in der alle Alternativen klar und distinkt offenbar sind, d.h. epistemisch eindeutig. Dabei ist es lediglich „die Uniformität menschlicher Motive ..., sofern es um Beteiligung am Tausch geht" (Luhmann 2000: 82). Die Ökonomik wird zur Wissenschaft *á la mode des sciences naturelles*, für die es kein Wahrnehmungs-

[4] Vgl. dazu Hutter/Teubner 1994.

und kein Interpretationsproblem gibt. An dieser Stelle entzweigen sich Ende des 19. Jahrhunderts in Deutschland Ökonomie und Soziologie (vgl. explizite das Geschäft dieser Verzweigung, gegen M. Webers Soziologie, von Mises 1933).

Die klassische Ökonomik, können wir resümieren, „favoured an interpretation of value as an intrinsic property of some set of resources, irrespective of their use. The early Austrian economics challenged this perception and proposed instead to define value exclusively in terms of consumer valuations. They introduced the concept of opportunity costs, which highlighs the relative nature of value, as an alternative to the classical real cost doctrine. Value is seens as determined by the use of a resource. Subsequently, Austrian economists have developed a fully subjectivist value doctrine" (Kaels 2002: 11).

Exkurs: Unterscheidungsgeschichte Materie/Form

Fassen wir die Transformation des Materie/Form-Schemas systematischer als Unterscheidungsgeschichte:

a) Die alte Unterscheidung
Substanz ⌉ Akzidenz bzw.
Materie ⌉ Form
erfährt in der klassischen Ökonomik Smith's et al. eine spezifische Umschreibung: Nicht mehr die rohen Materien, sondern die Arbeit (als energetisches Potential) wird zur *materia nova*, die die Wertform der Tauschgüter determiniert (qua Arbeitswert bzw. qua Produktionskosten):
Arbeit ⌉ (Wertform=) Tauschwert
Genauer lautet die neue Beziehung
                                        ⌉ **Tauschwert**
                    ⌉ **Arbeit** |
Materie ⌉ Form |
[Das Zeichen ⌉ bezeichnet 1. eine Unterscheidung und 2. die Unterscheidung einer Innen- und einer Außenseite einer Form.

Es wird gelesen 'a unterscheidet sich von b', und zwar mit einer Innenseite (a) und einer Außenseite (b). Die Außenseite ist Zuschreibungen offen: sie ist die unbestimmte bzw. unmarkierte Seite, während (a) die bestimmte Seite darstellt (Baecker 2002a: 207). Die unmarkierte Seite bietet, als Form der Beobachtung der ersten Unterscheidung, selber eine neue Unterscheidung an, die einen neuen unmarkierten, offenen, unbestimmten Raum voraussetzt (Baecker 2002b: 3; vgl. auch Luhmann 1997: 173 ff.).]

b) Diese Linie läßt sich noch ausweiten:

Arbeit ⌉ **Tauschwert** ⌉ **Kontext**

Kontext ist ein Name für offene Kopplungen; die deutschen Ökonomen der historischen Schulen schreiben dafür **Geschichte, Institutionen** oder **Nation.** Andere interpretieren Kontext über verschiedene Marktformen (Monopol, Oligopol, Wettbewerb etc.), über einen anderen Beschreibungsmodus von Ökonomie: **Makroökonomie,** die nicht nur über ihre Aggregationen argumentiert, sondern vor allem über die Interdepenz der Märkte (Güter-, Arbeits- und Geldmärkte). Die Hayeksche Marktprozeßtheorie öffnet den Möglichkeitshorizont der Märkte, indem sie die aktuellen Transaktionen über potentielle Transaktionen neu sortieren läßt: der Markt als Entdeckungsverfahren (Hayek 1978). Hier werden **mögliche Märkte** handlungsleitender **Kontext** der aktuellen Märkte – so wie in der Evolutionsökonomik die **Innovationen.**

c) Doch auch die Materie wird interpretierbar. Materie hat in jedem ökonomischen Nexus zwei Bedeutungen:

- Materie als roher Stoff und
- Materie als Arbeit, als energetisches Potential.

In den klassischen Produktionsprozessen koagieren beide Materien: Kapital und Arbeit. In den transklassischen Ökonomien kommt eine weitere Materie-Bedeutung hinzu:

– Wünsche/Bedürfnisse werden als Ausdruck innerer Zustände eingeführt, später subjektiver Präferenzen.

Neben a) M = rohe Stoffe und b) M = Arbeit wird c) M = innere Werte ergänzt. ‚Materie' wird vielfach, divers. Sie erfüllt alle Kriterien eines Mediums: *‚Materie' = Medium.*

Zwischen (b) und (c) liegt eine entscheidende Wende: die Materie, das harte Faktum, wird subjektiviert. Die erste Unterscheidung Materie/Form wird durch eine Innen/Außen-Unterscheidung abgelöst, in der die inneren Werte die äußeren Werte (= Preise) bestimmen wollen.

Statt der Form der Unterscheidung Materie ⏋Wertform tritt jetzt eine andere, in der ‚Innere Werte' = ‚Präferenzen/Alternativen' sind. Das Subjekt/Objekt-Schema invertiert. Während früher das Subjektive akzidentiell war, menschliche Formverfügung über die Substanz bzw. die Materie, wird jetzt das, was das Subjekt will, entscheidend für die Bereitstellung der Objekte. Sie sind nicht mehr Substanz, sondern werden akzidentiell, um es in der alten Sprache zu sagen. Der Wille, die Intention, die Wünsche und Begehren werden die leitenden Kriterien für die Auswahl der ehemaligen Materien, die jetzt in der Rolle der alternativen Formen der Bewählbarkeit vorkommen: als Angebote. Ihre finite Auswahl, als beste Alternative, ist die *Aus-Formung der subjektiven Präferenz.*

Im 19. Jahrhundert werden diese ‚inneren Werte' als Gebrauchswerte eingeführt; das ist noch nicht bedürfniskompatibel. Hier ist zwar ein *valor intrinsecas* angesprochen, aber einer des Objektes. Der ‚innere Wert' des Objektes, dessen Gebrauchswert betrachtet wird, ist seine Fähigkeit, für den jeweiligen Gebrauch besonders geeignet zu sein. Es ist der Wert des Objektes, seine Gebrauchsqualität.

Erst später wandelt sich die Gebrauchswertzuschreibung; es ist der Wert eines Transaktionsobjektes, ‚das ich brauche', bzw. ‚dessen ich bedarf'. Erst über diese Umschreibung verlagert sich der ‚innere Wert' auf die subjektiven Präferenzen der Akteure, die ihre Vorlieben, Wünsche, Bedürfnisse jetzt im Gebrauchswert artikuliert finden:

Gebrauchswert ⏋Tauschwert.

d) Die klassische Linie öffnet die alte Materie/Form-Unterscheidung nach der Formseite: Vermannigfaltigung der Formen beliebiger Materien. Hier wird lediglich der ältere deterministische Konnex zwischen Materie und Form entkoppelt: jede Materie wird offen für verschiedene produktive Bearbeitungen, d.h. für viele oder mannigfaltige Formen. Doch im 19. Jahrhundert kommt noch eine zweite Interpretationslinie hinzu: die vielen oder mannigfaltigen Formen, die zu produzieren möglich werden, beziehen die Wertdifferenzen nicht mehr der in ihr steckenden Arbeit, sondern aus Bewertungen und Wertzuschreibungen (Kommunikationen, Einschätzungen): über Nutzenurteile.

Lange Zeit bleibt die Grenznutzentheorie, wie sie dann im 20. Jahrhundert heißt, über eine anthropologisch gemeinte Verknüpfung mit den ‚Bedürfnissen der Menschen' gekoppelt. In den 40iger Jahren aber wird die mikroökonomische Basis der Ökonomie auf Präferenztheorie (bzw.-axiomatik) umgestellt, wonach es nicht mehr notwendig ist, von Bedürfnissen der Menschen zu reden. Präferenzrelationen sind schlicht Aussagen über das, was Akteure jeweils vorziehen an Alternativen. Das kann auf Bedürfnisse, aber auch auf Wünsche oder Vernunfturteile gegründet sein. Präferenzen sind einfache Urteilsformen: ‚ich ziehe a vor b vor'. Wie das Urteil gebildet wird, ist für die ökonomische Erklärung unwesentlich:

Dabei ist Nutzen aber, wie bereits die ‚Materie' der Arbeit, eine Prozeßgestalt: der Tauschwert formiert sich aus der Kongruenz diverser Nutzen, mindestens von zwei Aktanden, die etwas tauschen wollen:

– jeder einzelne Akteur definiert auf der Basis seiner Präferenzurteile den Nutzen von Transaktionsgelegenheiten,

- da alle Marktteilnehmer das tun, bilden sich in den Transaktionsanbahnungen die effektiven, aktuellen Preise (Tauschwerte) heraus.
- *ist der Vergleichungsprozeß abgeschlossen, sind die Transaktionen getätigt, oder zumindest irreversibel bepreist, befindet sich dieses System im Gleichgewicht.*

Wenn wir so, über die Transformation der Materie/Form-Relation in eine Nutzen/Tauschwert-Relation, die Struktur des Gleichgewichtssystems der modernen Ökonomik haben einführen können, wird zugleich deutlich, wie die Substanz zur Funktion wird. ‚Nutzen' ist nicht mehr als Substanz zu interpretieren, sondern ein Urteilsverfahren a) individuell-subjektiver und b), im Marktgleichgewichtspreis, kompetitiv-objektiver Form.

Das Nutzenkalkül ist in einem Tauschakt eine Korrespondenzbewegung von zwei Nutzenurteilen; erst wenn wir die Tauschabstraktion in Kauf-/Verkaufakte auseinandernehmen, bleibt ein subjektives Nutzenurteil übrig, das den verlangten Preis als Information nimmt. Das Marktsystem ändert den Preis (paßt ihn wechselnder Nachfrage an), nicht aber der einzelne Nachfragende. So scheint es, als ob der Akteur, als Konsument, auf rein subjektiver Urteilsbasis nachfragt, so daß es wiederum so erscheint, als ob die alte Relation

Gebrauchswert (=innerer Wert) ⌉ Tauschwert (=äußerer Wert)

reformuliert ist. Doch haben wir es beim Nutzen nicht mit einer Expression innerer Werte zu tun, sondern mit einem Bewertungsakt: einer Wertzuschreibung durch den Akteur, bei gegebenem Preis:

Tauschwert (=Preis) ⌉ Nutzen.

Statt der (Gebrauchswert ⌉ Tauschwert)-Beziehung wird der Gebrauchswert subjektiviert und als offene Seite der Formbestimmung rechts notiert: als die äußere, damit variante Formseite, die dann auch einen neuen Namen erhält: *utility*, Nutzen. Was ein Akteur als Nutzen interpretiert, bleibt seine individuelle Angelegenheit (nur die deutsche Ökonomen versuchen sich in einer Theorie objektiver Gebrauchswerte).

Der Gebrauchswert wird nicht mehr als Materie/Substanz interpretiert, sondern als Interpretat: deshalb wird der Nutzen/*utility* –Term eingeführt (er war vordem nur einer sehr speziellen – und umstrittenen – Sozialphilosophie zugeordnet: dem Utilitarismus (vgl. Priddat 2001b)).

Die Werttheorie des 19. Jahrhunderts geht von den objektiven oder Arbeitswerttheorien zu subjektiven Wertbestimmungen über, wie wir sie bei Jevons und Menger finden. Neben den utilitaristischen Übergängen zur subjektiven Werttheorie gibt es aber, vor allem in Deutschland, noch eine andere Linie werttheoretischen Raisonnements, die eine Renovation der Gebrauchswerttheorien versuchten. Beide Linien sollen in der Folge dargelegt werden.

2. Theorie des objektiven Gebrauchs wertes in der deutschen Nationalökonomie

Die Entwicklung der subjektiven Werttheorien wird gewöhnlich Jevons, Menger und Walras zugeordnet, nicht der deutschen Ökonomie. Erst E. Streissler hatte wieder darauf hingewiesen, daß auch die deutsche Nationalökonomie eine ausgebaute Theorie des subjektives Wertes kennt (Streissler 1990: 1989a und b). Diese Einsicht wiederum ist selber nicht neu, sondern bereits 1889 von J. v. Komorzynski vorgetragen worden, der von der Existenz einer „älteren deutschen Gebrauchswerth- bzw. Nutzwerthschule“ spricht (Komorzynski 1889: Kap. VII.1), in deren Tradition Menger steht, wenn er die Irrtümer der älteren Nutzwerttheorie korrigiert (Komorzynski 1889: Kap. VII.2; vgl. auch Debes 1934).

Dabei wird deutlich, daß die deutsche Nationalökonomie seit Anbeginn[5] bei vielen ihrer Protagonisten auf eine subjektive Wertlehre gegründet war, die ausdrücklich die englische Arbeitswert- oder Produktionskostenlehre ersetzen wollte. Alle Beiträge zur subjektiven Wertbestimmung werden – und das ist der deutschen Debatte eigentümlich – an der Unterscheidung von Gebrauchs- und Tauschwert entwickelt; *welchen Gebrauchswert ein Gut habe, sei eine Angelegenheit der subjektiven Wertschätzung oder „Meinung“*.[6] Das ist eine völlig unterschiedliche Argumentationslinie.

Bei Mischler, einem Lehrer Mengers, finden wir das Programm schlagwortartig dargelegt:

> „Der Privatwirthschafter ... mißt sein Vermögen, seinen Reichthum, nach dem Tauschwerth ab. Die Volkswirthschaft dagegen geht vom allgemeinen Gesichtspunkte aus. Der Tauschwerth ist nur *eine* Seite der Benützung eines Gutes; aber *alle* Benützungs- und Verwendungsarten, die das Gut zuläßt, auf die oft der Private keinen Werth legt, kommen in der Volkswirthschaft zur Berücksichtigung. Der *Gebrauchswerth* ist hier maßgebend für die Schätzung eines Gutes und *jede Thätigkeit ist productiv, die ein Gut hervorbringt, daß zu vernünftigen, nützlichen und sittlichen Zwecken, für körperliche, geistige oder sittliche Bedürfnisse tauglich ist*“ (Mischler 1857: 52, 54 f.).

Zuvor ist der „Gebrauchswerth“ entsprechend definiert: „die Tauglichkeit eines Gutes zur Verwendung für vernünftige sittliche Zwecke“ (Mischler 1857: 9, auch 198, besonders aber 200 f.).

Mischlers Theorie umfaßt viele Argumente, die bei Rau, Roscher und anderen in der deutschen Nationalökonomie längst

---

[5] Vgl. Hufeland, Jacob, Lotz, von Soden etc.; bei: Komorzynski 1889: Kap. VII.1.; auch Debes 1934 und Brandt 1992: Kap. 4.4.

[6] Vgl. z.B. Hufeland 1807: 25; C. Menger spricht 1871 in seinen „Grundsätzen“ von der Bestimmung des Wertes als „Bedeutung“; wie übrigens 1863 schon Mangoldt (Mangoldt 1863: § 1; allgemein dazu: Priddat 1997a).

ausgearbeitet waren. Vor allem arbeitet er eine Besonderheit heraus, die die deutsche Linie der subjektiven Wertlehre charakterisiert: es geht ihr um *objektive Interpretation des Gebrauchswerts, der – bei aller zugestandener subjektiver Bewertung – als normativer Wert (vernünftigen, sittlichen Zwecken dienend) beansprucht wird.*

Die im Prinzip subjektive Bestimmung der Geltung von Wert wird, wegen der sittlichen Gefahr der Unbändigkeit subjektiven Begehrens, von vornherein an konventionelle und normative Bedeutungen gebunden, die die individuellen Präferenzen auf kategorial prädeterminierte Zweckklassen festlegen sollen. Der Subjektivismus der neuen Werttheorie wird *a priori* sittlich ordiniert. Hier ist Mischler nur etwas naiv-deutlicher als seine Protagonisten Rau und Roscher. Das Konzept ist aber, mit Nuancen, bei allen dreien dasselbe.

G. Stavenhagen hat diese Tendenz als Versuch einen „volkswirthschaftlich objektiven Gebrauchswert zu erfassen" (Stavenhagen 1957: 102) gekennzeichnet – und zwar an Lotz, Hufeland, Soden, Rau, Müller, Hermann, Riedel und Friedländer (dito; vgl. auch Brandt 1992: Kap. 4.4)

Die subjektive Wertlehre blieb *prima facie* für lange Zeit ein eher spekulatives, unreifes Moment der Werttheorie, die einen – mehr oder minder – einheitlichen Darstellungsmodus gewann, aber die Wertproblematik nicht entscheidend klären konnte. Doch sind dies nachträgliche Einschätzungen, die dem werttheoretischen Selbstbewußtsein der deutschen Ökonomen des 19. Jahrhunderts nicht Genüge tun. Ihre Werttheorien reichten allemal aus, die englische Produktionskostenlehre in Deutschland zu verdrängen bzw. zu einem Erklärungsmoment in einem größeren Nexus zu machen, das die Angebotsseite der Marktpreisbildung abdeckte, über die Nachfrageseite aber nichts aussagen konnte.

Man hat der Gebrauchswertkonzeption immer wieder vorgeworfen, daß sie es nicht schaffte, Wert- und Preistheorie zu vereinheitlichen. Unter dem Gesichtspunkt der Vorgeschichte zur neoklassischen Synthese von Gebrauchswert- und

Tauschwerttheorie betrachtet, ist diese Einschätzung natürlich richtig. Dabei vergißt man aber, daß für Rau, Roscher, Hermann etc. die Lösung gelungen war. Sie hatten schlicht ein anderes Problem: *Sie wollen nicht die Marktallokation auf der Basis individueller Bewertungen erklären, sondern das Verhältnis von Markt- und Staatswirtschaft auf der Basis eines Bedarfsmaßstabes* (vgl. bes. Komorzynksi 1889: Kap. VII.1.).

Alle diese Ansätze stehen aber im Kontext einer älteren Idee sittlicher Bindung, die die Gefahr der bloß zufälligen Wertbestimmung bannen will. *Es sind subjektive, aber nicht individualistische Wertbestimmungskonzeptionen* (vgl. dazu bes. Lotz 1811, 42). Gegen die englische ‚Tauschwertabstraction', wie die kritische Haltung häufig genannt wurde, setzen sie mehrheitlich *eine qualitativ orientierte Gebrauchswertanalyse, die Gattungsmaßstäbe für bestimmte Güter-Wert-Relationen aufstellt* (vgl. Komorzynski 1889: 66 f.). Innerhalb der definierten Gütergattungen sind die Werte (Preise) subjektiv bestimmbar, nicht aber zwischen den Gattungen, die objektiven (nämlich ‚sittlichen') Urteilen[7] unterliegen, die der individuellen Zuschreibung entzogen sind.

An drei Autoren soll das Konzept etwas genauer dargelegt werden: an K.H. Rau, an B. Hildebrand und an A. Wagner. Sie bilden die Korona der deutschen Nationalökonomie des 19. Jahrhunderts[8], wenn man von Roscher und Schmoller hier absieht.

---

[7] Vgl. wieder Lotz: Beim individuellen Wert „urtheilt nur Ein Subjekt über die Tauglichkeit eines Dinges *für sich*; (beim gemeinen Werth) urtheilen Mehrere; und diese Mehreren sprechen Alle ihr Urtheil gleichförmig aus, und bestimmen dadurch den Werth, den die Sache *für sie Alle* hat. ... Gemeinen Werth, wie individuellen, behält jedes Ding nur so lange, als das Urtheil dasselbe bleibt, das ihm den Werth verleiht" (Lotz 1811: 42 f.)

Lotz befindet den „gemeinen Werth" als ein Urteil der öffentlichen Meinung, d.h. als ein sittliches Urteil im faktischen, nicht im normativen Sinne (vgl. ausdrücklich seinen Auschluß moralischer Maximen bei der Bestimmung „höchster Werthe" innerhalb der Ökonomie (S. 43)).

[8] Vgl. für einen Überblick über die deutsche Nationalökonomie des 19. Jahrhunderts Priddat 1992, 1993, 1995 und 1998c.

2a. Karl Heinrich Rau: Gattungswerte als Sittlichkeit

Während Rau in der 1. Auflage seines „Lehrbuchs" von 1826 noch das Verhältnis von „menschlichen Zwecken" und einem „Vorrath körperlicher Gegenstände", d.h. „sachlicher Güter" zum Ausgangspunkt der Ökonomie macht (Rau 1826: I, § 1), weist E. Streissler darauf hin, daß der begründende Einleitungsatz „von Auflage zu Auflage individualistischer" wird; in der 6. Auflage von 1855 heißt es dann:

> „Viele Bestandtheile der den Menschen umgebenden Sinnenwelt, d.i. körperliche Sachen, dienen als Hülfsmittel für menschliche Zwecke und werden deshalb zu den Gütern gerechnet, d.h. zu den Gegenständen, auf die sich das Begehrvermögen des Menschen richtet, oder die den Absichten desselben entsprechen" (Rau 1855: I, § 1).

Die Güter werden zu einem „Bedürfniß" (dito).

Hier wird – wie dann auch in W. Roschers Lehrbuch (Roscher 1874) – eine neue Grundlegung der Ökonomie präsentiert, die – gegen die englischen „klassischen" Usancen – eine Güter / Bedürfnis-Relation an den Anfang stellt. Im Kapitel über die Wert- und Preistheorie wird Rau dann deutlicher. Preise werden durch

1. durch den Wert,
2. durch die Kosten, und
3. durch das „Mitwerben oder die Concurrenz" bestimmt.

Wert heißt bei Rau von vornherein Nutzwert (Rau 1826: 108 ff.). Der „Wert oder Nutzen sind also keine Eigenschaft des Gutes – wie bei der englischen Klassik und auch bei Say" (Streissler 1990: 167):

> „Der Werth, den ein Gegenstand für uns hat, bestimmt die größte Aufopferung, zu der wir uns entschließen werden, um uns denselben zu verschaffen, vorausgesetzt daß wir ihn zu unserem Gebrauche zu verwenden gedenken" (Rau 1826: 110).

Zwei Aspekte sind daran von besonderen Interesse:

1. Raus Versuch, eine subjektive Werttheorie zur Grundlage der Ökonomie zu machen;
2. aber wird diese nutzwerttheoretische Konzeption an eine besondere Form der Gebrauchswerttheorie gebunden, die man auch eine „objektive Theorie subjektiver Werte" nennen könne (Streissler 1990: 160, Fn. 25), oder, wie G. Stavenhagen, den Versuch, „den Gebrauchswert als einen volkswirtschaftlich objektiven Gebrauchswert zu fassen" (Stavenhagen 1957: 102).

Gegenüber dem „Verkehrswerth" der Güter (Tauschwert) wird der objektive Gebrauchswerth bei Rau zu einem „Gattungswerth", von dem wiederum ein „concreter Gebrauchswerth" unterschieden ist, der ganz nach „der Größe des Bedarfs" bemessen wird (Rau 1855: § 61). Nur dieser „concrete Gebrauchswerth" beruht auf einer subjektiven Wertschätzung. Anders dagegen der objektive oder ‚abstracte' Gebrauchswert:

> „Es giebt einen Werth ganzer Gattungen und Arten von Gütern, z.B. des Waizens, des Kupfers, des Sohlleders etc., den man erkennt, wenn man den Grad der Nützlichkeit dieser Sachen für die Menschen im Allgemeinen erwägt".

Dieses Urteil wird verallgemeinert:

> „Der im menschlichen Urtheil anerkannte Grad von Nützlichkeit eines Sachgutes ist der Werth desselben" (Rau 1855: § 57).

Das „menschliche Urtheil", das den „Gattungswerth" der Güter formuliert, ist ein öffentlich-allgemeines Urteil über die Hierarchie der zugelassenen Bedürfnisse (vgl. auch: Stavenhagen 1957: 102). *Die subjektive Werttschätzung des „concreten Gebrauchswerths" bleibt ein individuelles Freiheitsmoment der Wahl innerhalb eines durch allgemeine ökonomische Urteile festgelegten Rahmens, den kein Individuum allein bestimmt.*

Der „Gattungswerth" wird vielmehr durch die gesellschaftlichen Usancen ermittelt, d.h. durch ein – im Sprachgebrauch der Zeit – „sittliches" Urteil, das nicht dem bloßen Zufall individueller Wertschätzung überlassen bleibt. Rau geht davon aus, daß gemeinhin bestimmte Gütergattungen höher als andere geschätzt werden, so daß ein allgemeines oder öffentliches Urteil – die öffentliche Meinung – letztendlich die subjektive Wahl der Güter prädeterminiert (ähnlich bei Lotz 1811: 42 ff.).

Die ‚Gattungswerthe' sind keine Ergebnisse individueller Entscheidungen, sondern historisch entstandene kulturelle Orientierungen und Referenzmaßstäbe der verschiedenen Gesellschaften. Sie sind – als Elemente des geltenden Sprachspiels – ‚evident' und damit durch ökonomische Begriffskonstruktionen nicht sinnvoll zu ersetzen, sondern vorauszusetzen (vgl. auch Knies 1855: 430).

Der ‚Gattungswerth' hat allerdings signifikante Bedeutung für die Wirtschaftspolitik. Was den Individuen auf einer unteren Handlungsebene zu freien Disposition ihrer subjektiven Wertschätzung freigestellt bleibt, wird auf einer höheren Ebene – metapräferentiell[9] – vorherbestimmt. Der „Gattungswerth" der Güter ist der verbliebene ‚cameralistische' Spielraum der Wirtschaftspolizei, die – theoretisch beschrieben in der „angewandten Volkswirthschaftslehre" – letztlich bestimmen kann, welche Güter, und damit: welche Märkte, unter bestimmten Bedingungen zugelassen oder restringiert werden.

Die Unterscheidung von allgemeinen „Gattungswerth" und „concretem Gebrauchswerth" der Güternutzen ist keine Verirrung der deutschen Nationalökonomen auf ihrem vermeintlichen Weg in die Grenznutzentheorie, sondern eine logische Unterscheidung innerhalb ihrer eigenständigen Linie der subjektiven Wertlehre.

Der „concrete Gebrauchswerth" kann den Individuen zu ermitteln überlassen werden, wenn die Zulässigkeit der „Gattungswerthe" vorab bestimmt werden kann, da erst dann die moralische Gefährdung vermieden scheint, daß die Individuen volkswirtschaftlich unzulässige ‚Gattungswerte' bevorzugen.

---

[9] Bei Lotz: „beim gemeinen Werthe" geschieht die Wertbestimmung „von *Mehreren* ...-, und *zwar gleichförmig*" (Lotz 1811: 42).

Unzulässig sind solche ‚Gattungswerthe', die den ‚Luxus' fördern, bevor die notwendigen Bedürfnisse erfüllt sind. Die Argumentation ist ethisch konfundiert – ein Faktum, das man für die deutsche Nationalökonomie des 19. Jahrhunderts nicht außer Acht lassen kann, wenn man deren Theorie verstehen will. Es ist letztlich eine Staatswirtschaft; und die ‚Gattungswerthe' sind die staatlichen ‚frames' für eine sittlich zulässige Marktwirtschaft. Somit wird deutlich, was wir an G. Schmoller später genauer explizieren, was im 19. Jahrhundert von deutschen Ökonomen unter sittlich-ethischer Ökonomie verstanden wurde.

2b. Bruno Hildebrand: Wert als freier Wille

Hildebrand widmet sich der Werttheorie in seiner Kritik der Proudhon'schen Kommunismustheorie:

> „Wert ist an sich nichts weiter als die Beziehung der Sache, welche geschätzt wird, zu dem Subjekt, welches Schätzt, mag nun das Subjekt ein einzelnes Individuum oder die ganze Gesellschaft sein" (Hildebrand 1848: 257).

Daß die „Schätzung" die wesentlichste Bedingung der Wertzuschreibung ist, nimmt dem Wertbegriff zum einen jegliche intrinsische oder objektive Bedeutung: Wert ist nichts „an der Sache Haftendes"[10], zum anderen aber ist die subjektive Wert-Schätzung eben jene Komponente des freien Willens, die Hildebrand so sehr gegen die Smith'sche Determination der Tauschwerte durch die Produktionskosten hervorgehoben hat. Es wird deutlich, daß die ‚subjektive' Komponente der Wertlehre nicht individualistisch interpretiert wird, sondern daß das Subjekt der Wertzurechnung (der „Schätzung") ein individuelles ebenso wie ein kollektives sein kann. Hildebrands Bemühungen gehen nur in die Richtung, jedwelche ‚objektive' Wertkompo-

---

[10] Hildebrand 1848: 260; gegen die Arbeitswerttheorie vgl. 260 ff.; vgl. aber bereits bei Lotz 1811: 37.

nente zu kritisieren; die ‚subjektive' ist nicht auf ein ‚methodologisches Individuum' festgelegt, sondern auf willensfähige Subjekte, seien es natürliche oder juristische (d.h. Individuen oder Organisationen, Verbände, Unternehmen etc.).

Hildebrand gelingt es somit, sein philosophisches Theorem der Unterscheidung von Notwendigkeit und Willens-Freiheit für die ökonomische Werttheorie in einer Weise fruchtbar zu machen, die ihn – wie schon Von Hermann und Rau (nebst Hufeland, Lotz, Roscher) – in die Reihe der Konzeptualisatoren einer subjektiven Werttheorie stellen läßt:

> „Liegt der Schätzungsgrund in den Wirkungen des geschätzten Gegenstandes, also in seiner Nutzungsfähigkeit zur Befriedigung menschlicher Bedürfnisse und nicht in seinen Ursachen oder in den subjektiven Neigungen der schätzenden Person, so bezeichnet man seinen Wert als Nutzwert. Ist der Schätzungsgrund dagegen die Schätzung anderer Individuen, welche den Gegenstand ebenfalls zu besitzen wünschen, so nennt man ihn Tauschwert".[11]

Folglich liegt auch den Tauschwerten eine subjektive Nutzwertschätzung zugrunde und die Differenz zwischen Tausch- und Gebrauchs- bzw. Nutzwert, auf der nicht nur Proudhon so sehr insistierte, löst sich widerspruchsfrei auf:

> „Je mehr die Quantität eines nutzbaren Gegenstandes vermehrt wird, destomehr fällt bei unverändertem Bedürfnis der Nutzwert jedes einzelnen Stückes" (dito: 258).

Diese Definition Hildebrandts ist nun identisch mit der Idee des abnehmenden Grenznutzens (in der späteren Form des ersten Gossen'schen Gesetzes) bzw. einer Nutzenfunktion. C. Menger hat Hildebrand gerade in Bezug auf diese und folgende Stellen als „eine unvergleichliche Anregung zur Forschung" aufgenommen.

Hildebrands Ausführungen zeigen die werttheoretischen Probleme der damaligen Ökonomie in reiner Form. Zum einen werden die Tauschwerte als abgeleitete Gebrauchswerte be-

---

[11] Hildebrand 1848: 257 f.; vgl. ebenfalls bereits: Lotz 1811: 30.

stimmt, die die anderen Individuen begehren bzw. zu ihren Gebrauch anfordern und die für einen selbst deshalb als objektive Wertbestimungen erscheinen (d.h. als Wert- oder genauer: als Preisgesetzmäßigkeit des Marktes). Damit ist der Schritt zur späteren subjektiven Wertlehre der sogenannten „Neoklassik" ansatzweise vollzogen. Doch ist dies nur die Hälfte der Interpretation.

Denn zum anderen Hälfte wird die Gebrauchswertbestimmung von „den subjektiven Neigungen der schätzenden Person" unterschieden, was nichts anderes heißt, daß auch die subjektive Schätzung des Nutzens einer Art von Gesetzmäßigkeit unterliegt, die jede Beliebigkeit (d.h. jede präferentielle Unabhängigkeit, die bloß „subjektiven Neigungen der schätzenden Person") ausschließt. Hieran zeigt sich, daß der Schritt zur vollständigen subjektiven Wertbestimmung nicht ganz mitgegangen wird, da Hildebrand die Nutzwertschätzung – ähnlich wie Rau zuvor – auf „Gütergattungen" bezieht.

Die subjektive Wertbestimmung steht in enger Relation zu den objektiven Gattungswerten der Güter und Leistungen, die durch die „Rangordnung der menschlichen Bedürfnisse" bestimmt werden (Hildebrand 1848: 258). Wieder haben wir es mit einem ‚Gattungswert' zu tun.

Die Rangordnung der menschlichen Bedürfnisse bzw. die Bedürfnishierarchie ist nun allerdings nicht durch beliebige subjektive Wertbestimmungen allein entstanden, sondern bleibt – wie schon bei Rau – der sittlichen (und damit auch der geschichtlichen) Bestimmung offen, welche Gütergattungen im kulturellen Fortschritt der Gesellschaften für wertvoll erachtet werden. Die subjektive Bestimmung der Werte wird durch eine geschichtlich-öffentliche Bestimmung der sittlichen Geltung der Bedürfnisse prädeterminiert.

Hier wird ein neuer Begriff ‚objektiver' Wertbestimmung eingeführt, der sich von der englischen arbeitswerttheoretischen Bestimmung der inkorportierten Arbeitszeit (oder – in der Variante der ‚Produktionskostentheorie' – durch die im Produktionswert inkorporierten Vorleistungen) darin unterscheidet, daß er sittliche-öffentliche Urteile heranzieht. Wir finden diese Konzeption auch bei Lotz (Lotz 1811) und bei Friedländer – wenn auch verschieden ausgelegt.

Für Hildebrand schließt sich hier der Kreis der ökonomischen Analyse, der bei dem Postulat der Willensfreiheit (gegen die Auffassung der Ökonomie als einer naturgesetzlichen Harmonie egoistischer Interessen) begann:

der „menschliche Geist" letztlich „bemißt den Wert der Güter, schließt Verträge über Zins und Arbeitslohn und wirkt bei der Festsellung der Warenpreise mit usw.". Die aus dem „menschlichen Willen entspringenden wirtschaftlichen Akte" (Hildebrand 1863: 288 f.) fordern notwendig eine subjektive Werttheorie. Da aber zugleich die „sittliche Volkskraft"[12] ihre Geltung beansprucht, kann die subjektive Wertbestimmung nicht als egoistische oder „willkürliche" Nutzendefinition (dito: 304) ausgelegt werden, sondern muß ein Moment objektiven Geistes enthalten, der die „Wirksamkeit und Macht der ethischen Idee" (Hildebrand 1863b: 305) auch in den werttheoretischen Basisaxiomen beweist.

Die Freiheitsgrade der subjektiven Willensbildung sind zum einen durch die normativen Vorgaben sittlicher Standards, zum anderen durch kontingente Änderungen der Bedürfnisurteile gekennzeichnet, so daß die ökonomische Theorie sich darauf einrichten muß, nicht die „abstracten" Gesetze, sondern die konkreten Situationen zu analysieren. In diesem Spannungsfeld wird die ‚historische' Methode angelegt, zu deren ‚älterer' Schule Hildebrand rechnet.

2c. Adolph Wagner: ‚socialer Gebrauchswerth'

In seiner „Grundlegung" von 1892 bleibt Adolph Wagner der deutschen Linie der werttheoretischen Erörterungen treu, sieht

---

[12] Hildebrand 1863: 301; auch „sittliche Macht" aus dem „geistigen Kapital der Völker", 302.

sie durch C. Menger gleichsam eher bestätigt als neu herausgebildet. Wagner pointiert zum Ende des Jahrhunderts die oben skizzierten Tendenzen, indem er den Wertbegriff in der deutschen Ökonomie von vornherein mit dem des „Gebrauchswerthes" ineinsetzen will (Wagner 1892/94: 321 (weiter abgekürzt: Wagner ...)). Die „neuere Grenznutzentheorie" hält Wagner nurmehr für eine – von ihren Vertretern überschätzte – modifizierte und um „psychologische Momente" ergänzte modifizierte Theorie der Nachfrage (Wagner 323 f., auch 338), was erneut zeigt, daß ein Mann wie Wagner sie lediglich als eine Variante einer längst bekannten Linie subjektiver werttheoretischer Tradition auffaßt (Wagner 333 Zusatz). Menger ist für ihn kein Innovateur, sondern einer unter vielen subjektiven Werttheoretikern. Wagner bestätigt – auf seine Weise – die Streissler'sche Interpretation (vgl. Streissler 1990).

Wagner bezieht sich in seiner ‚Gebrauchswerth'-Werttheorie auf Rodbertus und auf die ‚österreichische Schule', die er uminterpretiert (Wagner 328 f.). Er stellt den Gebrauchswertcharakter allen Wertes heraus (Wagner 330),

> „weil die Tauschwerth-Schätzung auf viele der wichtigsten wirthschaftlichen Güter schlechterdings gar nicht anwendbar ist, so nicht auf den Staat und seine Leistungen, noch auf andere gemeinwirthschaftliche Verhältnisse" (Wagner 331).

Zum einen behält Wagner die bereits bei Rau und Hildebrand vorgefundene Unterscheidung zwischen ‚concretem und abstractem Werth' bei, die er als verschiedene Ausprägungen des ‚Gebrauchswerthes' definiert: als „Mengen- oder Gattungswerth" (Wagner 333 f.).

> „Zum Gattungs- oder abstracten Werthe gelangt man durch ein blosses, den Willen, ein Gut zu behalten oder zu erwerben nicht nothwendig anregendes Urtheil des Verstandes des Schätzenden, hinsichtlich der Bedeutung der Güter für die Bedürfnisbefriedigung des Menschen überhaupt (eines Volkes, grösserer Kreise, nach Durchschnittspersönlichkeiten geschätzt). Der Gattungswerth ist daher der Gebrauchswerth der Güterarten für menschliche Be-

> dürfnisbefriedigung im Allgemeinen nach der Erfahrung und nach Maassgabe der im Ganzen in einem Bevölkerungskreise bestehenden Bedürfnisse, Befriedigungsarten und Befriedigungssitten geschätzt" (Wagner 335).

Diese – Rau und Hildebrand ähnliche – Definition ergänzt Wagner um die Ansicht, daß die „Höhe" des Gattungswertes von einer „historisch-socialen Rangordnung der Bedürfnisse" abhänge, d.h. vornehmlich von „Klima und Landesart, Sitten, Culturzustand" (Wagner 335). Wagner bleibt hier der älteren Linie der deutschen Werttheorie treu, doch kommt noch eine weitere Komponente hinzu. Er übernimmt – zum anderen – von Rodbertus eine Unterscheidung zwischen individuellem und ‚socialem Gebrauchswerth' (Wagner 329 f.), die vornehmlich die *rechtlichen* Voraussetzungen der Werttheorie thematisiert:

> „Der sociale Gebrauchswerth setzt also Arbeitstheilung und eine bestimmte Rechtsordnung bezüglich der sachlichen Productionsmittel, damit die Nothwendigkeit einer Organisation der Vertheilung der arbeitstheilig gewonnen Güter voraus" (Wagner 330).

Dem ‚socialen Gebrauchswerth' entsprechen nur Güter des ‚gesellschaftlichen Bedarfs'. Historische Voraussetzung des freien Tauschvertrages ist eine „regelmässige geschichtliche Rechtsform" (Wagner 330). Erst eine „solche wirthschaftliche Rechtsordnung" – das „privatrechtliche System der freien Concurrenz" – läßt einen „Tauschwerth" überhaupt in Erscheinung treten – als „mittelbaren Gebrauchswerth" (Wagner 336 f.). Dabei ist der „Tauschwerth" schlicht jener Wert eines Gutes, dessen Gebrauch allein im Tausche besteht (Wagner 337): eine Tautologie, die es erlaubt, die Tauschwerte systematisch als Spezialfälle des allgemeineren Gebrauchswerttypus zu bezeichnen. Der Preis wiederum ist in diesem Konzept die „Wirklichkeit des Ausgetauschtwerdens" im Verhältnis zur „‚allgemeinen Möglichkeit' der Austauschbarkeit" (Wagner 339).

Diese eigentümlichen Formulierungen dienen einzig und allein dem Nachweis, daß der konkrete Preis nur unter Bedingungen realisiert werden kann, die einerseits durch die rechtlichen Verhältnisse und Ordnungen und andererseits durch die ‚sittlichen' Bedarfsschätzungen der öffentlichen Meinungen konstitutiert werden. Wir haben es mit einer – im Detail durchaus unausgearbeiteten – Konzeption zu tun, die die Möglichkeit individueller subjektiver Wertschätzung von der Existenz objektiver öffentlicher Urteilssysteme – rechtlicher wie ‚sittlicher' Art – abhängig zeigen will.

Im Abschnitt „Wesen der Gemeinbedürfnisse" entfaltet Wagner den Begriff der Gattungswerte der Sache nach als aus dem höheren Wesen der „Gemeinbedürfnisse" entspringend. Wenn es dort heißt, daß

> „die Gemeinschaft als das *Höhere*, *Wichtigere* und *Dauerende* (...) den Individuen" gegenüber sei, so daß der Gemeinschaft Interessen „auch die wahren Interessen des Individuums" sind (Wagner 830),

so finden wir hierin nicht nur eine klassisch zu nennende Definition der meritorisch-öffentlichen Güter, sondern die werttheoretisch bedeutsamere Behauptung, daß die subjektiven Wertbestimmungen nur in spezifischen Fällen mit den Tauschwertbestimmungen identisch sind, daß eine allgemeine Werttheorie aber Gemeinschaftswerte kennt, die den höheren ‚Wahrheitswert' des ‚socialen Gebrauchswerthes' besitzen. Folglich ist

> „die Höhe des Genusswerthes ... zwar vom subjektiven Urtheil des einzelnen Menschen, bisweilen selbst von der Laune und dem Spiele der Einbildungskraft mit abhängig, aber in der Hauptsache beruht sie doch auf festen Zwecken der Menschen und gewissen Eigenschaften der Güter und ist deshalb auch der wissenschaftlichen Betrachtung zugänglich" (Wagner 332).

Wagner nimmt die – partiell durchaus anerkannte – subjektive Wertlehre auf eine objektive Bestimmung verschiedener Kausalitäten zurück:

> „Die Rangordnung der menschlichen Bedürfnisse, denen ein Genussmittel dienen kann, und der Grad der Brauchbarkeit eines sol-

> chen für die Befriedigung eine bestimmten Bedürnisses entscheidet speciell auch über die Höhe des Genusswertes" (Wagner 332).

Die „Höhe des Genusswerthes" beruhe letztlich auf „festen Zwecken der Menschen" (extrinsische Wertkomponente) und auf „gewissen Eigenschaften der Güter" (intrinsische Wertkomponente).

Die „Rangordnung der Brauchbarkeit" der Güter (Wagner 329) ist den subjektiven Bestimmungen entzogen und eher ein Ausdruck des „Culturzustands" denn der individuellen Willen. Wagners Position ist um so bemerkenswerter, als sie in voller Kenntnis (und Anerkenntnis) der ‚marginal revolution' getroffen wird.[13]

Resumee: Die deutsche Linie objektiver Gebrauchswerttheorie

Alle Versuche der deutschen Nationalökonomen, die Wertbildung aus subjektiven Urteilen, ‚Schätzungen' etc. zu erklären, werden zwar einerseits systematisch gegen die objektivistische Arbeitswert- oder Produktionskostentheorien entfaltet, bleiben andererseits aber dort stehen, wo sie die Konsequenzen ihres methodologischen Subjektivismus zu ziehen hätten. Die Ansätze zur subjektiven Wertlehre laufen nicht auf einen ‚methodologischen Individualismus' hinaus, sondern werden, wie Milford es nennt, *kollektivistisch interpretiert* (Milford 1991).

Wenn Milford dabei auf die kollektivistischen Topoi wie ‚Nation', ‚Volksgeist' etc. abzielt, verengt er die Interpretationsmöglichkeiten; bei Rau, Hermann, Hildebrand und Wagner – aber auch bei Lotz – sind sehr viel genauer, neben den subjektiven Werturteilen, öffentliche Wertbestimmungen

---

[13] Vgl. dazu die ausdrückliche Akzeptanz Wagners von Dietzels Kritik der Grenznutzenschule (Wagner 325; mit Bezug auf Dietzel 1890).

ins Spiel gebracht: ein Prozeß der gemeinschaftlichen Meinungs- und Urteilsbildung. Nichts anderes versuchen die Ökonomen des 19. Jahrhunderts zu erklären: Sie entwickeln eine rudimentäre Theorie der Kommunikation von Wertstandards, die sich nicht im Programm der späteren ‚marginalist revolution‘ auflösen läßt.

Einzig Carl Menger denkt – radikal – anders:

3. Wert und Bedeutung: Menger 1871

In C. Mengers ‚Grundsätzen der Volkswirthschaftlehre‘ von 1871 gibt es zwei große Fußnoten (Menger 1871: 78 – 80, Fn. von S. 78 und 108 – 113, Fn. von S. 108), die zusammen eine kurzgefaßte Geschichte vornehmlich der deutschen subjektiven Werttheorien vor Menger darstellen. Während die zweite der theoriegeschichtlichen Fußnoten von den Konzeptionen berichtet, die einen „Massstab des Gebrauchswerthes“ suchen, handelt die erste der beiden theoriegeschichtlichen Fußnoten von der – nach Mengers Ansicht mißlungenen – Unterscheidung von „Nützlichkeit“ und „Gebrauchswerth“, in der die theoretischen Grundlagen seiner Werttheorie rekonstruiert werden (Menger 1871: Fn. S. 78 ff.).

Mengers Rekonstruktion der Theoriegeschichte der deutschen Linie subjektiver Wertlehre (vgl. den vorhergehenden Abschnitt) zeigt, daß er sich selbst in der Tradition dieser Linie stehend ansieht. Natürlich positioniert er sich kritisch gegenüber seinen Vorgängern, betont aber gewisse Gemeinsamkeiten, *vor allem die Interpretation des Wertes als ‚Bedeutung‘:*

> „... es ist somit der Werth die **Bedeutung,** welche concrete Güter oder Güterquantitäten für uns dadurch erlangen, dass wir in der Befriedigung unserer Bedürfnisse von der Verfügung über dieselben abhängig zu sein uns bewusst sind“ (Menger 1871: 78; Hervorhebung von mir; B.P.).

Menger verwendet für den Wert die Bezeichnung ‚Bedeutung', aber in einer spezifisch subjektiven Interpretation, die explizit gegen die objektive oder ‚Gattungswerth'-Interpretation vieler seiner Vorgänger (vgl. den vorhergehenden Abschnitt) gerichtet ist.

‚Bedeutung' ist in Mengers System eine subjektive Kategorie, die nicht zu verwechseln sei mit der (öffentlichen) ‚Meynung', wie sie bei Hufeland, Lotz, aber auch anderen (Rau, Roscher, Hildebrand, Hermann, Mischler etc.) in Anschlag gebracht wird. Die letzteren hatten den ‚Gattungswerth' der Güter durch allgemeine Urteile präjudiziert und damit als einen objektiver Wert dargestellt; subjektiv war bei ihnen allein die Bestimmung des ‚concreten Gattungswertes'. Der Tendenz zu einer ‚objektiven Gebrauchswertlehre' (vgl. den vorhergenden Artikel) tritt Menger entgegen, indem er die Trennung zwischen ‚Gebrauchswerth' und ‚Nützlichkeit' (die identisch ist mit der Unterscheidung in ‚Gattungswerth' oder ‚abstracter Werth' und ‚concreter Werth') für unsinnig erklärt:

> „Nicht die Gattungen, sondern stets nur die concreten Güter sind den wirthschaftlichen Individuen verfügbar, nur diese letzteren demnach Güter und nur solche: Objecte unserer Wirthschaft und unserer Wertschätzung" (vgl. Menger 1871: 81, Fn.*; vgl. auch die Ausführungen gegen Hildebrand und Knies in der Fn. von S. 108 ff., insbesondere 109 (Hildebrand) und 111 (Knies)).

Menger behauptet, daß der Wert – in seiner Terminologie ‚die Bedeutung' – nur konkreten wirtschaftlichen Gütern zugesprochen werden könne. Genauer noch sind nur jene Güter angesprochen, die ‚den wirthschaftlichen Individuen verfügbar' sind. Damit führt Menger eine neue Kategorie ein: **Verfügbarkeit.** Bedeutung – damit Wert – können *nur diejenigen Güter erlangen, die verfügbar sind.*

Alle Güter, die nicht verfügbar sind, fallen aus der Menge der wirtschaftlichen Güter heraus. Es gibt viele andere Güter – persönliche, ethische etc. –, die nicht in den Erklärungsbereich der Ökonomie gehören. 1883 und 1923 legt Menger dies ausdrücklich dar:

> „... Liebe, Freundschaft und Anerkennung u.dgl., die uns freiwillig gewährt werden, (sind) nicht für die Befriedigung der Bedürfnisse eines Wirtschaftssubjektes verfügbare Mittel, also keine Güter, sondern freie Äußerungen der Persönlichkeit“ (Menger 1923: 13, Fn. von S. 10; auch: Menger 1883; vgl. dazu: Priddat 1991a: 189 ff.).

Es geht um eine Sortierung der Güter. Menger trennt scharf zwischen ‚wirthschaftlichen‘ und nicht-wirtschaftlichen Gütern; die letzere Kategorie umfaßt auch die Güter, die die philosophische Güterlehre (der praktischen Philosophie) zu den Gütern rechnet (vgl. Döring 1888). ‚Bedeutung‘ als Inhalt des (ökonomischen) Wertbegriffs heißt bei Menger ausschließlich: eine wirtschaftliche, d.h. über die Verfügbarkeit geklärte ‚concrete‘ Bedeutung.

So klar diese Argumentation ist, so enthält sie Implikationen. Die Radikalisierung der subjektiven Wertlehre bei Menger zeigt sich, bei genauerer Betrachtung, als eine nur scheinbar subjektive Form der Wertbestimmung: auch Mengers Theorie ist eine – wenn auch anderes begründete – objektive Wertlehre.

Denn wenn die wirtschaftliche Bedeutung eines Gutes durch seine Verfügbarkeit definiert wird, ist die Existenz eines Güter-Angebotes entscheidend: erst ein geltendes Angebot definiert die Verfügbarkeit. Die Verfügbarkeit von wirtschaftlichen Gütern unterliegt keiner rein subjektiven Bestimmung. Sie ist eine Restriktion des Marktes als Allokationssystem. Erst in einem zweiten Transpositionsschritt, in dem Menger von der ‚Größe der Bedeutung‘ spricht, wird die subjektive Bestimmung wieder eingeführt, nun aber auf einer abzählbaren Skala von Bedeutungsunterschieden. Dazu später. Halten wir hier fest:

Das (Markt-)Angebot defniert den wirtschaftlich relevanten Güterraum (die Verfügungsstruktur), aber die Individuen erst geben dem Güterangebot die werttheoretisch relevanten Bedeutungen, die sich als subjektiv unterschiedliche ‚Größen der Bedeutung' abbilden lassen – als die effektive Nachfrage.

Menger kombiniert in seiner Werttheorie eine objektive und eine subjektive Komponente:

1. objektiv ist a) das Faktum, daß Menschen Bedürfnisse haben und b), daß Güter auf Märkten angeboten werden.
2. subjektiv ist die Relation von Bedürfnissen der Menschen im Verhältnis zur faktischen Verfügbarkeit von Gütern.

D.h. die Individuen können nur den Bedürfnissen eine (subjektive relevante) Bedeutung zusprechen, die a) eine reelle Korrespondenz im Güterangebot haben und b) von den Individuen erlangbar sind sind (anders kann der Verfügungs-Begriff nicht interpretiert werden).

Wert bzw. Bedeutung haben schließlich nur diejenigen (wirtschaftlichen) Güter, die von den Individuen darauf hin beurteilt wurden, ob sie bestimmte Bedürfnisse tatsächlich – „in jedem concreten Falle" (Menger 1871: 98) – erfüllen können (und zwar im Kontext der Erfüllung verschiedener Bedürfnisse im Verhältnis zu anderen Bedürfnissen). Es ist demnach zwingend, die ‚Bedeutungen' als quantitativ objektivierbare Gütermengen zu interpretieren (vgl. Menger 1871: 87) bzw. das „Gut als ein bestimmtes Mass der Bedeutung für die wirthschaftenden Menschen" (Menger 1871: 112, Fn. von S. 108).

Zugleich aber ist es – in Mengers Logik – zwingend, die subjektiven Urteile nicht als individuelle Dezisionen darzustellen, sondern als frei von jedwelcher ‚Willkür' (Menger 1871: 85). Eben diese Willkürlichkeit des subjektiven Urteils kritisiert Menger an den verschiedenen Vorgängern. Die Subjektivität der Mengerschen Werttheorie erweist sich als eine Art von subjektiver Einsicht in die Notwendigkeit der individuellen Allokation der Bedürfnisse nach Mengenmaßstäben:

> „Der Güterwerth ist demnach nichts willkürliches, sondern überall nothwendige Folge der Erkenntniss des Menschen, dass von der Verfügung über ein Gut oder einer Güterquantität die Aufrechterhaltung

> seines Lebens, seiner Wohlfahrt, oder doch eines, wenn auch noch so geringfügigen Theiles derselben abhängig ist" (Menger 1871: 85).

Wir haben es mit einer Transformation subjektiv reiner Werttheorien in eine Theorie objektiver Bedeutungsrelationierungen zu tun, die vom wirtschaftlichen Subjekt vollzogen werden sollen. Subjektiv ist die Leistung der Einsicht in – individuell unterschiedliche – Bedürfnis/Knappheitsrelationen. Indem wir an Menger feststellen, daß die Bedeutungsrelationen durchaus individuell (subjektiv) bleiben, ist dennoch hervorzuheben, daß sich die Individuen einer bestimmten Notwendigkeit nicht entziehen können. Die Notwendigkeit kommt ins Spiel, weil es um ‚die Aufrechterhaltung des Lebens' geht; hierbei hat subjektivistische Willkür bei Menger keinen Platz.

An die Stelle der objektiven Bestimmung des ‚Gattungswerthes' im Sprachspiel der Wirtschaftsgesellschaft tritt die Allokationsnotwendigkeit des Marktes, der den Individuen die neuen mores lehrt: der Markt hat seine eigne Grammtik der Preis/Mengen-Relationen, der ohne die Semantik der ‚Gattungswerte' auskommt.

> „Was aber ein nicht ökonomisches Gut von einem solchen unterscheidet, welches in dem den ökonomischen Charakter begründenden Quantitätsverhältnisse steht, das ist der Umstand, dass nicht von der Verfügung über concrete Quantitäten des ersteren, wohl aber von einer solchen über concrete Quantitäten des letzteren die Befriedigung menschlicher Bedürfnisse abhängig ist, und somit die ersteren wohl Nützlichkeit, nur die letzteren aber neben ihrer Nützlichkeit auch jene Bedeutung für uns haben, die wir Werth nennen" (dito).

Menger trennt scharf zwischen ‚Nützlichkeit' und ‚Bedeutung'(= ‚Werth'). Die Nützlichkeit eines Gutes, der durchaus eine allgemeine Bedeutung zugeschrieben werden kann (= ‚anerkannte Zweck-Tauglichkeit'), könne keine wertbestimmende Bedeutung zugeschrieben werden. Was Rau, Hildebrand et al. als eine conditio sine qua non der Gebrauchswerttheorie ausformulierten, wird von Menger als für die ökonomische Werttbestimmung bedeutungslos beseitegeschoben.

Der Wert bleibt – wie bei den Vorgängern – ein Ergebnis einer Bewertung, d.h. ein Urteilsakt:

> „Der Werth ist demnach nichts den Gütern Anhaftendes, keine Eigenschaft derselben, eben so wenig aber auch ein selbständiges, für sich bestehendes Ding. Derselbe ist ein Urtheil, welches die wirthschaftenden Menschen über die Bedeutung der in ihrer Verfügung befindlichen Güter für die Aufrechterhaltung ihres Lebens und ihrer Wohlfahrt fällen, und demnach ausserhalb des Bewußtseins derselben nicht vorhanden“ (Menger 1871, 86; vgl. dazu die Stelle, die Menger in seinem Bibliotheks-Exemplar ‚H. Storch: Handbuch der Nationalwirthschaftslehre (Hrsg. K.H. Rau)‘ unterstrichen hatte: „Aber der Werth ist keine den Dingen anhaftende Eigenschaft, sondern hängt von unserem Urtheil ab. Er hat also keine andere Quelle als die Vorstellung“ (vgl. Kauder 1965: 83, Fn. 10)).

Das – subjektive – Urteil ist das der ‚wirthschaftenden Menschen‘, niemand anderer. Es geht nurmehr um die Bedeutung als einer Relation von ‚in ihrer Verfügung befindlichen Güter‘ zu den Zwecken ihres Lebens. Im nächsten § 2 erörtert Menger, daß ‚Bedeutung‘ hier wesentlich die Befriedigung unserer Bedürfnisse ist:

> „In allem Güterwerth tritt uns demnach lediglich die Bedeutung entgegen, welche wir der Befriedigung unserer Bedürfnisse, also unserem Leben und unserer Wohlfahrt beimessen“ (Menger 1871: 87).

Die Reduktion des ‚Bedeutungs‘-Inhaltes ist eindeutig: es geht ‚lediglich‘ um diejenige Bedeutung, die die Bedürfnisbefriedigung meint. Erst dann kann Menger seine theoretische Innovation ansetzen:

> „Haben wir damit das Wesen des Güterwerthes erschöpfend bezeichnet, und steht es fest, dass in letzter Reihe nur die Befriedigung unserer Bedürfnisse für uns eine Bedeutung hat und aller Güterwerth lediglich eine Uebertragung dieser Bedeutung auf die wirthschaftlichen Güter ist, so kann die Verschiedenheit der Grösse des Werthes der einzelnen Güter, wie wir dieselben im Leben zu beobachten vermögen, auch nur in der Verschiedenheit der Grösse der Bedeutung begründet sein, welche jene Bedürfnissbefriedigungen für uns haben,

in Rücksicht auf welche wir von der Verfügung über diese Güter abhängig sind“ (Menger 1871: 87).

Hier ist die subjektive Werttheorie an die ,marginal revolution‘ ankoppelbar geworden (vgl. insbesondere die Definition: Menger 1871, 98 f.). Die letzten Reste der älteren Wert/Bedeutungstheorie, wenn wir sie so bezeichnen wollen, sind verschwunden. Bedeutung ist auf eine Mittel/Zweck-Relation gebracht: keine allgemein anerkannte Tauglichkeit mehr von Güterklassen, sondern subjektive Bewertung der Güterverfügung im Verhältnis zur Lebenszweck: der Aufrechterhaltung desselben (vgl. auch: Menger 1871: 84). Der Begriff der ,Bedeutung‘ wird durch die Prädikation ,Größe (der Bedeutung)‘ präzisiert (vgl. besonders die Definition in: Menger 1871: 98 f.).

Der Umschlag ist eindeutig: während vordem ,Bedeutung‘ ein Qualitätsbegriff war, wird er jetzt zu einem Bewertungszustand innerhalb einer Skala von Bedeutungs*größen.*

Man muß diese Transformation der Wert/Bedeutungs-Konnotation als eine besondere intellektuelle Leistung schätzen, erreicht sie doch noch mehr, als sie erreichen will. In Mengers Konzeption sind alle moralischen, normativen Bestimmungen dessen, was als Gut gelten kann, ausgeschlossen, da allein die wirtschaftenden Individuen darüber entscheiden, was sie nachfragen. Menger wendet sich explizite gegen eine ,ethische‘ Interpretation der Ökonomie (vgl. Menger 1883).

Allerdings ist die Mengersche scharfe Trennung von ökonomischen und nicht-ökonomischen Gütern (Menger 1871: Kap. 3, § 1; vgl. auch Priddat 1991a: 209 ff.) nur eine vorläufige Trennung, da die Mengersche Konzeption nicht verhindern kann, daß auch ,Freundschaft‘, Liebe‘, ,Anerkennung‘ etc. – zu Mengers Zeit typische philosophische Güter – zu wirtschaftlichen Gütern werden, und zwar immer dann, wenn die ,freiwillig gewährten‘ Güter ,verfügbare Mittel‘ für die ,Befriedigung der Bedürfnisse eines Wirtschaftssubjektes‘ werden (vgl. Menger. 1923: 13, Fn. von S. 10, oben zitiert).

Was Menger *ex kathedra* ausschliessen wollte, läßt sich in seinem Konzept nicht ausschließen, da der Ausschluß lediglich daran hängt, daß ‚Liebe', ‚Freundschaft' etc. keine Güter seien. Solange man diese Distinktion aufrecht erhält, gilt sie. Die Aufrechterhaltung dieser Distinktion aber beruht auf einer moralischen Trennung von philosophischen und wirtschaftlichen Gütern. Gilt diese Unterscheidung nicht mehr, gilt sie nicht mehr; diese Tautologie zeigt auf, daß die Mengersche Güterlehre an eine bestimmte, zeitbedingte Moralphilosophie gekoppelt ist, die auf der Unterscheidung material/ideal beruht.

Logisch kann Menger dann, wenn die Unterscheidung hinfällig wird, nicht mehr rechtfertigen, daß auch scheinbar nicht-ökonomische Güter zu ökonomischen werden. Dann wird allein die Verfügbarkeit zum Kriterium dessen, was ein ökonomisches Gut ist. Diesen Zustand haben wir heute in der Ökonomie (spätestens seit G.S. Becker).

Zugleich wird etwas anderes deutlich: daß auch Menger ‚Gattungswerte' einführen mußte, die zwar nicht von der Art der ‚Gattungswerte' bei seinen Vorläufern sind, aber doch eine wesentliche Unterscheidung in die Gattungen der ‚wirtschaftlichen' und ‚nicht wirthschaftlichen' Güter demonstrieren. Menger verwandelt das Problem, entkommt ihm aber nicht.

Natürlich ist ‚Anerkennung' ein Gut, das sich viele Individuen etwas kosten lassen. Indem Menger das Gut ‚Anerkennung' von wirtschaftlichen Gütern eindeutig trennt, ist er nicht in der Lage, den Anteil an der Transaktion von Gütern bestimmen zu können, der allein deswegen getätigt wurde, um Anerkennung zu bekommen (vgl. z.B. die Veblenschen Statusgüter). Wenn der ‚Freundschaft, Liebe, Anerkennung' etc. als Mittel zu einem wirtschaftlichen Zweck ausschließen will, kann Menger keinen anderen Grund dafür nennen, als daß ‚Freundschaft, Liebe, Anerkennung' etc. zu seiner Zeit eine idealische Bedeutung haben im gesellschaftlichen Sprachspiel, die sie nicht in der Form als Mittel, sondern als reiner Zweck sieht. Doch ist der Inhalt dieser Unterscheidung weniger wichtig als die Tatsache, daß Menger mit seiner Hilfe festlegen will, daß idealischen sozialen Beziehungen keine Bedeutung im Sinne einer wirtschaftlichen Wertzumessung beigelegt wird. Damit schließt er zweierlei aus:

die positiven Bedeutungen, die solche sozialen Relationen in der ‚historischen Schule der Nationalkönomie' haben, und damit

das soziale Faktum, daß viele Menschen natürlich ‚Freundschaft, Liebe, Anerkennung' etc. als Mittel zu wirtschaftlichen Zwecken gebrauchen. Die strikte Trennung von Wirtschaft und Ethik – deren Zusammenhang von Schmoller et al. parallel vertreten wurde – basiert selber auf einer ethischen Unterscheidung, die aber unexpliziert bleibt (außer in handschriftlichen Notizen; vgl. Menger 1961: 35, 43 und 59; vgl. dazu auch: Priddat 1991a: 189 ff.).

Die nicht-wirtschaftlichen Güter sind für Menger „freie Äußerungen der Persönlichkeit", damit „nicht für die Befriedigung der Bedürfnisse eines Wirtschaftssubjektes verfügbare Mittel" (Menger 1923: 13, Fn. v. S. 10). Menger ist sich irgendwie – aufgrund unseres „sittlichen Bewußtseins" (Menger 1961: 59) – gewiß, daß sich niemand ‚Freundschaft erkauft'. Dabei übersieht er, daß der Erwerb wirtschaftlicher Güter durchaus ein Mittel zum Erwerb von Statusgütern sein kann. Menger übersieht diesen Umstand, da er die Bedürfnisse, die die wirtschaftliche Wertbestimmung regulieren, auf die wirtschaftliche Befriedigung von Gütern reduziert. Wirtschaftliche Güter sind für Menger nicht allein durch ihre (quantitative) Verfügbarkeit charakterisiert, sondern durch gewisse materielle Qualitäten, die dadurch bestimmbar sind, daß sie dem ‚Genuss' dienen (vgl. den § 2 in : Menger 1871, in dem er seine Bedürfnisscala (S. 93) demonstriert).

Wenn die Befriedigung von Bedürfnissen durch ‚Genuss' geschieht, verbietet es sich, ‚Freundschaft, Liebe, Anerkennung' etc. zum Gegegenstand von menschlichen Bedürfnissen zu erheben. Die dann möglich werdende Redeweise vom Genuss der Anerkennung, Genuss der Liebe und Genuss der Freundschaft paßt nicht zur moralischen Auffassung der nichtwirtschaftlichen, eher philosophischen Güter.

Doch ist diese Trennung nicht notwendig; sie hängt ab von der spezifischen Bedürfnisdefinition, die Menger bevorzugt. Die Konnotation von ‚Bedürfnisbefriedigung‘ und ‚Genuss‘ ist eine psychologische Definition des 19. Jahrhunderts, der keine Allgemeingültigkeit zukommen muß. Sie ist zudem noch moralisch unterlegt, indem ‚Genuss‘ von den hehreren freien Persönlichkeitsäußerungen unterschieden wird. ‚Genuss‘ zählt zur materiellen Seite des Menschen, ‚Freundschaft, Liebe, Anerkennung‘ zur idealen Seite.

Indem Menger die wirtschaftlichen Güter als Materialien zur Bedürfnisbefriedigung und des Genusses ansieht, verwendet er einen materialen Güterbegriff, dessen Skala vom „Nahrungsbedürfnis“ (notwendiges Bedürfnis) bis zum „Tabakkonsum“ (Luxusbedürfnis) reicht (vgl. Menger 1871: § 2). Ein Bedürfnis nach ‚Freundschaft‘, nach ‚Liebe‘, nach ‚Anerkennung‘ kann in dieser materialen Güterwelt nicht plaziert werden. Dazu bräuchte man einen allgemeineren Begriff, der frei wäre von der philosophischen Hintergrundunterscheidung material/ideal, z.B. der Begriff der *utility*, der Nützlichkeit, den Menger aber gerade ausschließt.

Die englische Ökonomie – die den *utility*-Begriff in verschiedenen Formen plaziert hat – gründet sich auf eine pragmatischere Aufassung des sozialen Lebens und hat weniger philosophische Berührungsängste. Für utilitaristische Ökonomen sind ‚Freundschaft, Liebe, Anerkennung‘ keine idealischen Topoi, sondern durchaus Nützlichkeitserwägungen zugänglich. Hier unterscheiden sich die ökonomischen Kulturen, also auch die Theorien.

4. Die englische Seite: Jevons und Wicksteed

‚Bedeutung' wie ‚utility' sind Begriff für Urteilsformen: ‚Bedeutung' geht auf ‚Sinn', ‚utility' auf Verwend- oder Brauchbarkeit. Während Menger in aristotelischer Tradition Reflektionsaspkete einführt, steht Jevons hingegen in einer sensualistischen Tradition, in der innere (oder psychische) Empfinsamkeiten ausschlaggebend für die Urteilsbildung sind: *pain and pleasure* bilden die Nutzenbwertungskriterien. Jevons veröffentlichte 1871 (im gleichen Jahr wie Menger! – beide völlig unabhängig voneinander und auch different!) einen *calculus of pleasure and pain*. 1862 referierte Jevons darüber bereits in der *Section F* der *Britisch Association*:

> „Our estimation of the comparative amounts of feeling is performed in the act of choice or volition. Our choice of one course out of two or more proves that, in our estimation, this course promises the greatest balance of pleasures. ... Such are the main principles of feeling on which economy is founded. A second part of the theory proceeds from feelings to the useful objects or utilities by which pleasurbale feeling is increased or pain remoevd. ... Amount of utility corresponds to amount of pleasure produced. ... The coefficient of utility is, then, some generally dimishing function of the whole quantity of the obejct consumed. Here is the most important law of the whole theory. ... If a person has any useful object, but an object belonging to another person would have grater utility, he will be glad to give the one in return for the other. But it is a necessary condition that the other person will likewise gain, or at least not lose by the exchange. Whether the exchange will take place or not can only be ascertained by estimating the utility of the objects on eitehr side, which is done by integrating the appropiate functions of utility up to the quantity of each object as limits. A balance of utility on both sides will lead to an exchange" (Jevons 1866: point 3 – 13).

Die neue Werttheorie wird in ein neues System der Tauschgleichheiten gestellt. „Darin ist utility einerseits etwas, das gemessen wird durch ‚the addition made to a person's happiness'

(Jevons 1871: 54), andererseits wird ein physiologischer Wirkungszusammenhang unterstellt: dasjenige Gut, an dem Jevons seine Überlegungen erläutert, ist ‚food'. Utility bezog sich nun nicht mehr auf die Freude an höheren Werten (wie noch bei Adam Smith: Nützlichkeit der Schönheit; B.P.) sondern sie bezog sich auf diejenigen menschlichen Bedürfnisse, die physiologischen Gesetzmäßigkeiten unterworfen sind" (Hutter 2001: 34). Die Ausgangslage – eine Theorie der Empfindungen über pain and pleasure – wird physiologisch interpretierbar. Die Ökonomie schwenkt hier eigentümlicherweise nur den jeweils geltenden Trendwissenschaften (Ästhetik im 18. und Naturwissenschaften im 19. Jahrhundert) hinterher.

Der Vorteil des Begriffswandels liegt darin, daß „bei einfachen körperlichen Reizen die Annahme des ‚sinkenden Grenznutzens' sehr plausibel ist: Die Menschen reagieren auf zusätzlichen Reiz, der aus der größeren Menge eines Gutes gewonnen wird, mit einer sinkenden Intensität des Nutzens. Daraus ergibt sich ein folgenreicher Schluß: Der Zuwachs in der Wertschätzung eines Gutes sinkt mit steigender verfügbarer Menge. Der innere Wert ist damit einer relativierenden, sogar quantifizierenden Beobachtung zugänglich. Die Bewertung des Bedürfnisses kann also der Bewertung seiner Kosten gegenübergestellt werden. In anderen, heute geläufigeren Worten: Der Preis oder Tauschwert eines Gutes spiegelt das Verhältnis der bewerteten Nachfrage zum den Kosten entsprechenden Angebot" (Hutter 2001: 34 f.). „Exchange value is, ... ‚determined by marginal utility, by demand. At the point of market exchange, all supplies are fixed. Hence, relative values or prices are set exclusively by relative marginal utilities" (Buchanan 1969: 8).

Die Einführung der Grenznutzentheorie beweist sehr wohl eine Überführung von Gebrauchswerttheorie in Tauschwerttheorie, aber *als Renovierung der Gebrauchwerttheorie*. Das, was ein Mensch braucht (Gebrauchswert), wird jetzt nicht mehr sittlich normiert, sondern individuell präferiert zur Basis von Kaufentscheidungen. Im Marktpreis bzw. im finalen

Tauschwert spiegeln sich die individuelle Vorentscheidungen über die individuellen Grenzen des Nutzens bzw. Brauchens von Gütern – als „balance of utility on both sides", wie es bei Jevons heißt. „Marginal-utility economics is often called ‚subjective-value' economics, ... The classical cost-of-production theory was *objective* in the sense that external measurements of comparative costs were thought to provide predictions about normal exchange values of commodities. The replacement of this with a theory that explained relative exchange values by relative marginal utilities necessarily implies a loss of objective empirical content. Marginal utilities, however, were acknowledged to be dependent ob quantities, and, for the whole group of demanders, on the supplies put on the market. Hence, even with a full knowledge of demand conditions, normal exchange values could not be predicted until and unless predictions were made about relative supplies. The cost or supply side of value had to be brought in. A one-sided explanation was no longer possible; demand-supply economics became a necessity.

Given a supply of a commodity, exchange value was determined by marginal utility, as worked out in a market interaction process. But utility is a subjective phenomenon, and it is not something that can be externally or objectively measured, as can classical cost-of-production." (Buchanan 1969: 9). In Hinblick auf Walras' Einschliessung der *marginal utility analysis* in ein allgemeines Gleichgewicht bekommt Schumpeters Interpretation für unseren Nexus herausragende Bedeutung:

> „Die Spitzenleistung der Periode findet sich in den *Lecons* 5 – 15 der *Walras*schen *Elements*. Aber all diese Theorien – auch die *Gossen*sche – verfolgen das gleiche Ziel, und zwar den Nachweis, daß das Prinzip des Grenznutzens ausreicht, um die sich auf Konkurrenzmärkten ergebenden Tauschrelationen zwischen verschiedenen Gütern und auch den Bedingungen abzuleiten, unter denen eindeutig determinierte Tauschrelationen durch Bereiche möglicher Tauschrelationen substituiert werden müssen. Mit anderen Worten, sie wollten nachweisen, was *A. Smith*, *Ricardo* und *Marx* für unmöglich gehalten

> hatten, nämlich daß sich der Tauschwert durch den Gebrauchswert erklären läßt" (Schumpeter 1965: I: 1111).

Bei zunehmender Verfügung über ein Gut nimmt der Grenznutzen des Gutes ab, lautet das erste Gossensche Gesetz. Man könnte auch von abnehmenden Gebrauchsnutzen bzw. – Gebrauchswert reden. Somit ist geklärt, wieviel jemand für ein Gut bieten würde, das er nicht generell, sondern bis zu einer Grenze des Nutzens: dem Grenznutzen, braucht. Bedeutsam ist die Grenzbestimmung, die ja zugleich die Tauschfestlegung ist, ohne Kommunikation mit anderen Transakteuren. Das Individuum x legt für sich selbst – *frei und unabhängig* – fest, welche Gebrauchsnutzengrenze es eingehen (und nicht überschreiten) will. Marktereignisse bzw. –transaktionen sind dann Koinzidenzen von zwei Individuen, die gleiche oder affine Gebrauchsnutzenfestlegungen getroffen haben. Da der Gebrauchsnutzen zweier Güter, die in Tausch kommen, verschieden sind, bilden die Grenznutzen gleiche Urteilsformate, die dann einen Preis (=Tauschwert) festlegen lassen.

Die Gebrauchswerte erklären die Tauschwerte, die tatsächlich nicht als wechselseitiger Vergleich von verschiedenen Begehren aufgezogen sind, sondern als Koinzidenz der Gebrauchs- oder Grenznutzen. Die Transaktionen auf Märkten sind Ergebnisse eines *tatonnement*, wie Walras den Prozeß dann nennt (Walras 1952), eines Abtastens seitens der verschiedenen Anbieter und Nachfrager, bis sie ihre Grenz- bzw. Gebrauchsnutzen gleich haben.

Die Transaktionen sind keine Aushandlungsprozesse, sondern eher Auktionen, auf den imaginäre Ausrufer Preise von Gütern aufrufen, zu denen die potentiellen Käufer ihre Gebrauchs- oder Grenznutzen vergleichen. Die Grenznutzen-Werttheorie ist Ende des 19. Jahrhunderts eine moderne Theorie, da sie die Massenartikelmärkte der Industrieproduktion abbilden kann: Anonyme Anbieter setzen Preise für Ihre Waren, die anonyme Nachfrager akzeptieren oder nicht. Die alte Welt des gemeinsamen Aushandelns von Preisen, wie es auf Bauernmärkten oder bei Handwerkern noch üblich war, verschwindet; damit verschwindet auch die kommunikative Dimension der Transaktionen, bei der Preise zwischen den Transakteuren spezifisch und divers ausgehandelt werden.

Wicksteed, Jevons einziger Schüler, behauptete, daß die neue Grenznutzentheorie dem aristotelischen Tugendkonzept affin wäre. Die Klugheit des rationalen ökonomischen Akteurs ist für Wicksteed ein Resultat prohairetischer Erfahrungen: kluger Urteile. Die *prohairesis* wird als „choice between alternatives" ausgelegt. Ethische Motive entfallen. An ihre Stelle tritt eine „economic relation", ein Beziehungsgefüge von wechselseitigen Ansprüchen und Forderungen, innerhalb dessen individuelle Motive systematisch gegenseitig korrigiert werden.[14] Daß jeder Mensch am Tausch interessiert ist, wird zu einem uniformen Motiv. Die unterstellte Uniformität der Motive zum Tausch wird als ‚Natur des Menschen' mißverstanden und zum *homo oeconomicus* stilisiert (Luhmann 2000: 82 und f.; vgl. auch Hutter/Teubner 1994).

Die Ökonomie wird fortan zu einer Untersuchung des menschlichen Handelns, insofern es ein Wählen zwischen Alternativen beinhaltet, das Restriktionen unterliegt und von Zwecken geleitet ist, aber erst, wie Hutter hinweist, *in den 30iger Jahres des 20igten Jahrhunderts, als die Jevonvsche* utility *mit der Walrasschen* rarité *(Seltenheit, Knappheit) kombiniert wird* (Hutter 2002: 11; vgl. auch Robbins 1932; Mises 1933).

Was Gegenstand der Wirtschaft, d.h. der Transaktionen auf Märkten werden kann, wird frei bestimmbar, nicht mehr an bestimmte Arbeits-Wert-Schöpfungsprozesse gebunden. Alles das, was Smith noch als unproduktive Arbeit ansah, in den Wertschöpfungszusammenhang hineinnehmen zu können, bedeutet eine Ausweitung der Märkte, die andererseits es nötig

---

[14] Wicksteed 1933: I, 2 ff.; Priddat/Seifert 1987: 63 ff. Buchanan hält Wicksteed für den Erfinder der Opportunitätskostentheorie (Buchanan 1969: 16 f.).

machte, den Begriff der Nützlichkeit zu erweitern. Folglich wurde die objektive auf eine subjektive Wertlehre umgestellt. „The process of valuation is essentially a process of choice" (Robbins 1934: 22). Alles, was Nachfrager für nützlich hielten, war potentiell Gegenstand von Produktion, weil potentiell Gegenstand von Wertschöpfung.

Natürlich blieben die ökonomischen Effizienzmodi (von gegebenen Alternativen immer die beste zu nehmen = *rational choice*) gültig, aber was als Alternative angesehen werden konnte, wurde ein offenes Thema. Die Ökonomie unterstellte epistemologische Simplizität: Jeder kann jedes Gut klar und deutlich erkennen und entsprechend rational bewählen. Aber der Prozeß „is complicated by ambiguity, which extends from interpretation of information before acting to interpretation of the results, and in particular of what causes should be assigned the credit or blame for the outcome" (Loasby 2001: 25).

Dieser Subjektivismus blieb für die Ökonomie immer schwierig. J. Buchanan weist auf eine Differenz hin: der neoklassische Subjektvismus der *marginal utility analysis* ist eine *subjective-value-theory*, abgesetzt gegen eine *subjectivist economics*, die mit Hayek und von Mises verbunden wird (Buchanan 1969: 23 and ff.). Der ‚objektive' Subjektivismus der *marginaly utility analysis* konnte nur aufrecht erhalten werden, indem er in ein System der effizienten Allokation integriert wurde. Was jemand sich vorstellte, was für ihn nützlich sei, wurde im Markt-Gleichgewichts-System als durch andere, parallele Wünsche begrenzt angesehen (und durch *opportunity costs*: „The conception of costs in modern economic theory is a conception of displaced alternatives: the cost of obtaining anything is what must be surrendered in order to get it" (Robbins 1934: 22). Die individuelle Nützlichkeit oder Präferenz wird im Allokationssystem aller Beteiligten über Knappheiten neu gewichtet: was einer wünscht, ist noch ohne die Restriktionen gesehen. Die Wünsche der anderen sind immer zugleich auch Restriktionen der Durchsetzung seiner eigenen Wünsche.

Was geklärt schien, behielt seine Ambiguität. John Hicks, der die Werttheorie in den 30iger Jahren des 20. Jahrhunderts neu formulierte, sah es als seine Aufgabe an „to reconsider the value theory of Pareto, and then to apply this improved value theory to ... dynamic problems of capital ...“ (Hicks 1938: 3). „His contribution to the improvement of value theory consists in a new interpretation of ‚given wants‘. Given wants are no langer ‚interpreted as meaning a given intensity of desire for a particular collection of goods‘, but as a ‚given scale of preferences‘ (Hicks 1938: 18), with a ‚sufficient degree of regularity‘ (Hicks 1938: 23). The difference between indifference and preference is all that is needed to develop his particular theory of subjective value“ (Hutter 2002: 14; vgl. auch Weintraub 1985: 84).

Auch bei Hicks bleibt die Werttheorie dichothom: „one is an (objective) attainable region, which may or may not be determined by price values, and the other one consists of closed indifferences sets around an optimal region or target. The subjective optimum is the most preferred indifference set in the attainable set“ (Hutter 2002: 15). Hicks will die Werttheorie von allen ‚utility implications‘ befreien (Hutter 2002: 16). Hutter weist auf die ambigue Handhabung des Wert-Begriffs bei Hicks. „We must consider two distinctions. One is the distinction between the external and the internal interpretation of the central term. ‚Utility‘ implied a distinction between the physiological, internal menaing of the term and the external meaning in terms of physical energy. In a similiar way ‚Value‘ implied a distinction between the external interpretation of positive, measurable price values – ... – and the internal interpretation of value as strictly individual preference relations. The ambiguous change takes place on both sides of the distinction: With respect to external value, there is a shift form physical to a logical model of the world. With respect to internal value, there is a shift from intensity of feeling to preference ratios“ (Hutter 2002: 15).

Die sich über diese Prozesse modernisierende Ökonomie wurde *potentialisiert*. Man begann, zu entdecken, daß es mannigfaltige Märkte und Marktchancen gab, die zu ergreifen eine neue Epoche gesellschaftlichen wie wirtschaftlichen Wachstums und Wohlstandes einleiten würde. Das Versprechen war im 19. Jahrhundert nicht spekulativ, sondern beruhte auf ersten Einsichten in die produktivitätssteigernden Effekte von arbeitsteiligen Prozessen auf die Lohnniveaus, die erst die Kaufkraft schufen, die es erlauben würde, von nachfragegetriebenen Wirtschaften zu sprechen, in denen sich Konsumentensouveränität entfaltet. Es ging, auf der Basis der Industrialisierung, um Massenmärkte, nicht mehr um die immer schon hochorganisierte Luxusproduktion. Die wenigen *ateliers* und *fabriques* der Luxusindustrie des 18. Jahrhunderts weiten sich in die gewöhnliche Form der Unternehmung aus, die im Laufe des 19. Jahrhunderts zur ‚Industrie' agglomeriert und dieser Epoche des Kapitalismus den Namen gibt: Industrialisierung.

Der Form- bzw. Formierungsprozeß ist nicht mehr durch die der Materie innewohnenden Potentiale definiert, sondern **durch freie Formung**, durch wissenschaftliche und technische Prozesse erreichbar. Man beginnt im 19. Jahrhundert, Materien künstlich zu produzieren (vgl. vor allem die Chemie). Der Spielraum dessen, was produziert werden kann, nimmt zu. Die natürlichen Grenzen fallen, weswegen die menschlichen, insbesondere die ökonomischen Knappheiten, besonders ins Gewicht fallen.

Zugleich aber werden Formierungen der Form der Produktion nötig: Unternehmens*organisation* – mit differenten Effizienzregimes, die sich wesentlich an der Frage der Entwicklung, Bindung und Erhaltung von Formen des Wissens entscheiden.Gelernte Arbeiter brauchen andere Kompetenzspielräume als ungelernte, zu beaufsichtigende Arbeiter. Neben den ökonomischen Knappheiten entstehen Knappheiten von Effizienformen: Konkurrenzen der Form der Organisation der Unternehmen.

Die Grenzen, die vordem in der Natur (der Natur oder der der Sachen) einbegriffen waren, sind, in dem Moment, indem die Natur keine Grenzen mehr zieht, durch andere Grenzen begrenzt, die jetzt Knappheiten heissen. Es sind keine natürlichen Grenzen mehr, sondern soziale, oder genauer: ökonomisch-soziale Grenzen: Was für wert *befunden* wird, gekauft oder nicht gekauft zu werden, entscheidet über die Werthaftigkeit der hergestellten Formen.

Die Logik der abendländischen Ökonomie ist allmählich umgekehrt worden: Der unendliche Begehr, der in Aristoteles Schema zur Zerstörung der Ordnung der Polis beiträgt, weswegen er politisch verboten werden müsse, wird in der *Political Economy* durch die Parallelität jeden Begehrs limitiert:

- Wenn alle Marktteilnehmer maximieren wollen, produzieren sie gemeinsam eine Durchschnittsprofitrate: Der Markt reguliert selber die Hybris. Er muß lediglich frei arbeiten können, ohne politische Interventionen und privilegierte Ausnahmen. Wenn alle maximieren wollen, bildet sich ein Durchschnitt heraus, den keiner längerfristig überschreiten kann und der später Gleichgewicht genannt wird.

Wenn alle der *hybris* folgen, wird keiner sie erlangen – das wird zur Wettbewerbsregel des Marktsystems. Die Kompetition arbeitet hier als *moral equalizer*: alle, die scheinbar nur ihre eigenen Interessen verfolgen, konfigurieren zusammen das Wohl aller.

Adam Smith's *Political Economy* ist nicht die Einführung der Hybris ins Abendland, sondern die *Einführung der Hybris unter Bedingungen ihrer Neutralisation durch Wettbewerb* (vgl. Alvey 1988; Priddat 1997b). Das ist die verkannte Dimension der *Political economy*, die früher noch als *moral science* verstanden wurde. *Folglich muß die Ökonomie fortan als System verstanden werden, nicht als Verhalten.* Die neue Ökonomie wird zu einem System der effizienten Allokation knapper Ressourcen.

Gleichgewichtssysteme

Das System der effizienten Allokation knapper Ressourcen wird Ende des 19. Jahrhunderts als allgemeines Gleichgewicht eingeführt. Die alte Entwicklungslinie der Ökonomik bricht ab, auch die Smithsche Topik, und wird gegen einen neuen Argumentationstypus eingetauscht, der sich in seinen mathematischen Varianten an naturwissenschaftlichen Theorieidealen des 19. Jahrhunderts orientiert (Mirowski 1989).

Der Wert der Güter ist nicht mehr durch Wertzuschreibung, sondern durch marktliche Verfahrensbewertung definiert: Der Tauschwert wurde durch den Gebrauchswert ermittelt, mit abnehmendem Grenznutzen bei zunehmender Menge.

Über einen unbestimmten Prozeß der Probierung vieler möglicher Austauschbeziehungen (*tâtonnement*) entwickelt sich in einem Markt ein Zustand, in dem alle Akteure (Produzenten, Konsumenten bzw. Anbieter, Nachfrager) eine endgültige Entscheidung darüber getroffen haben, welche Güter sie tauschen, zugleich auch, zu welchen Mengen/Preis-Relationen (Walras 1952; vgl. Hahn 1981). Wenn alle Akteure irreversibel behaupten können, daß sie diese und keine anderen Tauschrelationen eingehen wollen, ist der Markt geklärt und befindet sich im Gleichgewicht. Dieses Optimum ist als ein Zustand definiert, in dem niemand noch bessere Tauschergebnisse erreichen kann.[15] Damit ist ein Referenzmaß erlangt, von dem aus suboptimale Zustände beurteilt werden können. Die Ökonomik wird zu einer Wissenschaft der Effizienzanalyse und -beratung der Wirtschaft und der Politik. Sie denkt Regulation als Förderung der Selbstorganisation der Märkte – sie wird zu einer regulations- und damit politikkritischen Wissenschaft (Shipman 2002: 7 ff.).

---

[15] *Gleichgewicht* ist dann ein Name für einen Zustand geklärter Tauschrelationen: alle Akteure befinden sich in Mikrogleichgewichten – denn was ist ein geklärter Tausch anderes als Gleichgewichtszustand, der – für das Marktgleichgewicht mit n Teilnehmern – nur (n-1)-mal kopiert wird?

Die Akteure sind Systemoperatoren, die sich durch eindeutige Entscheidungen auszeichnen. Die Ökonomie wird, endgültig im 20. Jahrhundert, auf ‚rational choice' basiert. Entscheidungen sind finite Wahlakte aus einer gegebenen Menge von Alternativen. Rational werden diese Entscheidungen durch die Zuschreibung, eine der Alternativen sei die beste. Was der ‚rational actor' subjektiv als ‚die für ihn beste Alternative' entscheidet, definiert, über die Menge aller Akteure, den Gleichgewichtszustand des Systems. Die Optimalität des Gesamtzustandes besteht darin, daß jeder beteiligte Akteur seinen eigenen optimalen Zustand eingenommen hat – und das auch weiß.

Die Logik dieser Walras-, später Arrow/Debreu-Welt, beruht auf dem Ausschluß von Komplexität. Es gibt keine Wissensasymmetrie, keine Informationsasymmetrie zwischen den Marktteilnehmern (vgl. Stiglitz 2000). Ihr lokales oder situatives Wissen ist immer Wissen um alle möglichen Optionen im System (des Marktes) – also nicht lokal, sondern *sui generis* global. F.A. Hayek hatte dagegen eingewandt, daß Märkte keine Allokationsagentien, sondern asymmetrische Prozesse sind, die von den Unternehmer-Innovatoren als Entdeckungsverfahren betrieben werden, neue Möglichkeiten in den Markt einzuspielen. Folglich werden Märkte, nach Hayek, über Wissen/Nicht-Wissen-Asymmetrien konstituiert (vgl. Hayek 1937), und nicht, wie in der Arrow/Debreu-Welt, „as a balanced view by explaining prices with reference to consumer valuations and production technologies".[16]

Marktgleichgewichte sind durch eine finite Menge von bilateralen Transaktionen definiert. Eine abgeschlossene Transaktion

[16] Klaes 2002: 11. In Samuelsons „mathematical synthesis of the theory of prices he demonstrates that in perfect competitive equilibrium, both the marginal costs of production and the valuations of consumers are reflected in market prices. ... He is convinced that in order to state the opportunity cost idea consistently one has to set up the full conditions for general equilibrium. In this equilibrium, of course, costs can be expressed as the outlays in factor and intermediate product markets" (Klaes 2002: 6; Samuelson 1947).

wird als Tauschrelation notiert, d.h. als ein Mikrogleichgewicht in einer Mikrogesellschaft von zwei Aktanden. Das Marktgleichgewicht ist dann die Mannigfaltigkeit vieler paralleler Tauschgleichgewichte oder Transaktionen. So definiert, ist nicht der individuelle Entscheider, sondern die Mikrosozietät von zwei Aktanden die Basisoperation des Marktsystems.

Es geht schließlich darum, „wie auf Märkten Informationen generiert werden können, die es erlauben, die Risiken für bewältigbar, also ‚kalkulierbar' zu halten" (Baecker 2002c: 609). Die Risiken werden „mit dem Handel auf diesen Märkten nicht etwa ausgeschlossen, sondern allererst in die Welt gesetzt ... . Märkte werden als Lösungen eines selbstgeschaffenen Problems beschrieben. Die Lösung des Problems wird allerdings nicht mehr wie noch in der klassischen oder neoklassischen Ökonomie einer ‚unsichtbaren Hand' (...) zugeschrieben, sondern dem spezifischen Verhalten von Unternehmen und Kunden, die auf diesen Märkten ihre Produkte anbieten beziehungsweise nach Produkten suchen" (Baecker 2002c: 609 f.; zur ‚invisible hand' vgl. Priddat 1997a).

Märkte wandeln Ungewißheiten in Risiken, „deren Wahrscheinlichkeitskalkül sich jedoch nicht einer Gnade der Natur oder gar der Einsicht der Vernunft in ihre eigenen Interessen verdankt, sondern der lokalen und situationalen Kenntnis der Märkte: der Kunden, mit deren Launen man zu rechen hat, der Konkurrenten, die bereits im Spiel sind oder jederzeit auftreten könnten, und der Produkte, die mit gewissen auch kulturell definierten Qualitätsstandards einhergehen. Die Transformation der Ungewißheit in Risiko ist dem Umstand geschuldet, daß man sich auf die jeweilige historische Determination eines Marktes verlassen kann" (Baecker 2002c: 609; vgl. generell Baecker 1988). Eben diese historische Analytik ist der modernen Ökonomik entgangen.

Im Zustand ihrer irreversiblen Entscheidung, diese und keine andere Alternative sei die beste, sind alle Akteure gleich, auch wenn sie völlig verschiedene Transaktionsvolumina bewegen (vgl. Vilks 1991; Chilinsky 1999). Allerdings ist die

Menge der Beteiligten variant und nicht identisch mit der Bevölkerungsmenge. Alle nicht transkations-aktiven Akteure sind keine Marktteilnehmer. Der Markt ist nur eine beschränkte soziale Arena. Die avisierte Gleichheit gilt nur ‚within the club'; ansonsten haben wir es systematisch mit zwei Gesellschaftsklassen zu tun: den Transaktionsfähigen und den Transaktionsunfähigen. Markt ist historisch ein Name für diese Sortierung oder Selektion.

Das Gleichheitspostulat wird – *within the club* – durch ein Paretokriterium gesichert, das – in Anlehnung an das *neminem ledere* des römischen Rechtes (‚schade niemandem') – alle Systemzustände als suboptimal (*pareto-ineffizient*) verwirft, die nur einen Akteur schlechter stellen als andere. Alle Akteure müssen die Freiheit haben, rational entscheiden zu können. Paretoinsuffizienzen sind der Arbeitsbereich von Wirtschafts- und Ordnungspolitik. Wirtschaftspolitik stellt i.d.S. Bedingungen her, die die Effizienz der allgemeinen Gleichgewichte zulassen. Die Norm, die die moderne Ökonomik bevorzugt, ist Bewertungsfreiheit, d.h. informationale Transparenz. Damit ist der Marktzutritt gleich, wenn auch die Resultate hoch different sein können. Moderne Ökonomik ist – anders als die alten Ständeökonomien – *zugangsdemokratisch, aber leistungsdifferent.*

Bei der *rational choice* läuft eine Illusion mit: die Unterstellung, daß die Akteure vollständig informiert seien, und zwar in einem doppelten Sinne. Zum einen sollen sie, um *rational choosers* zu sein, alle Alternativen kennen und bewerten können (Weltkenntnis), zum anderen wird damit unterstellt, daß die Akteure ihre eigenen Präferenzen kennen ((Selbst-)Bewußtsein). Beide Unterstellungen erweisen sich als problematisch:

- Die Akteure kennen nur Ausschnitte der möglich bewählbaren Alternativen, und sie ändern ihre Präferenzen (mit der Inklusion, die neuen Präferenzen nicht kennen/wissen zu können. Präferenzrelationen sind immer vergangenheitsbezogen. Neue Präferenzen sind, logischerweise, neu: also unbekannt). Doch klären sich diese Dinge erst im 20. Jahrhundert.

Im 19. Jahrhundert konstruierte man die Akteure wie vernünftige Personen (durchaus im Sinne der Juridik, die rechtsfähige Personen unterstellen muß), d.h. als Akteure, die für ihre Entscheidungen verantwortlich gemacht werden können, wenn sie gefragt werden würden, ob sie diese und keine andere Entscheidung vertreten (Priddat 1998d). Die Person-Zuschreibung an die ökonomischen Systemoperatoren ist normativ, d.h. es geht nicht darum, ob die Akteure empirisch vollständig informiert sind, sondern darum, entscheidungsfähige Individuen zu konstruieren, denen man alle Verantwortung für ihre *rational choice* aufladen kann.[17]

[17] Die Individuen, die zum Ende des 19. Jahrhunderts die Basisoperatoren der Ökonomie werden, sind als Medien der Änderung der Standes- bzw. Klassenzugehörigkeit eingeführt worden. Individuen ändern ihren *status socialis*: entweder durch externe Bewegung (Auswanderung) oder durch interne Mobilität: Änderung des Status vornehmlich durch Bildung (Änderung der Person in der Zeit) oder durch lokale Veränderung (Landflucht, Ansiedlungen etc.). Individuen sind Medien des Aufstiegs, des Durchbrechens von Klassenschranken, konventioneller Zuordnung und ständischer Einstellungen. Man braucht dafür Operatoren, die einerseits sozial eingliederbar sind, aber transitorische Eigenschaften haben, d.h. ihre Zuschreibungen wechseln können. Nach dem Aufstieg gehören sie dem höheren Stand, der höheren Klasse an, bilden aber Subkulturen innerhalb ihrer. So differenzieren die Klassen aus und die Diffusionen moderner Sozialität entstehen. Individuen sind methodisch Übergangsformen zwischen zwei verschiedenen sozialen Welten: angelangt, klinken sich die Individuen in die sozialen Strukturen ein, verschieden im Habitus und Sozialbereich der höheren Klasse oder Schicht. Insofern sind sie, als freie und unabhängige Individuen, soziale Konstrukte *in transition*. Die Ökonomie konzentriert sich auf diesen Zwischenzustand, den sie ontologisiert: jeder Marktteilnehmer ist für des Transaktionsmoment seiner Klasse/Schicht enthoben, damit er sich *sui generis* entscheiden kann, d.h. unabhängig von seinen normativen Vorgaben. Nur dann, wenn die Konsumenten z.B. als potentiell unabhängig Entscheidende vorgestellt werden, können sie Handlungen vollziehen, die sozial unerwartet sind. Ökonomische Indivduen sind Grenzgänger des Sozialen, die sozial unabhängig entscheiden sollen, um neue Zugriffe auf neue Angbeote tätigen zu können, die bei normativen Vorgaben der Klassen- und Schichtenkulturen nicht erfolgen würden.

Erst die Unterstellung von eigenverantwortlich entscheidenden Akteuren, die auf die Frage, ob man eindeutig, richtig und irreversibel entschieden habe, mit ‚ja' antworten, läßt es externen Beobachtern (z.B. Ökonomen) zu, getätigte Entscheidungen als effizient zu deuten. Da sich nichts anderes als subjektive Entscheidungen beobachten lassen, werden sie ‚objektiviert' durch die Unterstellung, sie seien die einzig möglichen besten Entscheidungen. Doch bleibt diese Zuschreibungsunterstellung riskant. *Choices* werden so implizite zu *judgements* stilisiert: die Prädikation ‚rational' wird ein Substitut für ‚vernünftiges Urteil'.[18] So wird Ungewißheit, die launische Begleiterin der Märkte, zur Gewißheit, vernünftig urteilen zu können, transformiert – ohne daß die Ungewißheit verschwindet und ohne angemessene Reduktionsformen der Ungewißheit in Risiko, ohne Einrechnung der Transaktionskosten kontraktueller und institutioneller Arrangements etc..

– *Die* homini oeconomicii *werden als Mikrogleichgewichtssysteme konstruiert: Der Akteur klärt bereits für sich selbst angesichts der angebotenen Alternativen und im Wissen um seine Restriktionen (budgetäre, moralische etc.), welche Wahl für ihn optimal sei. Hier wird die Rationalität norma-*

Die Ökonomie erfindet einen a-sozialen Typus des *homo oeconomicus*, nicht um a-sozial zu werden, sondern um das Moment der Freiheit von Sozialität und Konvention methodisch herauszuheben. Das methodologische Individuum kann sich so entscheiden, daß es die Klasse/Schicht wechselt durch seine Entscheidung. Die Empathie der Freiheit, die in der Ökonomie beliebt ist, ist eine Überhöhung des Mobilitätsgewinns, der in modernen Gesellschaften anfällt.

[18] Rational choices unterscheiden sich von Vernunfturteilen. Vernünftige Urteile (z.B. kantischer Proveninez, oder der aristotelischen *phronesis*) erwägen alle Folgen eines Entscheidung; rationale Entscheidungen (*rational choices*) hingegen beruhen schlicht auf der Wahl der besten Alternative aus dre Menge der gegebenen. Hier fehlen folglich alle Urteilserwägungen, die die Wahl i.e.S. mit alternativen Wahlmöglichkeiten vergleichen, mit anderen Kontexten und mit späteren Folgen (z.B. mit externen Effekten etc.). Die Prädikation ‚rational' qualifiziert eine Entscheidung über die Markierung einer Alternative als der ausgezeichneten. Alle anderen Erwägungen entfallen.

tiv eingeführt, gleichsam als eine Art von Tugend, die jedem Akteur Vernunft zuschreibt.[19]

Doch läßt sich die normative Konstruktion nicht halten, denn die Kompetenz, seine Präferenzen zu wissen und entsprechend im Wahlakt präferenzkonform zu agieren, läßt sich im Binnenverhältnis definieren, im Außenverhältnis aber nicht sichern und gewährleisten. Ebenso läßt sich zwar definieren, daß *homo oeconomicus* alle Alternativen kennen sollte, deren beste er schlußendlich wählt, aber bereits dann, wenn er nur eine Alternative nicht kennt, kann man nicht mehr in einem logischen Sinne davon reden, daß er die beste gewählt hat – er kennt/weiß eine Alternative nicht, also auch nicht deren, und damit dann auch nicht seinen, präferentiellen Status. Diese Thematik hat Mitte des 20. Jahrhunderts Hayek als Wissen/Nicht-Wissen-Problem eingeführt (Hayek 1937, 1978; kompetent über die *subjective economics* vgl. Buchanan 1969: 23 ff.).

Im Außenverhältnis ist zudem unklar, welche Märkte der Akteur überblickt, da es ja nicht nur um den Aktualmarkt geht, sondern auch um Komplementärmärkte, oft zukünftige. Immer dann, wenn wir annehmen können, daß zukünftige Möglichkeiten eine Rolle in aktuellen Entscheidungen spielen, könen wir systematisch nicht mehr davon ausgehen, daß der Entscheider weiß, was er bewählt. Die Situation ist komplex geworden, d.h. um mindestens eine Option, die man nicht kennt, erweitert.

Zudem ist die Suche nach Alternativen ein Akt, der die erste Einstellung zur möglichen Auswahl ändert, so daß plötzlich

---

[19] Die Vernunft aber ist ein *bounded reason*; gegenüber vernünftigen Urteilen (vgl. die vorherige Fußnote) sind *rational choices* eingeschränkt in der Erwägung der Folgen und Konsequenzen der Entscheidung: sie müssen lediglich die Wahl einer besten Alternative lieferen, nicht aber die Klärung von Externalitäten etc. Der Vernunftanteil der *rational choice* ist lediglich der, Willkür auszuschalten. Auf die Frage, ist ihre Entscheidung irreversibel die Entscheidung der absehbar besten Alternative, muß der Akteur antworten können, und zwar 1. positiv und 2. mit einem Grund, der seine Entscheidung für ihn selbst irreversibilisiert.

andere Wahlbereiche (*frames*) generiert werden.[20] Damit haben wir ein abstraktes Beispiel für Präferenzgenese, die übrigens in jedem Wahlakt auftreten kann. Auch die *frames* sind kein Wissen, sondern relationale Einschätzungen, die, wenn die Relationen sich ändern, sich auch ändern können. Die hayeksche Linie der Ökonomie hatte diese Fragen längst gestellt:

- „*Subjectivist economics*, for Hayek and Mises, amounts to an explicit denial of the objectivity of the data that informs economic choice. The acting subject, the chooser, selects certain preferred alternatives according to his own criteria, and in the absence of external change he attains economic equilibrium. This personalized ... equilibrium is, however, wholly different from that which describes the interactions among many actors, many choosers. In the latter case, the actions of all others become necessary data for the choices of the single decision-maker. Equilibrium is described not in terms objectively-determined ‚conditions' or relationships among specific magnitudes, e.g., prices and costs, but in terms of the realization of mutually-reinforcing and consistent expectations" (Buchanan 1969: 25).

Wenn Erwartungen mindestens gleichwertig den Fakten/Daten sind (und nicht ausgeschlossen werden kann, daß die Wahrnehmung von Fakten selbst erwartungsgesteuert ist), ist die Kommunikation von Erwartungen das Medium, in dem *shared mental models* entwickelt werden können, die Erwartungskohärenz ausbilden (vgl. Denzau/North 1994). Wenn das aber der Fall ist, dann ist die ökonomische Kommunikation nicht von der Kommunikation *sui generis* zu trennen, und Bedeutungsimporte finden statt, Bedeutungsänderungen, die neue Bewertungen generieren, ohne daß sich die ökonomischen Einschätzungen geändert haben müssen.

---

[20] Daß das für den Kosten-Begriff ebenso gilt, vgl. Buchanan 1969, insbesondere aber 23 ff. und 30 ff.

Erwartungen sind subjektive Fakten, keine ‚objektiven‘ – wenn man ‚objektiv‘ versteht als einen Zustand, dem andere auch zustimmen können. Weil *rational actors* – gleich welcher theoretischen Couleur – subjektive Weltinterpretationen leisten, sind ‚objektive‘ Zustände nur institutionell arrangierbar: Erwartungsübereinstimmungen an Regeln bilden Surrogate für ‚objektive Wahrheiten‘ im sozialen Raum. Die moderne Institutionenökonomie ist in diesem Sinne eine notwendige Kompensation eines Subjektivierungsverlustes der Ökonomik: was den *rational actors* an vollständiger Informiertheit abhandengekommt, gewinnen sie wieder durch *institutional arrangements*: Wer einer Regel folgt, weiß, welche Übereinstimmung er mit anderen hat, die der selben Regel folgen. In diesem Sinne produzieren Institutionen *shared mental models*: gleiche Erwartungen (vgl. Denzau/North 1994).

Rational choice operiert in Kontexten: von Kommunikationen, Hinweisen, Determinierungen, Entdeckungen, Innovationen etc. Nur wenn man diese Kontexte invariant setzt, haben wir es mit einer definierten Praxis zu tun: *rational choice* ist dann schlicht die Wahl der besten aus gegebenen Alternativen. Wenn man die unterstellte kontextuelle Invarianz aufgibt, muß man das Prädikat der ‚Gegebenheit‘ mit streichen, und die ontologisch sichere Welt zerfällt in ein Diskontinuum an Einflüssen, Motiven, Gründen, Erwartungen etc., die nur noch situativ, d.h. als *riskant* zu interpretieren sind, nicht mehr generell oder gesetzeshaft. „Economic agents, living in a postmodern world, are thus considered to be both situated and saturated. Giving voice to the confusion, but also the clarity, that results from an overload of possibilities, situated nonetheless in the multiple positions and identities that globalization has enhanced rather than eliminated. Agents are not irrational. They possess different, simutaneously experienced rationalities, expressing the likely cultural locations and histories whence they arise. Choice in this scenario often appears like a crap shoot, or something even more random than this“ (Cullenberg/Amariglio/Ruccio 2001: 14 f.). Das gilt um so mehr, wenn man die Kontexte als Netzwerke einführt (White 1992; Baecker 2002; Herrmann-Pillath 2002).

Wir haben es in der gewöhnlichen oder *mainstream-economics* mit einem System kulturindifferenter Allokationseffizienzschemata zu tun. Ihre Systemoperatoren – fälschlich zu *homini oeconomicii* re-personalisiert (vgl. Hutter/Teubner 1994) – sind auf eindeutige ökonomische, d.h. effizienzorientierte Interpretationen von Welt festgelegt. Dabei werden andere Weltausschnitte (Politik, Gesellschaft, Moral etc.) als *cetris paribus* gegebene Umgebung fixiert oder als spezifische Restriktionen in die Allokationseffizienzwelt der Ökonomik implantiert.

Moral z.B. wird als Restriktion der Präferenzen der *rational actors* notiert; sie schränkt die Auswahlmenge der möglichen besten Alternativen ein. Jede Einschränkung kann als Kosten der Abstandes zur potentiellen Optimalität gerechnet werden. Die moderne Ökonomik kann – als *neue Metaphysik der Effizienz* – jede Norm, Kultur, Moral etc. nach dem Maßstab ihrer Nichtgeltung bewerten. Damit ist nicht impliziert, daß eine normen-, kultur- oder moralfreie Welt erstrebenswert ist; aber die Ökonomik kann ihr Kriterium nicht verlassen, von dem aus sie z.B. Moral, aber auch andere kulturelle Muster beurteilt: als Einschränkung potentieller Freiheit. In diesem Sinne ist die moderne Ökonomik extrem konventionenkritisch, d.h. wegen ihres Effizienzopportunismus konventionenauflösend.

Diese konventionen- und institutionenkritische Tendenz des Allokationseffizienzmodells des Marktes ruft nicht nur immer wieder Oppositionen aus dem abendländischen Haushalt aristotelischer Vorbehalte gegen Geldwirtschaften hervor, sondern weist auf ein Defizit der vorherrschenden Effizienzanalytik – sie vergißt, daß viele soziale Formationen und Prozesse langsam, konventional und ineffizient sind, oder anderen Logiken folgen: z.B. institutionellem Regelverhalten (North 1992; Vanberg 1990) oder Netzwerksystemen (White 1992; Herrmann-Pillath 2002). Die moderne, auf Allokationseffizienz abgestellte Marktökonomik ist in dem Maße, indem sie ständig empirisch auf Zustände trifft, die ihrem Ideal nicht entsprechen, eine normativ-kritische Wissenschaft, die irgendwann im 20. Jahrhundert sich daran gewöhnen wird, daß ihre Effizienznormen kaum erreichbar sind.[21] Die historischen Schulen, insbesondere in Deutschland, wiesen im 19. Jahrhunderts bereits auf diesen Defekt der neuen Ökonomik hin: sie heben die Kulturationsprozesse, die Institutionen und Konventionen hervor, die die Märkte und ihre Extensionen erst möglich machen.. Im 20. und 21. Jahrhundert übernimmt diesen Part systematisch die Institutionenökonomik, die zeigt, daß Konventionen, *frames* und Institutionen Transaktionsoptionen erhöhen, andere sie mindern (vgl. methodisch Mäki/Gustafsson/Knudsen 1993, aber auch North 1990, 1992; Mantzavinos 2001; Klaes 2002).

Die moderne *institutional economics* befragt diese Logik, indem sie darauf verweist, daß die Durchsetzung effizienter Verträge Transaktionskosten erfordert. Dazu zählen die Kosten des Rechtssystems, zivilisatorischer und kultureller Standards, ohne die Verträge effizient zu schließen sehr viel aufwendiger (und effizienzgefährdend) wäre (North 1992; Williamson 1990; Manzavinos 2001). Märkte sind regeldurchsetzt und institutionenfundiert, um so funktionieren zu können, wie das Allokationseffizienzmodell des allgemeinen Gleichgewichts voraussetzungslos annimmt. Um als *rational actor* frei entscheiden zu können, sind Regelbefolgungen nötig, die spezifische Anreiz-/Sanktionen-Strukturen in Anschlag bringen (Brennan/Buchanan 1993). Die Freiheit des Marktprozesses ist durch seine Ordnung konstituiert – die zu wählen besondere Verfahren der *new political economy* fordert, weist die *constitutional economics* hin (Buchanan 1975).

Die Freiheit der *rational choosers* steht unter Bedingungen, die nicht in der Situation abfragbar sind, sondern als kulturelle

[21] „Unfortunately, the question of value in modern economics is only consistently addressed in an Arrow-Debreu world. And since this solution has been rigorously formulated, economists have directed their attention towards the imperfections that may arise" (Klaes 2002: 11).

Ressource von der Ökonomik vorausgesetzt und scheinbar kostenlos angeeignet werden. Inwieweit die Ökonomik die kulturellen, normativen und moralischen Voraussetzungen wirtschaftlichen Handelns nicht nur aneignen und rezipieren, sondern selber produzieren muß, um die Effizienz ihrer Marktprozesse zu stabilisieren, wird eine der nächsten Forschungslinien. Es wird dann darum gehen, die Transaktionskosten nicht nur als unvermeidliche Begleitkosten der Markttransaktionen aufzufassen, sondern als Investitionen (*cultural and moral investments*), die die Wirtschaft leisten muß, um das *social capital* zu erhalten. Der Prozeß dieser Erhaltung ist allerdings selber wieder ein Entscheidungsvorgang; hier bleibt die Ökonomik auf dem Stand ihrer Entfaltung seit 1900. Aber der Raum der Ressourcen ist längst größer, als man es sich im 19.und 20. Jahrhundert vorstellte. Es geht nicht mehr allein um Güter, Materien und *human resources*, sondern zudem und neu um Wissen – in welchen Formen auch immer: in Personen, Organisationen, Institutionen etc.

Eine Ökonomie im erweiterten Ressourcenraum von Kultur und Institutionen hat mit anderen Knappheiten zu rechnen: mit inflexiblen, starren Institutionen und kulturellen Konventionen, die Entwicklungen und Umstellungen lähmen und behindern. Mangelnder *institutional change* behindert Wachstumsausfaltungen. Es fehlt dann an viablen Alternativen und Optionen. Die Produktion von Optionen, alle Formen von Innovationen sind anzureizen bzw. genauer: zu motivieren. In dieser Region des Ressourcenraumes sind die ausgefeilten Anreizmechanismen der neoklassischen Ökonomik oft stumpf. Wie motiviert eine Gesellschaft den kulturellen und institutionellen Wandel, wenn kein Anreiz dies zu erreichen vermag? Die neue Ökonomie analysiert nicht mehr die Differrenz effizient/nicht effizient, auch nicht nur verschiedene Effizienenzmodi (z.B. in der Differenz von Kompetition/Kooperation (Jansen/Schleissing 2000)), sondern geht in die Analyse der Differenz von **Effizienz/Motivation**.

Die nächste Epoche der Ökonomie wird über die Analyse der Märkte und der Wirtschafts-, Steuer- wie Geldpolitik hinaus die Analyse der Produktion von Kulturformen sein, die die Kooperations-, Koordinations-, Kompetitions- und Institutionenmodalitäten ausbilden, die die freien Marktbewegungen tragen und wirksam werden lassen. Wenn die Frage der Bewertungen in Transaktionen – kurz: die Wertfrage – wieder offener wird, weil das Arrow/Debreu-Modell einer transaktionskostenlosen Welt *ad acta* gelegt werden wird (vgl. auch Klaes 2002: 10 f.), dann wird die Frage, was Preise bedeuten, nicht unabhängig davon beantwortbar sein, welche Bewertungskontexte gelten, welche Kosten wie bewertet werden (was als Kosten angesehen wird, was nicht), etc. Das historische Ende des ‚real existierenden Sozialismus' läßt das Thema nicht mehr ausgrenzen: welche Formen der Kooperation im Kompetitionsgefüge der Märkte entwickelt werden sollen (Wieland 1999; Menard 2000; Jansen/Schleissing 2000; Priddat 2000a).

Was Aristoteles meinte der Ökonomie von außen – politisch, ethisch – als Regulativ setzen zu sollen, wird sie, um ihrer eigenen Stabilisation willen, selber organisieren. Ökonomie ist kein reines Marktkonkurrenzphänomen, sondern *institutionell und kooperativ durchmischt* (wie jedes Unternehmen im Übrigen eine Form von arbeitsteiliger Kooperation darstellt) – als Prozeß der Evolution neuer Handlungsmöglichkeiten (vgl. den Band von Herrmann-Pillath in dieser neuen Buchreihe). Die Innovationskompetenz wird zum bedeutsameren Gradmesser der ökonomischen Entwicklung als ihre Allokationseffizienz. Das Wissen darum, welche Handlungen effizienter sind, wird zum Gestaltungsproblem der Durchsetzung von Investitionsimaginationen bzw. Erwartungen.

Denn wenn die Allokationsfunktion des Marktes in der Zuordnung knapper Ressourcen an differente Produzenten/Konsumenten aufzufassen ist, so sind die Innovationen Extensionen der Knappheiten, denn jedes neue Produkt eröffnet neue Wettbewerbsszenarien, die die Nachfrage nach den bisher angebotenen Produkten knapper machen. Innovationen bieten neue Optionen, entwerten alte.

Weil Wissen asymmetrisch verteilt ist, und weil es keine systematischen Koordinationsinstanzen für Wissen gibt, können wir keine Knappheitsarenen mehr genau zeichnen. Denn es kann immer ein Wissen auftauchen, das die bisherigen Feststellungen, was möglich ist, transgrediert. Wir haben es mit ‚opportunities' zweiter Ordnung zu tun: mit den Optionen, die die gegebenen Alternativen transzendieren. Wenn Entscheiden ein Spiel zwischen Wissen (um gegebene Alternativen) und Nichtwissen (von künftigen Alternativen) ist, ist die Ökonomie nur noch eingegrenzt ein Allokationssystem (der Allokation knapper Ressourcen). Wissen birgt Entknappung. Aber die Entknappung verteilt sich wieder asymmetrisch.

Nur die Institutionen sind, als Generatoren von *shared mental models*, Wissenserweiterungsinstanzen. In dem Maße, in dem sie Akteuren Handlungsspielräume eröffnen, die sie individuell nicht generiert hätten, verteilen sie Wissen um Handlungsmöglichkeiten auf viele Akteure (vgl. dazu das Buch von Voigt in dieser Reihe). D.h. sie generieren – maßvoll – Innovationsmöglichkeiten für Akteure, die keine Innovatoren sind.

Institutionen stabilisieren Kontexte, in denen Unternehmer wieder neue Optionen entwerfen und realisieren. Als sichere Plattformen bzw. Handlungsarenen nehmen Institutionen Unsicherheit, indem sie den Akteuren erlauben, Risiken einzugehen (die sie vorher nicht eingegangen wären, weil die Situation unsicher war). Institutionen sind konstruierte sichere Handlungsarenen, die so lange nötig sind, bis die Form der Unsicherheit, die sie hatten bilden lassen, so konventionalisiert ist, daß man nur noch mit gewöhnlichen Risiken rechnet. *Institutional change* beginnt, wenn die Risiken gewöhnlich werden und neue Optionen in anderen Arenen entworfen werden, die dann natürlich ersteinmal noch nicht institutionalisiert oder institutionell gefaßt sind.

So oszillieren freie Kontexte und institutionalisierte. Neoklassische Märkte sind *institutionally stringed*, mit gewöhnlichen Risiken durchsetzt (die deshalb auch probabilistisch gefaßt werden können). Hayek beschreibt die andere Seite des Spektrum: die offenen Märkte, auf denen Arbitrageure auf Entdeckungen gehen. In diesem Sinne werden Hayek-Märkte an ihrer futurischen Grenze ständig jeweils erst gerade gebildet, konstruiert. An dieser offenen Grenze der Märkte können sich noch keine Institutionen bilden.

Der Institutionenbegriff wird hier abstrakt als Regelgeltung verwendet. Wenn man die Unterscheidung von Märkten nach dem Grad der Konventionalität von Risiken annimmt, dann führen wir ein epistemisches Kriterium ein: Wissen um eine Art Regelhaftigkeit von Risiken, und Nichtwissen um eine solche Regelhaftigkeit. Wir können Märkte dann als Arrow/Debreu/Hayek-*mixes* einführen, die spektral zu sehen sind, mit differenten Theoriezuschreibungen, je nach dem, auf welcher Seite des Spektrums man sich befindet. Die Pointe dieser Interpretation ist folgende: daß die Arrow/Debreu-Marktabschnitte dieses Hyperspektrums institutionell strukturiert sind: Der Hayek-Abschnitt dagegen ist institutionenfrei.

Die Kosten des Risikos im Arrow/Debreu-Abschnitt sind neuklassische North-Transaktionskosten. Möglicherweise sind die Hayek-Abschnittskosten keine Risikokosten, sondern Unsicherheits-Wagniskosten, eher in Form von Opportunitätskosten. Die nächstbeste Alternative, gegen die sich die Hayekschen *entrepreneurs* abheben, wäre dann die Konventionalität der *institutionally stringed* Arrow/Debreu-Welt der Ökonomie.

V. Die neue Ökonomie: vom 19. zum 21. Jahrhundert: imagination forms decision

Die neue Ökonomie, die zum Ende des 19. Jahrhunderts formiert wird, ist eine Ökonomie, die die subjektiven Beweggründe der Akteure fürwahr nimmt, indem sie ihre Systemeffekte prüft. Konsequent eliminieren von Mises und Robbins in den 30iger Jahren des 20. Jahrhunderts die Motive aus der ökonomischen Handlung (Robbins 1932; Mises 1933). Motive sind fortan Reservate der Soziologie. Nicht die subjektiven Einschätzungen – die *rational actors* sind hermeneutisch frei, können evaluieren, interpretieren, was sie wollen –, sondern das System reguliert den Prozeß – als Gleichgewichtsmechanik. Andere Sichtweisen führen Marktprozesse, Evolutionen etc. ein. Zu Anfang des 21. Jahrhunderts haben wir vier konkurrente oder zumindest nicht sogleich kompatible Theorieszenarien:

- Gleichgewichtsökonomik (‚Neoklassik') (vgl. Walras 1952; Samuelson 1947; Debreu 1959; Vilks 1991; Ellickson 1993),
- *institutional economics* (vgl. North 1990, 1992; Williamson 1990; Mäki/Gustafsson/Knudsen 1993; Mantzavinos 2001; Voigt (in dieser Buchreihe)),
- *evolutionary economics* (vgl. Witt 2001a; Herrmann-Pillath (in dieser Buchreihe)),
- *austrian economics* (Marktprozeßtheorie (Hayek 1937, 1978; Kirzner 1979))

in der Reihenfolge ihrer gewöhnlichen Resonnanz.[1]

Der junge Kapitalismus des 19. Jahrhunderts, der eine strenge Symbiose mit der Industrie einging, entkleidet die Wirtschaft aller normativen und ontologischen Prägungen und Bestimmungen. Die alte Welt löst sich auf in diesem mobilen Medium der Neugestaltung der Wirtschaft der Gesellschaft, darin folgend der Gesellschaft und ihrer Politik. Die Freiheit, die politisch und ökonomisch auf den Märkten sich ausbildete, basierte auf einer epistemologischen Freiheit, die Materien nicht mehr auf bestimmte Formen hin disponiert zu sehen, die Form nicht mehr als Emanation oder Offenbarung der Materie zu betrachten, sondern *ins Spiel der Formierungen zu gehen*, Materien neu zu bearbeiten, neu zusammenzustellen, auch roh und massiv zu extrahieren.

Der junge Kapitalismus verbündet sich mit der Macht der Formierung der Welt, die alle Materien zum Objekt ihrer Neugier (Wissenschaft) und Interessen (der kapitalverwertenden Wirtschaft) machen, mit kulturellen Umprogrammierungen, die es erforderlich machten, die Bedürfnisse der Menschen in das Formierungsprogramm hineinzunehmen. Denn wenn die Bedürfnisse nicht mehr natürlich oder sonstwie begrenzt sind, so werden sie potentiell unendlich, was eine Ökonomie erfordert, die *sui generis* der Hybris des potentiell unendlichen Begehrs Grenzen setzt. Nicht die Konkurrenzordnung, als ein grenzsetzendes System, ist die interessante Novität, sondern die mögliche Parallelentwicklung der Steigerung von Begehr und Wachstum der Wirtschaft. Begehr/Bedürfnis ist kein egomanes Attribut, sondern ein *movens agens* des Wachstumsprozesses, der allen Vorteil bringt, nicht nur denen, die ihn betreiben. *Denn Bedürfnisse zu haben ist die Antizipation der*

[1] Natürlich fehlen etliche mögliche andere Kandidaten, aber sie sind geringer gerankt als die vier vorgetragenen, z.B. eine marxistische Konzeption, eine linkskeynesianische, wie überhaupt die Makroökonomik, die aber modern in den Rahmen der Neoklassik integriert scheint (über die Nuancen vgl. Priddat 1998a).

Kompensation eines Mangels, den sie repräsentieren (bzw. überhaupt erst herstellen).

Zwei signifikante Transformationen sind zu leisten:

- die Unabhängigkeit der Formierung der Materie; keine Materie hat mit Notwendigkeit bestimmte Formen mehr aus sich heraus zu arbeiten. Das bedeutet, daß die Arbeit aufgewertet wird, und damit entweder die Arbeiter als kreative oder die Organisation der Arbeit als diese Kreativität schaffend betrachtet werden. Da die Arbeiter keine Genies sind, sondern arbeitsteilig angeleitete Ausführende, rückt die Genialität in die technische Intelligenz, die die Produktionsprozesse verbessert und in die andere, die sie leitet: in die Manager.
- Zugleich *wird der Mensch die Substanz der Formen, die er hervorbringt.* Jedes Produkt ist eine Emanation der Substanz: des Inneren der Menschen – keine natürliche, sondern eine menschlich-anthropologische Äußerung. Das bezieht sich nicht auf die arbeitsteilig produktiver gewordene Produktion, sondern auf Kaufentscheidungen des Konsums.

Die neue Ökonomie, die sich Ende des 19. Jahrhunderts bald von der *political economy* der ‚Klassiker' absetzt, ist eine Ökonomie der Allokation der knappen Mittel für die mannigfaltigen Bedürfnisse. *To better the comfort of life*, die alte Legitimationsformel Smiths (vgl. Witztum 2001: 145 ff.), setzt voraus, daß die Menschen Bedürfnisse entwickeln, die die Verbesserung ihrer Lebensumstände als erstrebenswert und als möglich erachten lassen. Schmoller (und viele andere der deutschen Nationalökonomen (Priddat 1995; Kap. II)) hatten noch die institutionelle Investition hinzugefügt: *die Bedürfnisse selber sind zu bilden und sittlichen Regeln anheimzustellen* (dem *bettering of the comfort of life* käme ein *bettering of life* hinzu).

Daß dabei unterstellt wurde, daß die Menschen an und für sich Bedürfniswesen sind, darf nicht davon absehen lassen, daß diese Sichtweise zum abendländischen Ideenbestand gehört.[2] Die Differenz zu altabendländischen Begrenzungen des Bedürfniskonzeptes ist die geordnete Vermannigfaltigung. Die Vermannigfaltigung der Produktionen – erst in der Menge, dann in der Variationsbreite – ist die Basis für die Herausbildung des Geschmacks des breiten Publikums, das zu Nachfragern aufsteigt (vgl. in: Witt 2001a+b). C. Campbell hat die Romantik als die Epoche des Beginn des modernen Konsumismus nachweisen können (Campbell 1987). Hier wechselt das große abendländische Thema:

Es geht nicht mehr darum, die potentielle Hybris des Menschen und seines Begehrs zu begrenzen, sondern umgekehrt, Diversitäten des Konsum zu erzeugen, um Märkte evolvieren und Wachstum beschleunigen zu lassen. Die Hybris wird funktionalisiert, um Einkommen aus Arbeit zu erzeugen. *Das Programm der Aufhebung der notorischen Armuten in Europa konvergiert mit einem Zivilisationsprogramm, das Wohlfahrt, Zivilität und Handelsfrieden über Reichtumsanstieg durch Produktivität definiert.*.

Es geht nicht mehr um die Befriedigung einfacher Bedürfnisse, sondern *um die Gütervermannigfaltigung, die neue Bedürfnisse generiert, die die Optionenräume erweitern.* Innerhalb dieses Konzeptes entfaltet sich Kultur, und zwar wirtschaftsgetrieben: als zunehmende Komplexion von Formen- und Angebotsdiversität, die die Frage, was Lebensstandard sei, selber ausfaltet und auf die Fähigkeiten der Menschen verschiebt, welche Weltdimension man ergreifen kann. Die ausdifferenzierende Wirtschaft lehrt die Menschen Weltausdifferenzierung: sie ist eine eigentümlich neue Form praktischer Philosophie, die Welt neu formiert, indem sie die Güterumgebungen der Menschen neu formatiert, und damit die Optionen-

---

[2] Vgl. das Verhältnis von *chreia* (Bedürftigkeit) und *hybris* bei Aristoteles (Priddat 1994; vgl. dazu Picht 1980). Der Name der Ökonomik bei Aristoteles, *chrematistik*, stellt auf das potentiell anmaßende Begehrvermögen der Menschen ab; die *chrematistike* zählt zur nicht-natürlichen Wirtschaft.

räume, was zu begehren sei. Innerhalb dieser sich aufblasenden Begehrenssattraktoren verdichtet sich Alltag im Sinne von Erwartungsausfaltung. Die Vorstellungswelten werden ‚reicher', was ökonomisch dazu führt, Einkommen steigern zu wollen, um der ‚reicheren' Welt teilhaftig zu werden. Hier laufen alte Reputationsmuster, die modern als Karrieren angeboten werden: sozialer Aufstieg.

Heute, da wir meinen, alles ‚werden' zu können, was unsere Kompetenzen hergeben, ist die soziale und ökonomische Dynamik des sozialen Aufsteigens, aus der Rolle Fallens und ‚mehr und besser Werdens' nicht mehr deutlich genug, um das energetische Potential der Epoche der kapitalistischen Neuformierung der Welt zu erkennen. Wir haben geschichtlich nicht mehr in Erinnerung, welches Ausmaß an Mobilität: räumlicher, zeitlicher wie kognitiver Art wir seit dem 18. Jahrhundert gewonnen haben.

Winfrey's Hinweis auf Smith's normative Konzeption des Wachstums zeigt an, daß in der neuen Ökonomie seit dem 18 Jahrhundert Bedürfnisextension zugelassen werden können, weil das Geschichtsziel gefördert wird, ein Wachstum der *commercial society* einzuleiten, das den *Wealth of Nations* steigert und damit den Lebensstandard aller (vgl. Kap. I).

Die Rücksicht auf die Extension von Bedürfnissen ist die theoretische Legitimation für Wachstumsprozesse. Man darf nicht vergessen, daß eine extensionale Ökonomik, wie sie die moderne Wachstumsökonomie seit Smith darstellt, noch unlegitimiert ist in einem Kanon der einfachen Bedürfnisbefriedigung nach dem althergebrachten aristotelischen Duktus und dem Alltagsverständnis von Wirtschaft (vgl. Burkhardt 1992; Priddat 1994).

Die Legitimation dieser neuen Ökonomie, die die historischen Formen abendländischer Reproduktion ablöst, die auf immer gleichem oder ähnlichem Niveau geschahen, liegt *in der Erfüllung des zugelassenen Begehrs;* ihre Enttäuschung, die als ‚soziale Frage' im 19. Jahrhundert massiv wird, wird gesellschaftsordnungsbedrohend. Was die Gütermärkte, produktiv, zusätzlich anbieten, kann auf die Dauer nur nachgefragt werden, wenn die Arbeitsmärkte Kontraktformen finden, die Einkommen generieren, das zahlungsfähige Nachfrage bilden kann.

Die Freilassung der Bedürfnisse – der ‚neuen Syrenen', wie Schlosser es gegenüber der damals modernen Physiokratie Ende des 18. Jahrhunderts kommen sieht (Priddat 2001e: 132) – nähert die Ökonomie der abendländisch-klassischen *hybris*, der Unendlichkeit und Grenzenlosigkeit (*apeiron*) des Begehrs, die alle Ordnungen zerstöre (Priddat 1989b, 1994; vgl. Picht 1980). Doch entwickelt die moderne Politische Ökonomie sogleich ein *antidotium*: *Der potentiellen Unendlichkeit des Begehrs stehen die Verknappungen der Ressourcen gegenüber, der Mittel, die die Bedürfnisse befriedigen könnten.*

Diese Balance, später methodisch zum Gleichgewicht normiert, ist nur formal betrachtet eine statische Figur. Im Markt definieren zum einen der Wettbewerb die Ausgleichung der Profitraten, zum anderen die verfügbaren Einkommen die effektiven Kaufwünsche. Marktwirtschaft ist Grenzwirtschaft. Im Parterre dieser Gleichgewichtsökonomik arbeiten allerdings die produktiven Kräfte der älteren klassischen *Political Economy* weiter. Die Erhöhung der Produktivität durch Wissenschaft und Technik wie Arbeits- und später Unternehmensorganisation ist identisch mit einem fortwährenden Prozeß der *Entknappung der knappen Ressourcen*, um in neuen Bedürfnissen neue Knappheiten zu evozieren etc. pp.

Die Effizienz, die aus der Allokation knapper Ressourcen herausspringt, ist kein sparsamer Umgang mit beschränkten Mitteln, sondern die Reflektion auf den profitabelsten Einsatz der Ressourcen, was dann den Verbrauch dieser Mittel extrem erhöht, bis in die ökologischen Folgen der Extraktion der knappen Ressourcen über jedes historisch bekannte Maß hinaus. Denn wirtschaftliche Effizienz ist dann – wenn profitable Märkte gefunden sind – die Erhöhung des Einsatzes der Ressourcen, um Umsatz und Profit zu steigern. Der Konsum verknappt, was die Produktion in profitablen Entknappungsschüben *en masse* auf den Markt wirft: die goldenen Wachstumsepochen begannen mit der Industrialisierung, d.h. mit der Produktionsweise der Massenproduktion (auf der Basis einer *economy of scale*).

Wenn – und das ist die große Wende der modernen Ökonomie, die als *Political Economy* im 18. Jahrhundert entstand (an der Koselleckschen Epochenschwelle) – die Gefahr, vor der abendländisch schon vor Aristoteles gewarnt wurde (Wieland 1989), der Unendlichkeit des ordnungssprengenden Begehrs nachzugeben, *nicht nur durch Moral, sondern vor allem durch Ökonomie begrenzt wird*, nämlich durch die Einsicht in die Wirksamkeit der Knappheit von Ressourcen, die jeder Bedürfnisemanzipation Grenzen setzen, dann wird die Frage, wer von den relativen Knappheiten und von den relativen Vorteilen profitiert, wichtiger: welche Allokationsasymmetrien sind stabil? welche nicht? welche sind systemgefährdend, d.h. politisch brisant? Wie sehen die Verteilungsmuster aus? Wie werden politisch Knappheiten erzeugt?

Nicht mehr die Materien und ihre Bedingtheiten, sondern die Wünsche, gepaart mit Technologie und Fortschritt, bestimmen, was die Wirtschaft liefert. Wenn wir die metaphysische Materie/Akzidenz-Topik verlassen, auch die Ding/Eigenschaft-Zuschreibung, sondern auf Medium/Form umstellen, können wir nicht mehr notwendige Formen spezifischen Materien eindeutig zuordnen, sondern alle Formen sind akzidentiell, keine von ihnen drückt ‚das Wesen des Mediums' aus.

Nicht die Wünsche, Begehren sind knapp, sondern ihre Bedienungszustände: knappe Mittel. Zu diesen Knappheiten gehören aber zunehmend auch alle Konventionen, Habitus und Alltagstraditionen standesgesellschaftlicher Normierungen. Erst über die bürgerlichen Freiheiten und über die Überschreitung dieses Topos als rein politischem, gewinnt die moderne Ökonomie den Horizont ihrer Extension: die Freiheit des Begehrs, und der Entfesselung der sozialen Formbindungen – was sich gehöre, was nicht. Die moderne Ökonomik erfindet, unter der Rubrik der Freiheit, das Individuum, das sozial frei entscheidet, was es will, wie es sein Leben gestaltet etc. Das Modell, obwohl in der Romantik konstruiert (vgl. Campbell 1987), ist erst Ende des 20. Jahrhunderts einigermaßen alltagspraktisch geworden, in den nordatlantischen Gefilden, und auf die Freiheit der Wahl im Konsum angewandt, weniger zuerst auf die Wahl der Arbeit.

Der Verlust normativer Vorgaben wird als Werteverlust beschrieben, ohne befragt zu sein, welche Optionen die normenentlastenden Individuen zusätzlich bekommen. Freiheit ist ein Thema der Entbindung/Neuoptionierung. Was hier als Spannung aufgebaut wird, wird in der Differenz Neoklassik/Institutionenökonomik neu beleuchtet. Ordnung muß sein, aber: welche? Wie ist sie zu wählen? Die Ordnungen, die individuellem Handeln vorauszusetzen sind, sind eben nicht normativ-unbedingt, sondern wählbar-relativ vorauszusetzen. Welche Ordnung zu wählen ist, behandelt die *theory of constitutional choice* (Buchanan 1975; Voigt (als Buch in dieser Reihe)). Welche Regeln gelten müssen, um welche Koordinationen zu leisten, behandelt sie ebenso. (North 1990, 1992; Mantzavinos 2001; Voigt (als Buch in dieser Reihe)).

Die alte Form der Wirtschaft tritt als materielle oder ressourciale Knappheit auf, die moderne Form als Unendlichkeit des Begehrs – beide Formen komplementarisieren im Vektor einer Wachstumsökonomie, die die Bedienung neuer Märkte und zusätzlichen Begehrs zur produktiven Aufgabe sich macht. Innovationen sind dann nicht Erfindungen für die Bedienung schon vorhandenen Begehrs, wie der technische Fortschritt verkürzt angesehen werden mag, sondern zugleich die Erfindung neuen Begehrs; „ ... preferences are often the outcome rather than the premises of choice processes; new regions of choice are likely to give rise to new systems of preferences“ (Loasby 2001: 24; vgl. auch Bianchi 1998b).

– Die Ökonomisierung der Moderne ist eine Einrichtung informeller Institutionen der Erwartung solcher Innovationen, inklusive der Herausbildung einer Präferenzänderungssensibilität. Das Wissen um Riskanz nimmt zu, aber zugleich auch die Konventionalisierung vieler Risiken, die vordem noch als Unsicherheiten überhaupt nicht gehandelt wurden.

In einer hochdynamischen Welt der Märkte, in der Produkte und Leistungen über aktuelle Markierungen statusausgezeichnet werden, ist die Ausbildung starrer Präferenzen, gar für ein ganzes Leben, kontraproduktiv. Präferenzen werden nicht mehr über Einstellungen gesteuert, sondern Einstellungen beginnen, über adaptive Erwartungen gesteuert zu werden. Die Innovationen liegen nicht mehr nur auf der Angebots- bzw. Produktseite, sondern ebenso in den durch mitlaufende Kommunikationen sich ändernde Nachfragestile.

Innovation ist die Realisation neuer Optionen, damit aber eine Extension des Begehrs, die neue Knappheiten einführt. Schumpeter mußte die Vokabel der ‚schöpferischen Zerstörung' einführen, um begreifbar zu machen, daß Innovationen erweiternd und verknappend zugleich sind. Was bisher: bei Schumpeter, Hayek u.a. der Produktion reserviert schien, wird jetzt auch im Konsum entdeckt: Innovationen (vgl. Binachi 1998b; Loasby 2001; Van Bömmel 2001; Giesler 2002). „Whatever their motivations, consumers make conjectures, using their own mental frameworks against a background of institutions. Some times they just do what seems best, sometimes they deliberately experiment; but in either case it is as true for consumers as for business people that ‚imagination', rather than information in any ordinary sense, is what enterpreneurs require in order to discover new ways of combining resources in order to meet consumers ‚desires'. This is a process of trail and error ... Consumers make plenty of mistakes, and what is observed at any time is very unlikely to be a general equilibrium" (Loasby 2001: 24 f.).

Die Geschichte der Ökonomie versteht sich, jedenfalls seit Ende des 19. Jahrhunderts, anti-metaphysisch und positiv. Die metaphysische Disposition hielt länger an und war weitaus dominanter, als die Rationalisierungsgeschichte der ökonomi-

schen Theoriegeschichte zuließ.[3] *Denn wenn Werte als subjektive Entäußerungen des Inneren des Menschen beschrieben werden, haben wir es mit den gleichen metaphysischen Emanationsmustern zu tun, die seit Aristoteles die Ökonomie beschäftigen: mit einer Re-Formierung eines klassischen Materie/Form-Themas, das allerdings eine Verschiebung erfährt: Materie wird zum Medium – für beliebiger werdende Formen.*

Was wir bisher als einseitig gerichteten Naturprozeß beschrieben haben: die *materia*, eine Frucht von imaginären Schöpfungs-, später Naturprozessen, wird durch Arbeit aus der rohen in einer artifizielle Form gebracht: aus Natur- in Wert-Form. Arbeit bzw. Produktion ist – in der klassischen Ökonomie – *trans*-Formation.

Die Formen, selbst die dann industriell arbeitsteilig, in Konkurrenzprozessen erzeugten vielfältigeren, bleiben aber alle materiehaftig: Arbeit transformiert, aber die Materie gibt den neuen Wertdingen Dauerhaftigkeit. Der Wert liegt scheinbar am ‚guten Material'; schlechtes Material macht die Dinge wertloser, in Preiskategorien: billiger. Die Dienstleistungen, die keine permanente Form bilden, also ‚materiallos' sind, bleiben wertlos, jedenfalls nicht produktiv wertschöpfend.

An dieser abendländischen Altlast ist die klassische Ökonomie zerbrochen. Sie war nicht in der Lage, die Wertschöpfungen unabhängig von den materiegekoppelten Produktionen zu

---

[3] „Early economists found the ‚cause' and ‚substance' of value in the stored-up energy of the past, either Quesnay's vital forces of nature, or Ricardo's and Marx' s stored-up labor power. Then followed the hedonic economists who found value in the pains and pleasures of the present, aided perhaps by a calculating mechanism of the future, while the later theories find value in the hopes, fears, probabilities and lapse of time of the future, depending on the will of persons existing in the present. The progress has been from ‚efficient causes' flowing from the past into the present, to ‚final causes' originating in the purposes and plans for the future and guiding the behavior of the present.. While the eralier theories were quantity theories of value and economy, the later are expectancy theories" (Commons 1924: 2 f.).

sehen. Der entscheidende Schritt der Umstellung der Ökonomie von ‚Klassik' auf ‚Neoklassik' ist die *marginal analysis* und Gleichgewichtsformulierung, aber nicht, weil sie neue Modelle einträgt oder sich an der Naturwissenschaft orientiert, sondern weil diese neuen Modelle eine *Symmetrisierung aller Wertschöpfungen* erlauben. Sie werden nicht mehr zwischen produktiv/unproduktiv materiekritisch unterschieden, sondern umgekehrt:

Alles, was Wertform werden kann, ist fortan ‚Materie' der Ökonomie, die natürlich nicht mehr mit den abendländischen Altlasten verwechselbar sein darf. Folglich ist die ‚Materie' der Ökonomie jetzt jedes Medium, *das es erlaubt, formbildend Wertschöpfungsprozesse einzugehen oder anzustoßen. Die Materie (der Natur) ent-materialisiert – zum Medium der Ökonomie.*

Man muß sich diese starke Transformation vergegenwärtigen: *ars versus natura*. Natürlich gab es *artefacta,* die kunstvoll gemacht waren, ohne Vorbilder der Natur, ohne sie zu kopieren. Die Kunst war die Arena des menschlichen *ingeniums,* und stand im Gegensatz zur Natur. Wenn nun im 19. Jahrhundert die Ökonomie die Wertformen nicht mehr als Transformationen von (natürlichen) Materien ansieht, sondern sich allen Medien öffnet, wird die Ökonomie ihre Naturbindung los, sie schlägt sich auf die Seite der Artistik, die natürlichen (generativen) Knappheiten tauschen sich gegen andere Formen der Knappheit: gegen die Knappheit des Wissens, welche neuen Medien, in welchen neu zu gestaltenden Formen was produziert werden kann.

Was in der Differenz zwischen agrarisch-generativen Physiokraten und industriell-artifiziellem Smith aufschien, wird im 19. Jahrhundert empirisch am Gegegnsatz Stadt/Land festgemacht, aber wirkt systematisch längst darüber hinaus: als Differenz zwischen natürlicher und wissenschaftlich/technischer Knappheit.

Jetzt wird erst deutlich, wie sehr eine Theorie der Kapitalakkumulation und der Steigerung des *Wealth of Nations* mit einer Geschichtsphilosophie der Zukunftssteigerung gekoppelt ist, in der Fortschritt als Wissenszunahme gedeutet wird: als wissenschaftlich/technischer Fortschritt, wie es die Ökonomie des 20. Jahrhunderts in ihren Wachstumstheorien dann aufnimmt. Wissenschaft ist hier der Name für ein Formierungspotential; wissenschaftlicher Fortschritt für einen Prozeß der Unabgeschlossenheit möglicher Formen.

Rational choice

Wenn diese Transformation in Gang gesetzt ist, macht sie auch nicht mehr halt vor den Formen, die die Ökonomie zur Behandlung dieses Phänomen eingeführt hat: vor der Form der *rational choice*. Was Max Weber um 1900 noch in der Unterscheidung zweier Rationalitätsmodi retten wollte: Zweck- und Wertrationalität, wobei die erste *rational choices*, die letztere Sinnentscheidungen umfaßt, wird in den allgemeinen Bewertungsnexus hineingenommen, die die moderne Ökonomie eröffnet hat. „Sinn“ wird dann gegen Ende des 20 Jahrhunderts ebenso ein Objekt von Wertzuschreibung wie Freundschaft, Liebe etc., die Menger 1883 noch klar als *non-economic topics* isoliert wissen wollte (vgl. Kap. IV.3).

Soweit bleibt das Schema intakt; Sinn, Freundschaft, Liebe etc. werden als distinkte, unterscheidbare und bewählbare Zustände in den Alternativenraum der *rational choice* hineinnehmbar. Neu ist hier die Bewählbarkeit von etwas, das vordem als tabu galt, einer anderen sozialen Sphäre scheinbar unverfügbar zugeordnet. *Rational choice* erweist sich als epistemischer Operator mit universalisierende Tendenz. Das wird oft verwechselt mit einer Art ökonomischem Imperialismus, der sich der menschlichen Dinge bemächtige. Ein solche Sichtweise klärt nichts, sondern wünscht oft nur kulturkonservativ ältere Normengefüge zurück.

Rational choice ist allerdings zugleich ein epistemischer Hinweis, die Ordnung der Dinge neu zu strukturieren. Waren früher die Medien klar beschrieben, auch eingeteilt in ökonomische, nicht-ökonomische Güterdimensionen, haben wir heute mannigfaltigere Medienarsenale, auf die die Ökonomie, in ihrem *modus operandi*: *rational choice* ebenso umfassend zugreift, wie die mediale Struktur es zuläßt. *Rational choice* hat qua Schema keine Limitationen. Im Schema der Unterscheidung von Medium/Form kann *rational choice* alles wählen bzw. entscheiden, was ein relevantes wirtschaftliches Medium ist, d.h. auf erfolgreiche Zahlung zuschneidbar ist.[4]

Rational choice basiert auf zwei Unterscheidungen:

Präferenzen ⌉ Alternativen, und
Präferenzen ⌉ Tauschwerte,
die dann vollständig so konfiguriert sind:

Präferenzen ⌉ Alternativen ⌉ Tauschwert

Rational choice ist das Schema der Formierung von präferierter Alternative. Damit ist im strengen Sinne noch keine Transaktionsentscheidung bewirkt. Was ein Akteur präferiert, ist erst dann in einen Transaktionsakt eingehend, wenn der Nutzen der Präferenzobjektes festgestellt ist und die Präferenz bestätigt. Nutzenurteile sind Evalutionen von Präferenzurteilen in Bezug auf Liquidität und Budget (-restriktionen). Tauschwert formiert sich erst über eine Präferenz/Preis/Budget-Abwägung, die den (monetären) Nutzen bestimmt. Was einer präferiert, muß an seinen budgetären oder monetären Möglichkeiten (seinem Vermögen i.w.S., d.h. seiner Zahlungsfähigkeit) auf Transagierbarkeit abgeprüft werden.

Die endgültige Entscheidung im *rational choice*-Kontext wird immer über die Zahlungsfähigkeit ermittelt. Die Unterscheidung von Präferenzen/Alternativen, die die Form der *rational choice* darstellt, ist ökonomisch bestimmend wie

---

[4] Während die **Materie ⌉ Form** – Unterscheidung auf naturale Vorlieferungen begrenzt war: *materia* als Natur-Produkt, ist die **Medium ⌉ Form** – Unterscheidung welt-offener, vor allem: Materie-unabhängig.

unvollständig, wenn sie nicht über eine monetäre Prüfung läuft, die die aktuelle Wahloption gegen die aktuelle Zahlungsfähigkeit vergleicht, d.h. immer auch andere: weitere oder alternative Optionen klären muß, ob das Geld dafür dann reicht, wenn die aktuelle Wahl gefällt wird.

Wenn x a vor b präferiert, aber nur den Preis von b bezahlen kann, verändert die Nutzeneinschätzung die Präferenzrelation (oder zumindest deren Valenz). Ebenso kann x, wenn er a vor b präferiert, aber beide Alternativen nicht zahlen könnte, auf m und n wechseln, d.h. Substitutionen ungewöhnlicherer Art machen, womit sich der Auswahlbereich bzw. die Menge der gegebenen Alternativen änderte.

Beide Operationen auszuschließen, erfordert eine Fassung der Form der *rational choice*, die eine Subjekt/Objekt-Relation bleiben muß, in der dem Objekt höchstens verschiedene Eigenschaften zugesprochen werden. Auch hier haben wir, obwohl wir auf der produktionsabgewandeten Seite der *rational choice* im Konsumbereich operieren, das Substanz/Akzidenz- bzw. das Materie/Form-Schema wieder. Lancaster löst die Transaktions- und Wahlobjekte auf in differente Eigenschaften, die selber einzelne Nutzen darstellen (Lancaster 1971; vgl. auch Bianchi 1998b). Jede Konsumalternative, d.h. jede *rational choice*-Situation, enthält virtuelle Nutzen, deren Komplexion kopräsent ist und in jedem Wahlakt ausgefaltet werden kann. Bianchi konstruiert den Konsumwahlakt deshalb konsequent als *decisional innovation-process* (Bianchi 1998b; vgl. auch van Bömmel 2001). Damit fällt die alte Unterscheidung Produktion/Konsumtion. Konsumwahlakte, d.h. *rational-choice*-Situationen, sind Produktionsakte, wenn auch epistemischer Art. Das hatte Shackle schon früh beschrieben:

„When a number of actions, distinguished from each other by the set of outcomes respectively assigned to them, are available and choice amongst them is open to the decision-maker, the set of outcomes each considered as a whole, are mutally exclusive rivals of each other. Within each set, the members are also mutually exclusive hypotheses. Thus these outcomes cannot be matters of fact but are things imagined by the decision-maker. They exist in his imagination, not after but before his commitment to a particular act; their existence is within the moment of decision and forms part of that act" (Shackle 1961: IX f.).

Shackle – intelligent, verkannt – weist auf eine Quintessenz der Werttheorie, wie sie sich über die *marginal revolution* Ende des 19. Jahrhunderts hinaus in der Mitte des 20. zu vollziehen beginnt: *imagination forms decision*. Das ist die systematische Konsequenz der Subjektivierung der Werttheorie. *Rational choice* läßt sich nicht mehr halten als Schema der rationalen Wahl von gegebenen Alternativen, weil das, was als Alternativenmenge in den Wahlakt eingeführt wird, keine ontologische Kategorie mehr ist, sondern *epistemisch produziert wird durch die Kognition der Akteure*: singulär und *en collectiv*, durch Kommunikation (vgl. Priddat 2000).

Die alte Formbestimmtheit der *rational choice* im Kontext der *marginal utility* löst sich auf in zwei Möglichkeiten, die die Gegebenheit der Alternativen ambivalent machen. Zum einen kann das, was für einen Akteur als ‚gegeben' gelten mag, im Kommunikationszusammenhang der Entscheidungen neu bewertet werden: in einer anderen Relation, aus einem anderen Kontext, auf andere Reputationsmuster bezogen etc. Die Verschiebung oder Neuinterpretation der ‚gegebenen Alternativen' ist strukturell eine ‚Innovation' im Konsum-*choice*-Bereich.

Zum anderen können sich die Präferenzen ändern. Das tun sie ständig; eine ganze Industrie arbeitet daran: das Marketing, die Werbung. Wenn Unternehmen nicht davon überzeugt wären, daß Werbung Präferenzänderungen erzeugt (vgl. Liebl 2000; Schroeder 2002), würde nicht so viel in Werbung investiert werden. *Imagination forms decision*. Güter sind über *issues* markiert (Liebl 2000).

Nun ist Werbung aber nur ein Moment in laufenden Kommunikationsprozessen, die ständig Bewertungen erhalten oder ändern. Selbst wenn das konventionale Moment überwiegt: Kommunikationen ist Kommunikation, d.h. potentielle Änderung der Bewertung. Werbung wirkt, weil sowieso Kommunikation läuft. Werbung ist eine Kommunikation unter anderen Kommunikationen.

Die Frage der Werte löst sich nicht auf, aber bekommt eine neue Extension. Was in der Theoriegeschichte der Ökonomie die folgende Form gefunden zu haben schien

⌉**Tauschwert**
Präferenzen ⌉**Alternativen** |,

wird nun neu bewertet. Zu den Alternativen als gegebenen fügen sich Alternativen als erweiterte, neue Optionen hinzu:

Alternativen ÷ Alternativen.

Zu den Präferenzen als scheinbar individuelle gefestigte Überzeugungen treten neue Präferenzen hinzu:

Präferenzen ÷ Präferenzen.

Dann aber ist nicht der Tauschwert die offene Seite der Formbestimmung, wie in dem oben angegebenen ersten Schema, sondern die Präferenzen, die durch andere Präferenzen substituiert werden können, wie die Alternativen die durch andere Alternativen substituiert werden können. Was da jeweils substituiert wird, ist die *Transaktion*, wie sie primär ins Visier genommen wurde. Erst wenn die Präferenzen = Präferenzen und wenn die Alternativen = Alternativen, d.h. jeweils dieselben bleiben, gilt die alte determinatorische Relation. Wenn nicht, dann allerdings nicht, d.h. dann kehrt sich die alte Kausalität um und neue *causa* greifen:

Transaktion ÷ Präferenzen; Alternativen

Wenn ‚*imagination forms decision*' gilt, dann sind in postmodernen Welten alle Transaktionen potentiell transzendierbar. Es geht dann nicht darum, zu behaupten, daß ‚Präferenzen stabil' und ‚Alternativen gegeben' sind. Dieses ist nachzuweisen, nicht vorauszusetzen, d.h. die Stabilitätsbedingungen sind zu klären. Wenn – wie oben skizziert – Kommunikation die Bedeutungsräume perpetuiert oder ändert, ist die Stabilität der Propositionen, wie sie die neoklassische Ökonomie einführt, von Kommunikationen bzw. Bedeutungsstabilisationen (*shared mental models* (vgl. Denzau/North 1994; Mantzavinos/North/Shariq 2001)) abhängig, die nicht durch die Ökonomik selber erklärt werden. Das weist darauf hin, daß die Wirtschaft durch eine zweite, nicht-wirtschaftliche *governance* erklärt werden muß: **durch die Kommunikation dessen, was als relevant erachtet wird, und was nicht**.

Preise sind keine ausreichenden Signale mehr für die Bewertung von potentiellen Transaktionen. Neben der klassisch/neoklassischen ökonomischen Medium/Form-Relation

Geld ÷ Wert

haben wir es noch mit einer zweiten Medium/Form-Relation zu tun:

Kommunikation ÷ Bedeutung, Relevanz.

Beide Formbeziehungen zusammen konfigurieren die Wertbestimmung der Ökonomie. Beide Formen koinzidieren dann, wenn kommunikative Relevanz und ökonomische Bewertung i.e.S. zusammenfallen:

Geld → Wert ← Bedeutungen.

Hier zeigt sich eine ideale Norm, der die Ökonomie folgt: Märkte werden wie Abbildungen formuliert. „Das Angebot bildet eine Nachfrage ab, wobei die Abbildungsqualität , so behauptet zumindest die neoklassische Theorie, derart groß ist, daß sich Märkte im Gleichgewicht befinden – es ist sozusagen eine 1:1-Abbildung“ (Eigner 2002: 57). Geld ist, in diesem Theorietypus, ein hoch fluides Medium der Herstellung von Abbildungsadäquanz.

Doch wenn wir, mit guten Gründen, die Ökonomie als ein System der Kommunikation von Transaktionen darlegen, das sich über finale Zahlungen schließt (vgl. auch Baecker 2002b), dann haben wir es nicht mehr mit ontologisch fixierten Güterepistemologien zu tun (die Anbieter wie Nachfrager in konventionalisierte *shared mental models* einschließen), sondern mit offenen oder Interpretationsräumen, in denen aktuelle (‚gegebene') Alternativen mit ihren möglichen Alternativen – *in possibilitas* – konkurrieren.[5]

Zahlung ⌉ Nichtzahlung als Form der Zahlung „definiert kein Kategorienschema, kein Regelwerk und keine Handlungsgesetze, sondern ein Muster der Informationsverarbeitung, das sich bewähren kann, aber nicht muß. Je konventionalisierter und institutionalisierter es in einzelnen Bereichen der Wirtschaft zugeht, desto mehr ähnelt die Form Kategorien, Regeln und Gesetzen. Doch nichts garantiert, daß nicht bereits die nächste Auswahl einer konkreten Zahlung nur verstanden werden kann, wenn man den Möglichkeitenraum, den man bisher auf beiden Seiten, beim Zahlenden wie Zahlungsempfänger, unterstellt hat, zugunsten der Integration neuer Möglichkeiten variiert" (Baecker 2002b: 9).

Wir haben es mit Interpretationsräumen zu tun, d.h. mit dem Verlust der Determination der Tauschwerte durch Präferenz/Alternativen (bzw. durch *rational choice*). Interpretationen sind Interpretationen: subjektiv oder *en collectif*, d.h. innerhalb der jeweils spezifischen *linguistic community*. An ihren Rändern ändern sich die Bedeutungen. Trendbeobachtungen beobachten diese Ränder. Deswegen sind *rational actors* ambigue Typen: Man weiß nicht, ob sie sich konventionell oder innovativ verhalten werden. Beide Muster werden in *modern economics* angereizt. Beide Muster sind jeweils erwartbar. Die Werte, die sich auf den Märkten nicht einstellen, werden produziert: z.B. durch Investitionen in *advertizing*, Werbung, aber auch implizite in den

---

[5] Hier wären andere Kosten als die gewöhnlichen Opportunitätskosten in Anschlag zu bringen: die nächst-beste Alternative wäre potentiell, nicht reell. Der Raum für subjektive Kostenzuschreibungen und –kommunikationen ist offen. Nicht mehr die Kosten, sondern ihre kommunikative Schließung bzw. transaktionale Anerkennung und Geltung ist dann entscheidend – inklusive des *chorus communicativus*, der aus dem gesellschaftlichen *backoffice* herüberschallt.

Alltagskommunikationen, die ebenso Bedeutungen setzen wie die offiziöse Werbung sich bemüht.

Werbung entfacht einen Wettbewerb der Bedeutungen an – dort am intensivsten – fast gleichen Gütern/Leistungen. Die Formulierung ist eine Variante von ‚*imagination forms decision*'. Es geht um die *imagination of imaginations*. Wenn Güter, die schlicht auf ihren traditionellen Gebrauchswert reduziert sind, gleichwertig erscheinen, setzt Werbung eine Differenz in die Homogenität. Sie lädt Gütern Bedeutungen auf, d.h. Geschichten, Inklusionen, Metaphern etc., die sie innerhalb ihrer Gleichartigkeit zu differenten Objekten machen. Die Differenz entsteht durch Zuschreibung, nicht *sui generis* oder aus irgendeinem Wettbewerb. Es geht um die *imaginativa*, die zwei Extensionen haben: quantitative und qualitative.

Die Unterscheidung zwischen *necessarium* und *superfluum*, die wir in Thomas von Aquins *caritas*-Ökonomie fanden (Teil I.3), ist nicht gänzlich in der neuzeitlich-modernen Kapitalakkumulationstheorie aufgehoben worden. Nassau Senior, einer der späten klassischen Ökonomen, zog die alte Unterscheidung wieder heran: „necessaries / decenies" (Senior 1836; vgl. Sieferle 2002: 144). Ein solche Unterscheidung modern zu tätigen, bedeutet, eine Unterscheidung zwischen notwendiger Versorgung zu treffen, und zwischen nicht notwendiger: „ostentative expenditure" bzw. „conspicuous consumtion" (Th. Veblen) (vgl. Sieferle 2002: 144; vgl. Penz / Wilkop 1997). Die letzteren Begehren richten sich auf Status- oder positionale Güter. Sieferle weist darauf hin, daß es den modernen Gesellschaften gelungen sei, die Kampf um soziale Anerkennung (der symbolischen Distinktionen) als Wettbewerb um materiale Güter auszulegen (Sieferle 2002: 144 ff.; vgl. auch Franck 1998). Diese zivilisierende Tendenz hat einen Wachstumsgenerator angeworfen, der durch eine bloße Extension der alteuropäischen Versorgungsökonomie nicht vorangekommen wäre – jedenfalls nicht in der uns bekannten Dimensionierung.

Der moderne Kapitalismus, um dieses griffige Wort für die *modern economics* zu gebrauchen, beruht nicht nur auf einer Differenzierung von Wirtschaft und Gesellschaft, wie Max Weber das Programm der Erfindung der Soziologie nannte, sondern auch auf einer Forcierung des Allokationswettbewerbs des Marktes. *Status und Reputation werden zu bedeutsamen Anreizsystemen, indem die Aneignung von Konsumtiva (und Kapital) als Erwerb von Statusgütern verstanden wird, die die soziale Positionierung verbessern.* Indem Güter Status verleihen, wird ihr Erwerb, d.h. ihr Konsum forciert, und die Nachfrage steigt, wie die Nachfrage nach Erwerbs- wie Einkommensgelegenheiten. Konsum ist dann Versorgung mit Lebensmitteln i.w.S. wie Versorgung mit Statuspositionierungen.

Carl Menger et al. hatten versucht, das Reich der Notwendigkeit als Basisreich zu deklarieren, über das hinaus erst Luxus etc. – nicht-notwendige Begehren – zugelassen sei (vgl. Teil IV.3). Das sind aber noch Unterscheidungen auf dem Niveau der Thomasischen Ökonomie. Natürlich müssen die Arbeiter vor allem erst einmal essen, bevor sie sich etwas anderes gönnen können – aber das ist das Armutsniveau der Ökonomie seit altersher. Moderne Wirtschaft differenziert Märkte aus, so daß auch bald der einfache Konsum statusmarkiert einherkommt: welches Brot essen wir, welche Stoffe tragen wir als Kleidung, welche Ausstattung hat die Wohnung etc. „ Der überwiegende Teil des Wirtschaftsprozesses dürfte heute zur Produktion von Positionsgütern verwandt werden, von Waren also, die ihrer sozialen Bedeutung, nicht aber ihrer physisch-metabolischen Funktion wegen gewünscht werden . ... daß das ewige Spiel um Anerkennung (wird) auf breiter Basis mit Hilfe von Konsumgütern ausgetragen werden kann. ... darin liegt die Karriere der ‚Konsumgesellschaft' „ (Sieferle 2002: 146). Doch entwickelt sich an diesem Phänomen eine autodestruktive Dynamik: „In dem Maße, wie sich der Konsum bestimmter Positionsgüter verallgemeinert, verlieren diese an distinguierender Bedeutung. Es findet gewissermaßen eine symbolische Abwertung statt, der die Konsumenten nur entkommen können, indem sie nach scheinbar exklusiveren Positionsgütern streben“ (Sieferle 2002: 146).

Wenn das so gelten mag, ist die Wirtschaft als System knapper Allokationen ungenau beschrieben. Die Knappheit ist nicht allein die der Ressourcen, sondern vor allem der der differenzierungs- und damit reputationszuweisenden Statusgüter. Die Produktion von Status aber ist nicht an spezifische Güter gebunden, sondern nominalistisch ausweitbar: *gelingende Kommunikation generiert gelingende Zuschreibungen* (*et vice versa*: Mißlingen). Das Bedürfnis, sich sozial zu positionieren und immer wieder sich von anderen abzugrenzen, erregt eine Nachfrage nach Statusgütern (bzw. von Status-Aspekten bei Normalgütern), die weit über die mehr physiologisch gedeutete Nachfrage nach Gütern hinausgeht.

Das sind die Treiber der Innovation, d.h. der Erfindung immer neuer Güter, die neu die Aufmerksamkeit auf sich ziehen, an der beteiligt zu sein, neue soziale Positionen kreiert, die helfen, aus alten zu entkommen, weil sie als zu geringwertig angesehen werden. Die moderne Wirtschaft generiert, neben den Gütern und Kapitalen, Reputationskarrieren: Wechsel des Standes, Nonkonformität in einem einfachen Sinne, Leistungsgerechtigkeit etc. Indem der Bedarf nach Positionsgütern steigt, weil gerade dann, wenn viele produziert werden, ihr sozialer Wert sinkt, haben wir eine neue Quelle der Innovationsbestrebungen: Die Innovationen bieten nicht primär neue Güter/Leistungen im Bedarfsbereich, sondern im sozialen Bedeutungserhöhungsbereich; der positionale Aspekt der Güter ist ebenso wichtig, wenn nicht bedeutsamer als ihre konsumarische Grundvoraussetzung.

Die modernen Karrieren, die Standeswechsel und sozialen Aufstieg ermöglichten, d.h. den freien Erwerb von Statusgütern, ist das durchschlagende Innovationsmodell der Moderne, das heute durch postmoderne Statusdifferenzierungsattributionen abgelöst wird. Die Innovation neuer Güter und Leistungen steht im Schatten der treibenden und vorauslaufenden Innovation der Statuskarrieren, die eine Zunahme an Einkommensbeschaffern und selbständigen Arbeitsmarktanbietern ermöglichten.[6] Güter selber sind Komplexionen, die diverse Präferenzen bündeln, wesentlich auch immer Status- und Reputationsmarkierungen. *Güterkonsum ist immer zugleich sozialer Konsum als Positionierungskommunikation.*

Werte und Werte

Wir sind an einen Punkt angelangt, in der Ökonomie durch Ökonomie alleine nicht mehr erklärt werden kann. Werte sind nicht mehr nur durch Preise repräsentiert, sondern zugleich auch durch Bedeutungen – sozialer, positionaler wie kontextueller Art. Werden Gütern/Leistungen Bedeutungen aus der Alltagskommunikation zugeschrieben, erhöht sich die Nachfrage, aber nicht unbedingt zu jedem Preis. Angebot und Nachfrage „entstehen in der Regel gleichzeitig und meist ... im Rahmen von Kommunikationssituationen" (Eigner 2002: 57).[7]

Das Thema wird am Verhältnis von Moral und Ökonomie deutlicher. „Moralische Werte werden in der Gesellschaft kommunikativ bevorratet, aber eben nicht in anwendungsspezifischer Form" (Wieland 1999: 61).

---

[6] Das Egoismusmotiv, das der modernen Ökonomie seit ihrer Gründung anhängt, ist verknüpft mit der Extension sozialer Karrieren, die alte Ordnungen aufbrachen und die Gesellschaftsmitglieder Optionen anvisieren liessen, die ihr soziale Kompetenz erhöhten und den Zeitmodus der säkularen Erwartbarkeit etablierten. Wegen der sozialen Karrieremöglichkeiten wird das ‚Ich' so prominent: es ist die Form der Stabilität in der jetzt zugelassenen, beginnenden sozialen und wirtschaftlichen Dynamik.

[7] „Auch was traditionell als Zusammenspiel von Angebot und Nachfrage gedeutet wird, ist in Wirklichkeit ein Moment des *différance*, der unendlichen Semiose, in der Bedeutung und Sinn dann entstehen, wenn sich etwas von etwas anderem differenziert und doch zu ihm gehört. Nichts anderes steht aber am Beginn eines Geschäfts: Ein –sprachliches! – Differenzierungsmoment, in dem zugleich ein Unterschied und eine Zusammengehörigkeit produziert werden; eine Relationalität, die nur entstehen kann, wo Kommunikation erfolgt" (Eigner 2002: 57).

Die Frage der Werte, die die Ökonomie kongenial in Preise aufgelöst hatte, kommt über die Interpretationsfragen wieder zurück in eine Diversität, in der mindestens zwei Wertesysteme fortan eine Rolle spielen: ökonomische und soziale (positionale). Wieweit die sozialen Werte moralisch interpretiert werden, bleibt offen. Wieland differenziert zwischen ökonomischen Koordinationsmechanismen und moralischen Kooperationsmechanismen (Wieland 1999: 32). Die Kooperationsmechanismen sind Anerkennungsmechanismen; sozial-positionale wie moralische Werte mischen sich. Transaktionen werden über ihre Transaktionsatmosphäre analysiert (Wieland 1996a, 1996). Bedeutsam ist die Aussage, daß moralische Anreize nicht systematisch auf ökonomische Anreize rückgeführt werden können (Wieland 1999: 23, 62 ff., 768 ff.). Unter der Voraussetzung, daß man sagen kann, daß es moralische Anreize gibt – Wieland plädiert für ein Moralsystem, das exklusiv unter den Gesichtspunkten gut/schlecht bzw. gerecht/ungerecht kodiert ist (Wieland 1996: 88 f.) –, kann gezeigt werden, daß „moralische Achtung ... über Geld nicht zu haben (ist)“ (Wieland 1996: 89). Moralische Werte sind konstitutiv für die Kooperation von Transaktionspartnern. Wieland komplettiert Williamsons Transaktionskostenökonomik (vgl. Beschorner 2002: 126 ff.; Wieland 1996a). Moral und Ökonomie sind rekursiv verknüpft: „Es gibt ökonomische Voraussetzungen von Moral und moralische Voraussetzungen von Ökonomie. Es gibt moralische Konsequenzen von Ökonomie und ökonomische Konsequenzen von Moral“ (Wieland 1999: 81).

Es kommt hier lediglich darauf an, auf eine weitere Wertedimension zu verweisen, die nicht in *economic values* aufgeht. Die Grenzen der ökonomischen Weltinterpretation sind erreicht, weil Ökonomie Folgen für moralische Werte hat (wie die Moral ökonomische Werte generiert oder einschränkt). Plötzlich haben wir es wieder mit verschiedenen Bezugssystemen zu tun. Der ökonomische Preis informiert nur partiell: Seine Aussage enthält keine Aussagen über moralische Werte bzw. moralische Konsequenzen des ökonomische Handelns. Effizienz und Moral treten auseinander; beide Systeme wollen parallel bedient werden (Wieland 1996a: 72). Der Wert, der einem Transaktionsobjekt zukommt, ist durch den Preis semi-definiert. Andere Zuschreibungen: moralische, soziale wie sonstige kommunikative, verschieben die tatsächliche Transaktion. ‚Wert' wird eine komplexere Angelegenheit: multidimensional. Das Gut muß Bedürfnisse, Reputation, Status etc. mit bedienen, d.h. spezifische (vornehmlich informelle) Institutionen (vgl. North 1992: Kap. 5). Wir unterscheiden fortan Güter von *komplexen Gütern*.

Moralische Werte – hier nur als Spezialform kommunikativer Werte generell verwendet – bewerten ökonomische Werte. Die Form, die aus der Relation **Materie ⌉ Form** geschichtlich hervorgeht, geht in eine **Medium ⌉ Form** – Beziehung über, in der beide (und auch andere) Relationen parallel gelten:

Geld ⌉ Wert,

und z.B.

Moral ⌉ Wert.

Weder Geld noch Moral dominieren die Wert-Form-Prozesse, sondern beide interferieren. Wir haben es mit zwei differenten *governance*-Ebenen zu tun, die – hier nur beispielhaft – die Ökonomie der Werte beeinflussen. Hier einer Dimension Vorrang zu geben, schlösse lediglich die andere aus und machte den Blick für die Bewegungen und Bildungen der Werte trübe.

Jeder Wert, den eine Transaktion erbringt: als die minimale soziale Einheit der Geltungsaushandlung, ist mehrfach belegbar: ökonomische Vergleichungen über Kosten und mögliche oder entgangene Gewinne. Die ausgangslagige Wertbestimmung wandelt sich. Neue Kontexte kommen ins Spiel und werten die Werte um (vgl. Liebl 2000: 62). Über die Einlagerung von Objekten/*issues* in neue Kontexte entstehen mögliche neue

Nutzungen. Die Form dessen, was gebraucht wird, wandelt sich – bei gleichbleibendem oder invariantem Objekt.[8]

Neues zu wollen ist ein Bedürfnis, der sich nicht auf anthropologisierte Neugier rubrizieren läßt, sondern aus der Aufmerksamkeit auf soziale Aufmerksamkeit abzuleiten ist. Weil die Reputations- oder Statusgüter entwerten, wegen ihrer wachsenden Bedeutung und der damit einhergehenden Differenzierungsverknappung, werden neue Statusmedien in Augenschein genommen, um diese immer dominanter werdenden Aufgaben zu lösen. Das Neue ist deshalb interessant und zumindest anfangsbegehrt, weil es neue positionale Optionen enthält, die erst erprobt werden müssen. Es geht nicht schlicht um neue Güter, sondern um Güter, die Optionen neuer sozialer Positionierung eröffnen könnten:

Güter + Re-Positionierung = komplexe Güter.

Indem immer wieder neue Optionen ins Spiel kommen, kommen immer wieder neue Chancen ins Spiel der Re-Positionierung. Es ist die Gewähr der hohen Variabilität moderner Gesellschaften: Daß die Menschen ihren Nutzen realisieren, ist nur ein Teil des Spiels, möglicherweise der durchschnittlich uninteressantere, weil der andere Teil: die reputierliche Darstellung und der Positionierungsgewinn, ein mächtigeres *agens movens* bilden. Der Anreiz, eine Änderungen relativer Preise zum eigenen Nutzen zu verwenden, besteht, aber der Anreiz, über Transaktionen zugleich Positionierungsaufwertungen in der sozialen Matrix zu erreichen, dominiert den einfachen Nutzen zu häufig, als daß wir es marginalisieren könnten. Komplexe Nutzen sind mehr-Ebenen-spezifisch.

In der Institutionenökonomik ist diese Komplexion als die schlichte Frage: *welchen Preis hat der Preis?* formulierbar[9] –

---

[8] z.B. Computer: erst Schreibmaschinenersatz, dann Textverarbeitung, jetzt zusätzlich noch Grafikmaschine etc.

[9] „The innovative insight of Coase (1937) was that there is a cost of using the price mechanism" (Kaele 2002: 3; Coase 1937)

welche Transaktionskosten sind aufzuwenden, um das, was die Ökonomik bisher friktionsfrei an Informationskomplexität im Preis meinte reduzieren zu können, über neue Erwägungsurteile und Kommunikationen (d.h. Erwägungsurteile anderer) in Prozessen 2. Ordnung festzustellen.

Vor allem aber müssen institutionelle Arrangements bereitstehen, die die erlangte soziale Positionen auch stabilisiert. Der unmittelbare Nutzen von Institutionen – formellen wie informellen – ist weniger signifikant (wenn auch vorhanden), also der indirekte Nutzen der positionalen *governance*, zusammen mit einer sozialen Stabilisation der Reputationsmarkierungen.

Wir können angesichts dieser Hinweise Ökonomie nicht mehr einfach als Effizienzmodellierung von Welt einführen und isolieren, weil mindestens ein anderes Motiv: Reputation, alle Entscheidungen mit steuert. Wert hat ein Gut über die Allokationszuweisungen der Marktprozesse und über die Reputationszuweisungen der Gesellschaft. Hier reichen individuelle Zuschreibungen nicht aus; denn nicht das, was ein Individuum sich zubilligt, ist relevant, sondern das, was andere zuschreiben und worauf deshalb sich das Individuum positiv beziehen kann als anerkanntes oder anzuerkennendes Individuum.

Institutionen sind Formen, die Tausch- und andere ökonomische Wertformen beschränken:

⌉Institution
Präferenz (-medium)⌉Tauschwert (-form)

Gegenüber den Institutionen wird die Tauschwert-Form selber zum Medium, das auf der Außenseite der Unterscheidung offen ist: welche Institutionen wirken, bleibt ebenso offen, wie deren potentielle Änderung. Die *institutional economics* führt natürlich einen Institutionenbegriff ein, der – bei D.C. North – mit *ideologies* und *shared mental models* konnotiert ist, um eine Instanz in der Wirtschaft zu nennen, die die Subjektivierung der Wertzuschreibungen re-objektiviert: als Konkordanzinstitut = *shared mental models* = Institution (formal und/oder informal).[10]

Institutionen bestimmen die Kosten der Transaktionen. Gute Institutionen minimieren sie, schlechte erhöhen die Transaktionskosten. Der Wert der Güter, stellt sich im institutionenökonomischen Kontext heraus, ist durch die Marktpreise nur ungefähr repräsentiert. Es fehlen die Transaktionskosten, d.h. diejenigen Kosten, die anfallen, je nach dem, welche Formen der Kooperation gewählt werden, um Transaktionen zustande kommen zu lassen. Die Kosten des Rechtssystems (North 1992: 74 ff.) sind nur die bekannteren Transaktionskosten; noch viele andere Aufwendungen für Kooperationsanbahnungen in Hinblick auf Transaktionen sind einzurechnen (North 1992: Kap. 8).

Werte sind jetzt

1. Marktpreise plus
2. jeweils spezifische und diverse Transaktionskosten.

Transaktionskostenaufwendigere Güter haben de facto andere Preise als transaktionskostenminimale Güter. Wenn Transaktionskosten die unterschiedlichen Formen des Zustandekommens von Transaktionen bezeichnen, unsere zum Teil selbstverständlichen Anstrengungen, Ressourcenaufwendungen und Garantien, dann sind die Preise der Güter und Leistungen auf Märkten nur ein Teil der Gesamtkosten, die wir aufwenden, um die Güter zu erlangen. Hinzu kommen

3. noch die Reputationsprämien, die wir auslegen, um spezifische Güter zu bekommen, die uns von anderen Akteuren unterscheiden helfen sollen.

1-3 bilden den *komplexen Wert* eines Gutes bzw. einer Leistung. Die Reputationsprämien können in den Marktpreis ein-

[10] Daß Kommunikation generell nur einführbar sei in die Ökonomik, wenn sie Konkordanz erzeuge: ‚coherence of beliefs', zeigt Arrows Analyse des Problems: Priddat 2000.

gerechnet werden, aber der Preis bildet sich nicht über Angebot und Nachfrage, sondern hat eine zweite Wertbestimmungsarena, die die Reputationswerte festlegt.[11]

Diese dreidimensionale Wertbestimmung läßt sich nicht mehr auf einen Markt rubrizieren. *Mindestens zwei Märkte sind beteiligt*, wenn man die Reputationsprämie auf einem spezifischen Teilmarkt ausgehandelt sieht. Die Transaktionskosten sind institutionell geregelt. Aber eine vierte Dimension läßt sich ausklappen: Der eigentliche Marktpreis ist über die relativen Knappheiten, aber zugleich auch über die Kommunikation dieser relativen Knappheiten gesteuert (vgl. dazu Baecker 2002b; Eigner 2002: 57). Die kommunikative Steuerung der Aufmerksamkeit, welche Güter relevant sind, kann in die Reputationsdimension hineinragen, aber auch unabhängig davon laufen. Werte sind demnach zudem

4. durch kommunikative Zuschreibungen geltend.

Die Komplexion der Werte fügt sich – noch einmal – wie folgt (wobei die kommunikative Zuschreibung in den Marktprozeß integriert wird):

I. Marktpreis;
I.a als Schnittstellenresultat von Angebot und Nachfrage,
I.b als Kommunikationsereignis: welche Güter werden wie als relevant kommuniziert?;
II. Transaktionskosten der Realisierung der Transaktionen, zu Marktpreisen;
III. Reputationsprämien, die die Marktpreise verschieben.

[11] Die Transaktionskosten sind zusätzliche Kosten der Transaktionsgewährleistung, die nicht oder selten in den Preis einfließen. Die Kosten des Rechtssysteme z.B., das die Eigentumsrechte schützt, deren Geltung in Transaktionen wie selbstverständlich vorausgesetzt wird, werden anders beglichen, nicht in der Transaktion und ihren Zahlungen, sondern als Steuern. Generell haben Transaktionen aber Wirkungen auf Entscheidungen: immer dann, wenn Risiken der Transaktionsgewährleistung bestehen, ohne daß Sicherungsinstitutionen vorhanden sind (mit entsprechenden Transaktionskosten), werden Entscheidungen nicht gefällt, oder nicht in dem Maße.

Die Form des Wertes ist mehrfach gebrochen: Angebot und Nachfrage sind nicht ein-dimensional feststellbar, sondern „was traditionell als Zusammenspiel von Angebot und Nachfrage gedeutet wird, ist in Wirklichkeit ein Moment der ... unendlichen Semiose, in der Bedeutungen und Sinn dann entstehen, wenn sich etwas von etwas anderem differenziert und doch zu ihm gehört. ... ... Märkte müssen folglich ganz anders vorgestellt werden, nämlich primär als Kommunikationssysteme." (Eigner 2002: 57; vgl. auch Porta/Scazzieri 2001: 12).

Die positionale und kommunikative Extension von Gütern/Leistungen (vgl. auch Hutter 1998, 2000) können wir als G = M + Z beschreiben:

G = M + Z (G = Güter; M = Medium; Z = Zeichen(-form)).

Wenn Werte bisher auf G als M bezogen wurden, differenziert nach Preisen und Qualitäten (die ja ‚materiale Qualitäten' sind), dann kommen – früher hätte man gesagt: ideale – virtuelle Qualitäten hinzu, durch Zuschreibungen verschiedener zeichen- oder semiotischer Prozesse. Güter sind fortan markiert, d.h. *Z-markiert*; ihre Komplexität, wie wir vordem sprachen, hängt von der Z-Ausdifferenzierung ab.

Wenn Güter eine Minimalkomplexität von zwei Dimensionen haben (M + Z), und wenn Z selber wieder zwei Dimensionen aufweist (Z1 = Reputationspositionierung; Z2 = Kommunikationszuschreibungen), dann können wir die gewöhnlichen Mechanismen der Wert- als Preisbildung nur unter spezifischen Bedingungen gelten lassen, nämlich nur dann, wenn wir Z-Neutralität annehmen können.

Z-Neutralität bedeutet, daß wir ausschließen müßten, daß Güter kommuniziert, mit Bedeutungen (und Bedeutungsvariationen) belegt und semiotisch gehandelt werden. Da wir das nicht ausschließen können (oder hochroutinisierte Mechanismen annehmen müßten (vgl. Brodbeck 2002: 359 f.: Automatismen), wäre die Zuschreibung von Z-Neutralität selber ein Zeichen, mit einer bestimmten Bedeutung markiert, die auf unklare Zuschreibungen verwiese. Ein Z, das als neutral bezeichnet wird, ist im Kontext komplexer Güter ein Z, dessen Bedeutung unklar, deswegen aber nicht nicht vorhanden ist. Z-Neutralität wäre eine metaphorologische Offenheit beliebiger Zuschreibungen im Kommunikationskontext, innner halb dessen alle Transaktionen stattfinden.

Die Illusion der Z-Neutralität, die die neoklassische Formierung der Werte als Preise begleitet, muß in dynamischen Marktwelten fallengelassen werden, weil Güter größtenteils überhaupt nur noch ins Spiel von Angebot und Nachfrage kommen, wenn sie Aufmerksamkeit erlangen, d.h. spezifische Z-Markierungen bekommen. Die klassische **Materie ⌉ Form** – Relation,

die wir in eine

Medium ⌉ Form-Relation

transformiert hatten, läßt sich auch als

materiality ⌉ information – Relation

darlegen (Giesler 2002). *Materiality/information* ist eine gute Transskription von Materie/Zeichen (M + Z). Giesler stellt die *materiality/information*-Relation in einen Beziehungsnexus von *mutation/hyperreality*, um in der Mitte *den (post)human consumer* zu etablieren (Giesler 2002:9):

materiality

mutation **(post)human consumer** *hyperreality*

information[12]

[12] „What oscillate between the reels of mutation and hyperreality (body boundaries problematized), and materiality and informatgion (modes of inscription problematized), then, is not a modern or postmodern consumer but a (post)human consumer that turns out to be a hybrid as latour's networks and the realms of technoculture he is traveling as a multiple profusion" (Giesler 2002: 9; Latour 1993).

Wir können eine neue Matrix aufmachen, in der die **Materie ⌉ Form** – Basisrelation in die modernere **Medium ⌉Form**-Relation transformiert wird. Zugleich aber wird die Formseite reformiert: statt Form steht jetzt *in-form-ation.* Transponiert haben wird dann die **medium ⌉ communication** – Relation stehen. Nocheinmal:

Materie ⌉Information

medium ⌉communication.

Zum Schluß erschließt sich ein Zusammenhang neu. Kommunikation ist Kommunikation von Bedeutungen und möglichen Bedeutungen, aber noch keine Festlegung. Wenn wir Carl Mengers alten Begriff für Nutzen: *Bedeutung*, wieder einführen (vgl. Kap. IV.3), können wir eine Schließung produzieren:

⌉Bedeutung
medium ⌉communication

Die Bedeutung' ist hier die resultierende Entscheidung als Finale eines Kommunikationsprozesses, den die Märkte gewöhnlich darstellen: mit allen genannten Eigenschaften und Mehrdimensionalitäten. Die Bedeutung, als finale Entscheidung, legt die Transaktionen fest, ‚macht damit die Märkte'. Aber – und das ist der entscheidende neue Aspekt – sie legt auch das Medium fest bzw. bestimmt etwas, was vordem noch kein Medium war, als wirtschaftlich wertvoll, weil wertschaffend.

Bedeutung, als Sinn, ist „ausnahmslos selektiv zustandegekommen und verweist ausnahmslos auf weitere Selektion. ... Man kann deshalb sagen, daß Sinn durch die Unterscheidung von Aktualität und Potentialität (oder: von Wirklichkeit in momentaner Gegebenheit und Möglichkeit) konstituiert wird. ... Die sinngebende Unterscheidung von Aktualität und Potentialität tritt auf der Seit des Aktuellen in sich selbst wieder ein; denn aktuell kann nur sein, was auch möglich ist. Entsprechend ist die Unterscheidung von Medium und Form selbst eine

Form; oder in Anwendung auf Sinn: Sinn ist als Medium eine Form, die Formen konstituiert, damit sie Form sein kann. Das Prozessieren von Sinn läuft über die Wahl von Unterscheidungen, das heißt: von Formen. ... Die Zwei-Seiten-Form funktioniert gewissermaßen als Weltrepäsentationsersatz. Anstatt die Welt phänomenal zu geben, führt sie den Hinweis, daß es immer auch noch etwas anderes gibt ... „ (Luhmann 1997: 174).

Das Medium ist keine Materie mehr, nicht mehr material gebunden, aber ein *sujet de marché*. Deswegen ist es angebracht, modern den Wert von der Transaktion her zu analysieren, nicht von der Substanz her, den er repräsentiert. Die alte Idee, der Wert sei eine Repräsentation, endet allmählich, obwohl viele noch mit ihr operieren. Umgekehrt reden wir jetzt davon, daß die Repräsentation ein Wert ist oder Werte generiert. Dann sind Entscheidungen Abbrüche der Potentialität der Zwei-Seiten-Form: *Entscheidung als Aktualisierung einer Aktual/Potential-Unterscheidung*.

Es ist an der Zeit, zu überlegen, ob wir noch mit *choice*-Begriffe operieren sollten. Wahlen sind Auswahlen; in einer *aktuell/potentiell*-Unterscheidungswelt ist aber weniger zu wählen, als vielmehr zu entscheiden: im Sinne von Bestimmung, Zuschreibungen, Ernennung, Konstruktion, etc.

Vor allem aber wird – in der Transformation von der **Materie ⏋ Form**-Unterscheidung in die **Medium ⏋ Form**-Unterscheidung – eine Re-Formierung von Wert-Formen möglich, die durch kommunikative Zuschreibungen genauso bestimmt und ständig verändert werden kann wie durch konventionale Festgelegenheit. Wenn wir den Bedeutungen eine solche Bedeutung geben, dann ist „die Form Sinn ... mithin Medium und Form zugleich, und zwar so, daß das Medium seinerseits nur als Prozessieren von Formen aktualisiert werden kann“ (Luhmann 1997: 174). Diese *Formalisierung von Welt* weist auf eine neue Basisunterscheidung der Ökonomie:

Wert ⏋ Form.

Jeder Wert, der in Märkten generiert wird, weist auf andere Werte, die ihn transzendieren können: *Jede Transaktionsrealisation weist auf neue Optionen, die gerade nicht realisiert werden*. Jeder Wert ist eine Form, die wiederum Medium für weitere Formen sein kann.

Märkte sind nicht mehr aus sich heraus ihre Funktion bestimmend: über die Preis-/Mengen-Kommunikation, sondern zusätzlich werden sie über Kommunikationen gesteuert, die außerhalb von Märkten stattfinden: in den sozialen Netzwerken von Familie, Freunden, Bekannten, Kollegen, in den diversen Öffentlichkeiten, medial und nicht-medial etc.. Wenn diese Kommunikationen Präferenzen von Marktakteuren verschieben, generieren oder entwerten (vgl. auch Priddat 2000), haben wir es mit einer zweiten *governance*-Ebene der Marktprozesse zu tun. Dann ist die Ökonomie aber nicht mehr ohne Kommunikationsanalyse zu beschreiben.

Dann wäre die Allokationseffizienztheorie der Ökonomie, ihre neoklassische Gleichgewichts-Modellierung, Theoriegeschichte.

Literatur

Alvey, J. (1988): Adams Smith's Moral Justification for free Enterprise – Economic Growth, S. 5ff. in: Asian Economics, No. 67

An der Heiden, U. (1992): Selbstorganisation in dynamischen Systemen, S. 57 ff. in: Emergenz: Die Entstehung von Ordnung, Organisation und Bedeutung, Ffm.

Andreoni. J. (1988): Privately Provided Public Goods In A Large Economy: The Limits Of Altruism, S. 57 ff. in: Journal of Public Economics. No. 35

Aquin, Th. Von (1959): Summa Theologica, Die Liebe, T.1, Bd. 17A, Heidelberg und Graz-Wien-Köln

Arendt, H. (1981): Vita activa oder Vom tätigen Leben, München

Aristoteles (1966): Metaphysik (Hg. H. Carvallo/ E. Grassi), Reinbek

Aristoteles (1978): Politik, München

Aristoteles (1981): Politik (Hg. G. Bien), Hamburg

Arndt, K. (1851): Die naturgemäße Volkswirtschaft (1. A. 1845)

Backhaus, J. (1989a): Gustav von Schmoller and Social Economics, S. 6 ff. in: O'Brien 1989

Backhaus, J. (1989b): Schmollers Grundriß der Allgemeinen Volkswirthschaftslehre: Ein aktueller Klassiker, S. 31 ff. in: Beiband zur Faksimilieausgabe von Schmollers „Grundriß", Düsseldorf

Backhaus, J. (1995) (Hrsg.): Gustav Schmoller und Adolph Wagner, Berlin.

Baecker, D.(1988): Information und Risiko in der Marktwirtschaft, Ffm.

Baecker, D. (2002) (Hrsg.): Archäologie der Arbeit, Berlin: Kadmos

Baecker, D. (2002a): Die gesellschaftliche Form der Arbeit, S. 204 ff. In. Baecker 2002

Baecker, D. (2002b): Die Form der Zahlung, Diskussionspapier studium fundamentale Universität Witten/Herdecke

Baecker, D. (2002c): Ökonomie. Eine Kolumne. Haben die Verschwörungstheoretiker recht?, S. 606 ff. in: Merkur, H. 639

Bauer, L. / Matis, H. (1988): Geburt der Neuzeit. Vom Feudalsystem zur Marktwirtschaft, München

Baumstark, E. (1835): Kameralistische Encyclopädie, Heidelberg und Leipzig

Beck, U. (1986): Risikogesellschaft. Auf dem Weg in eine andere Moderne. Ffm.

Bergmann, E. von (1895): Die Wirtschaftskrisen. Geschichte der Nationalökonomischen Krisentheorien, Stuttgart

Bernhardi, Th. (1849): Versuch einer Kritik der Gründe, die für grosses und kleines Grundeigenthum angeführt werden, St. Petersburg (Neudruck Osnabrück 1966)

Beschorner, Th. (2002): Ökonomie als Handlungstheorie, Marburg: Metropolis

Bianchi, M. (1998a) (ed.): The Active Consumer. Novelty and Surprise in Consumer Choice, London and New York

Bianchi, M. (1998b): Taste for Novelty and Novel Tastes: The Role of Human Agency in Consumption, 64 ff. in: Bianchi 1998a

Bicchieri, Cristina (1993): Rationality and Coordination, Cambridge: Cambridge University Press

Binswanger, H.-Ch. (1979): Natur und Wirtschaft, S. 149 ff. in: Meyer-Abich, K.M. (Hrsg.): Frieden mit der Natur, Freiburg/Basel/Wien

Blaug, M. (1971): Systematische Theoriegeschichte der Ökonomie, München.

Blumenberg, H. (1951): Das Verhältnis von Natur und Technik als philosophisches Problem, S. 461 ff. in: Studium Generale, H. 8

Blumenberg, H. (1957): „Nachahmung der Natur“ S. 266 ff. in: Studium Generale, H. 5

Böhm-Bawerk, E. v. (1898): zitiert in: Zuckerkandl, Artikel ‚Produktion‘, S. 383 ff. in: Hg. L. Elster, Wörterbuch der Volkswirtschaft in 2 Bänden, Jena, Bd. 2

Böhm-Bawerk, E.v. (1928): Wert, in: Handwörterbuch der Sozialwissenschaften, Jena

Borch, K. (1973) (II): The Place of Uncertainty in the Theories of the Austrian School, S. 61 ff. in: J.R. Hicks / W. Weber (eds.): Carl Menger and the Austrian School of Economics, Oxford

Brems, H. (1980): Pioneering Economic Theory 1630 – 1980. A mathematical Restatement, Baltimore and London

Brennan, G. / Buchanan, J.M. (1993): Die Begründung von Regeln, Tübingen

Brocker, M. (1992): Arbeit und Eigentum: der Paradigmenwechsel in der neuzeitlichen Eigentumstheorie, Darmstadt

Brodeck, K.-H. (2002): Wirtschaft als kreativer Prozeß, S. 353 ff. in: Ötsch, W. / Panther, St. (Hrsg.): Ökonomik und Sozialwissenschaft, Marburg: Metropolis

Brunner, O. (1956): Das ‚ganze Haus' und die alteuropäische ‚Ökonomik', S. 33 ff. in: derselbe, Neue Wege der Sozialgeschichte, Göttingen

Buchanan, J.M. (1969): Cost and Choice, The University of Chicago Press

Buchanan, J.M. (1975): The Limits of Liberty, Chicago: University of Chicago Press

Buchanan, J.M. (1976) (I): Public Goods and Natural Liberty, S. 271 ff. in: Wilson, Th./Skinner, A.S. (eds.): The Market and the State. Essays in Honour of Adam Smith, Oxford

Buchanan, J.M. (1979) (II): The Justice of Natural Liberty, S. 117 ff. in: O'Driscoll Jr., G.P. (Hrsg.): Adam Smith and Modern Political Economy, Ames/Iowa

Buck, G. (1973): Selbsterhaltung und Historizität, S. 29 ff. in: R. Koselleck/ W.D. Stempel (Hrsg.): Geschichte – Ereignis und Erzählung, München

Bürgin, A. (1996): Zur Soziogenese der Politischen Ökonomie. Wirtschaftsgeschichtliche und dogmenhistorische Betrachtungen, Marburg (2. Aufl.; erste A.: 1993)

Burkhardt, J. (1992): Wirtschaft, Art. in: Brunner, O./Conze, W./Koselleck, R. (Hrsg.): Geschichtliche Grundbegriffe. Historisches Lexikon zur politisch-sozialen Sprache in Deutschland, Bd. 7, (Verw – Z), München.

Burkhardt, J. / Priddat, B. P. (2000): Geschichte der Ökonomie. Bibliothek Deutscher Klassiker, Ffm.

Campbell, C. (1987): The Romantic Ethic and the Sprit of Modern Consumerism, Oxford

Chichilinsky, G. (1999): Markets, information, and uncertainty. In honor of K.J. Arrow, Cambridge

Coase, R.H. (1937): The Nature of the Firm, S. 386 ff. in: Economica 4 (4)

Cohn, G. (1885): Grundlegung der Nationalökonomie, Stuttgart

Colander, D. (1996): The macrofoundations of micro, S. 57 ff. in: derselbe (ed.): Beyond microfoundations: Post Walrasian macroeconomics, Cambridge: Cambridge University Press

Commons, John R. (1924): Legal Foundations of Capitalism, New York: MacMillan (reprint 1974; Clifton: Kelley)

Cullenberg, St. / Amariglio, J. / Ruccio, D.F. (2001): Introduction, S 3 ff. in: Cullenberg, St. / Amariglio, J. / Ruccio, D.F. (eds.): postmodernism, economcis and knowledge, London and New York: Routledge

Currie, M. / Steedman, I. (1990): Wrestling with Time. Problems in Economic Theory. Manchester

Davis, J.B. / Wade Hands, D. / Mäki, U. (1998): The Handbook of Economic Methodology, Cheltenham

De Vries, J. (1983): Grundbegriffe der Scholastik, Darmstadt

Debreu, G. (1959): The Theory of Value. An Axiomatic Analysis of Economic Equilibrium, New Haven/London: Yale

Dempsey, B.W. (1948): Interest and usury, London

Denzau, A. / North, D.C. (1994): Shared Mental Models: Ideologies and Institutions, S. 3 ff. in: Kyklos, Vol. 47, Fasc. 1

Ditz, G.W. (1988): Smith and Keynes. Religious Differences in Economic Philosophy, S. 58 ff. in: Bijdragen. Tijdschrift voor filosofie en theologie, Nr. 49

Dopfer, K. (1988): How Historical is Schmoller's Economic Theory?, S. 552 ff. in: Zeitschrift für die gesamte Staatswissenschaft, Bd. 144

Döring, A. (1888): Philosophische Güterlehre, Berlin

Dühring, (1865): Kritik des Kapitalbegriffes und seiner Rolle in der VWL, S. 316 ff., in: Jahrbücher für Nationalökonomie und Statistik, 5. Bd.

Eigner, Ch. (2002): Wissen und Markt, S. 54 – 57 in: lettre international, Nr. 54

Ellickson, B. (1993): Competitive Equilibrium, Cambridge: Cambridge University Press

Fabian, R. / Simons, P. (1986): The Second Austrian School of Value Theory, 37 ff. in: Grassl, W. (Hrsg.): Austrian Economics, London: Croom Helm

Forget, E.L. (1989): J.S. Mill and J.E. Cairnes on Natural Value: The Role of Expectations in Late-Classical Thought, S. 103 ff. in: History of Political Economy, No. 21 (1)

Foucault, M. (1974): Die Ordnung der Dinge, Frankfurt/Main

Fröbel, H. (1870): Die Grundverhältnisse und Allgmeinen Vorgänge der Wirthschaft. Leipzig

Fulda, F. (1803): Systematischer Abriß der sogenannten Cameralwissenschaft, Tübingen

Ganter, M. (1974): Mittel und Ziel in der praktischen Philosophie des Aristoteles, Freiburg

Gehrig, H. (1914): Die Begründung des Prinzips der Sozialreform, Jena

Georgescu-Roegen, N. (1972): Was geschieht mit der Materie im Wirtschaftsprozeß? S. 17 ff. in: Recycling: Lösung der Umweltkrise ? Brennpunkte. Publikation des Gottlieb Duttweiler Institutes, Bd. V, Nr. 2

Gide, Ch./ Rist, Ch. (1923): Geschichte der volkswirtschaftlichen Lehrmeinungen, Jena (3. Aufl.)

Giesler, M. (2002): What is Consumer Society? Workingpaper Fakultät für Wirtschaftswissenschaften, Universität Witten/Herdecke, Juni 2002

Giouras, A. (1994): Arbeitsteilung und Normativität. Zur Rekonstruktion der Historischen Sozialtheorie Gustav Schmollers, Ffm.

Guillori, J. (1993): Cultural Capital, Chicago: University of Chicago Press

Haag, K.H. (1983): Fortschritt in der Philosophie, Ffm.

Habermas, J (1985): Exkurs zum Veralten des Produktionsparadigmas, S. 95 ff. in: derselbe: Der philsophische Diskurs der Moderne, Ffm.

Hagen, K.H. (1839): Von der Staatslehre, Königsberg

Hahn, F.H. (1981): General Equilibrium Theory, in: The Crisis of Economic Theory, special issue of Public Interest

Hamilton, R. (1878): Money and value: An Inquiry into the Means and Ends of Economic Production, London

Hansen, R. (1968): Der Methodenstreit in den Sozialwissenschaften zwischen Gustav Schmoller und Carl Menger, S. 173 ff. in: Beiträge zur Entwicklung der Wissenschaftstheorie im 19. Jahrhundert, hrsg. v. A. Diemer, Meisenheim

Hart, K. (2000): Ausbreitung der Warenwirtschaft und Lebensstandard. Kommentar, 67 ff. in: Sen, A.: Der Lebensstandard, Berlin: Rotbuch

Hayek, F.A. von (1937): Economics and Knowledge, S. 33 ff. in: Economica, nr. 5,4

Hayek, F.A. von (1978): Competition as a Discovery Procedure, S. 179 ff. in: derselbe, New Studies in Philosophy, Politics, Economics and the History of Ideas, London

Hegel, G.F.W. (1819/20): Die Vorlesung von 1819/20 in einer Nachschrift, (Hrsg.) D. Henrich, Ffm. 1983

Hegel, G.F.W. (1821): Grundlinien der Philosophie des Rechts, Ffm. 1976

Hegel, G.W.F. (1976): Grundlinien der Philosophie des Rechts, Ffm. (1821)

Helmholtz H. v. (1865): Über die Wechselwirkung der Naturkräfte und daraus bezüglichen neuesten Ermittlungen der Physik, in: Populäre wissenschaftliche Vorträge, 1.H., Braunschweig

Helmholtz, H. v. (1847): Von der Erhaltung der Kraft

Henderson, J.P. / Davis, J.B. (1991): Adam Smith's Influence on Hegel's Philosophical Writings, S. 184 ff. in: Journal of the History of Economic Thought, Vol. 13

Hennis, W. (1987): Max Webers Fragestellung, Tübingen

Hermann, F.B.W. v. (1832): Staatswirthschaftliche Untersuchungen, München

Hicks, J. (1938): Mr. Keynes and the Classics, Econometrica

Hicks, J. (1957): Value and Capital, Oxford: Clarendon Press (1. Aufl. 1938)

Hirshleifer, J. (1970): Investment, Interest and Capital, Prentice-Hall

Hodgson, G.M. (2001): How Economics Forgot History, London: Routledge

Hollander, S. (1973): The Economics of Adam Smith, Toronto

Hont, I. / Ignatieff, P. (1983b) (eds.): Wealth and Virtue. The Shaping of Political Economy in the Scottish Enlightenment. Cambridge

Hont, I. / Ignatieff, P. (1983a): Needs and justice in the Wealth of Nations: an introductory essay, S. 1ff. in: siehe: Hont 1983

Hont, I.(1983): The ‚rich country – poor country' debate in Scottish classical political economy, S. 271 – 318. in: Hont/Ignatieff 1983b

Hufeland, G. (1815): Neue Grundlegung der Staatswirthschaft, Wien (1. A. 1807)

Hutchison, T.W. (1962): A Review of Economic Doctrines 1870 – 1929, Oxford

Hutter, M. (1992): Organismus als Metapher in der deutschsprachigen Wirtschaftstheorie, S. 87 ff. in: Selbstorganisation, Bd. 3

Hutter, M. (1998): On the consumptions of signs, 236 ff. in: Bianchi 1998

Hutter, M. (2000): Besonderheiten der digitalen Wirtschaft – Herausforderungen an die Theorie, S. 1659ff. in: WISU, Nr. 12/2000

Hutter, M. (2001): Wertwechselstrom. Zum Verhältnis zwischen ökonomischem Wert und ästhetischem Wert, 27 ff. in: Anna, S. / Dörstel, W. / Schultz-Möller, R. (Hrsg.): WertWechsel. Zum Wert des Kunstwerks. Schriften des Museums für Angewandte Kunst Köln I, Köln

Hutter, M. (2002): The Role of Ambiguity in the Evolution of Economic Thought: Three Cases, working paper March 2002, Fakultät für Wirtschaftswissenschaften, Universität Witten/Herdecke

Hutter, M. / Teubner, G. (1994): Der Gesellschaft fette Beute. Homo juridicus und homo oeconomicus als kommunikationserhaltende Fiktionen, S. 110 ff. in: Fuchs, P. / Göbel, A. (Hrsg.): Der Mensch – das Medium der Gesellschaft?, Ffm.

Immler, H. (1985): Natur in der ökonomischen Theorie, Opladen

Jansen, St. A. / Schleissing, St. (2000) (Hrsg:): Konkurrenz und Kooperation. Interdisziplinäre Zugänge zur Theorie der Co-opetition, Marburg: Metropolis

Jevons, W. St. (1866): Brief Account of a General Mathematical Theory of Political Economy, S. 282 – 287 in: Journal of the Royal Statistical Society, London, XXIX (June 1866)

Jevons, W. St.(1970): The Theory of Political Economy (1871), Harmondsworth

Justi, J.H.G. von (1963): Staatswirthschaft, 2 Bde., (Leipzig 1758), Reprint Aaalen

Kant, I. (1968): Kritik der reinen Vernunft, in: derselbe, Akademieausgabe, Bd. III (2. Aufl. 1787), Berlin

Kasper, W. / Streit, M.E. (2001): Institutional Economics. Social order and Public Policy, Cheltenham: Edward Elgar

Kauder, E. (1965): A History of Marginal Utility Theory, Princeton

Kautz, J. (1860): Die geschichtliche Entwicklung der National-Oekonomik und ihrer Literatur, Wien (Neudruck Glasgütten i.T. 1970)

Kesting, P. (1997): Zwischen Neoklassik und Historismus. J.A. Schumpeter, Marburg: Metropolis

Kirzner, I.M.(1979): The Entrepreneurial Role in Menger's System, S. 53 ff. in: derselbe, Perception, Opportunity, and Profit. Studies in the Theory of Entrepreneurship. Chicago and London

Kittsteiner, H.-D. (1984): Ethik und Teleologie: Das Problem der „unsichtbaren Hand" bei Adam Smith, in: F.X. Kaufmann/ H.G. Krüsselberg (Hrsg.): Markt, Staat und Solidarität bei Adam Smith, Ffm./N.Y.

Kittsteiner, H.D. (1990): Gewissen und Geschichte. Studien zur Entstehung des moralischen Bewußtseins, Heidelberg

Klaes, M. (2002): Transaction Costs and Measureability, Manuskript July 2002, Center for Social Theory and Technology, University of Keele, UK (www.mklaes.net)

Kliemt, H. (1985) (I): Moralische Institutionen, Freiburg / München

Knoll, A.M. (1967): Zins und Gnade, Neuwied und Berlin

Kondylis, P. (1987): Marx und die griechische Antike, Heidelberg

Koselleck, R.(1979): Erfahrungsraum und Erwartungshorizont – zwei historische Kategorien, S. 349 ff. in: derselbe: Vergangene Zukunft. Zur Semantik geschichtlicher Zeiten, Ffm.

Koslowski, P. (1988): Prinzipien der Ethischen Ökonomie, Tübingen

Koslowski, P. (1991): Gesellschaftliche Koordination, Tübingen

Kubota, A. (1960): Fondement philosophique de la théorie économique de Francois Quesnay, S. 326 ff. in: derselbe, Essais sur Francois Quesnay, Tokyo

Kurz, H.D. (1998): Ökonomisches Denken in klassischer Tradition, Marburg

Lancaster, K.J. (1971): Consumer Demand: A New Approach, New York: Columbia University Press

Landshut, S. (1969a): Kritik der Soziologie und andere Schriften zur Politik, Neuwied am Rhein und Berlin

Landshut, S. (1969b): Kritik der Soziologie. Freiheit und Gleichheit als Ursprungsproblem der Soziologie (zuerst veröffentlicht: Landshut 1929; 1. Habilitationsversuch), S. 11. ff. in: Landshut 1969a

Landshut, S. (1969c): Der Begriff des Ökonomischen (Teile der ungedruckten (2.) Habilitationsschrift 1932). Einige Kapitel aus einer historisch-analytischen Untersuchung über den Bedeutungswandel des Begriffs des Ökonomischen, S. 131 ff. in: Landshut 1969a

Langholm, O. (1984): The Aristotelian Analysis of Usury, Bergen

Langholm, O. (1998): The Legacy of Scholasticism in Economic Thought, Cambridge

Latour, Bruno (1993): We Have Never Been Modern, Boston: Harvard University Press

Le Goff, J. (1988): Wucherzins und Höllenqualen. Ökonomie und Religion im Mittelalter, Stuttgart

Liebl, F. (2000): Der Schock des Neuen. Entstehung und Management von Issues und Trends, München: Gerling Akademie Verlag

List, F. (1841): Das Nationale System der Politischen Ökonomie, Leipzig

Littmann, P. / Jansen, St. (2000): Oszillodox – Virtualisierung – die permanente Neuerfindung der Organisation, Stuttgart

Loasby, B.J. (2001): Cognition, imagination and institutions in demand creation, 13 ff. in: Witt 2001a

Locke, J. (1963): Some Considerations of the Consequences of lowering the Interest and raising the Value of Money, S. 1ff. in: derselbe, The Works of John Locke, Vol.5, London 1823, Nachdruck Aalen

Locke, J. (1977): Zwei Abhandlungen über die Regierung, (Hrsg.) W. Euchner, Ffm.

Locke, J. (1982): Two Treatises of Government, (ed.) W.S. Carpenter, London/Melbourne/Toronto

Lotz, J.F.E. (1811): Revision der Grundbegriffe der Nationalwirthschaftslehre, Bd.1 (von 4), Coburg-Leipzig

Lotz, J.F.E. (1837): Handbuch der Staatswirtschaftslehre, Erlangen (2. Aufl.)

Lowe, A. (1954): The Classical Theory of Economic Growth, S. 127 ff. in: Social Research, Vol. 21, No. 2

Lowry, S.T. (1965): The Classical Greek Theory of Natural Resource Economics, S. 203 ff. in: Land Economics, vol. XLI

Lowry, S.T. (1987): The Archaeology of Economic Ideas. The Classical Greek Tradition, Durham

Lowry, S.T. (1992) (ed.): Perspectives on the History of Economic Thought Volmue VII, Perspectives on the Administrative Tradition: From Antiquity to the Twentieth Century, Aldershot: Elgar

Lueder, A.F. (1820): National=Oekonomie oder: Volkswirthschaftslehre, Jena

Luhmann, N. (1980): Temporalisierung von Komplexität: Zur Semantik neuzeitlicher Zeitbegriffe, S. 235 ff. in: derselbe, Gesellschaftsstruktur und Semantik, Bd. 1, Ffm.

Luhmann, N. (1984): Die Wirtschaft der Gesellschaft als autopoietisches System, S. 208 ff. in: Zeitschrift für Soziologie, Jg. 13, H. 4

Luhmann, N. (1984b): Soziale Systeme: Grundriß einer allgemeinen Theorie, Ffm.

Luhmann, N. (1990): Die Moderne der modernen Gesellschaft, 87 ff. in: Zapf, W. (Hrsg.): Die Modernisierung moderner Gesellschaften. Verhandlungen des 25. Deutschen soziologentages in Frankfurt am Main 1990, Frankfurt/New York: Campus 1990

Luhmann, N. (1991): Soziologie des Risikos, Berlin / N.Y.

Luhmann, N. (1992): Beobachtungen der Moderne, Opladen

Luhmann, N. (1997): Medium und Form, 165 ff. in: Die Kunst der Gesellschaft, Ffm.

Luhmann, N. (2000): Organisation und Entscheidung, Opladen: Westdeutscher Verlag

Maier, H.(1980): Die ältere deutsche Staats- und Verwaltungslehre, München

Mäki, U. / Gustafsson, B. / Knudsen, Ch. (1993) (eds.): rationality, institutions & ‚economic methodology', London/NY

Malthus, T.R. (1836): Principles of Political Economy, London (2. Aufl.) (reprint London 1936)

Mangoldt, H. von (1855): Die Lehre vom Unternehmergewinn, Leipzig

Mangoldt, H. von (1863): Grundriss der Volkswirthschaftslehre. Ein Leitfaden für Vorlesungen an Hochschulen und für das Privatstudium, Stuttgart

Mangoldt, H. von (1871): Grundriß der Volkswirtschaftslehre, (Hg: F. Kleinwächter), Stuttgart (2., posthume Aufl.)

Mantzavinos, C. (2001): Individuals, Institutions, and Markets, Cambridge: University Press

Mantzavinos, C. / North, D.C. / Shariq, S. (2001): Learning, Change and Economic Performance, unveröffentlichtes Manuskript, Bonn Max Planck Institut für das Recht der Gemeinschaftsgüter

Marperger, P.J. (1733): Wohlmeynende Gedancken über die Versorgung der Armen, Nachdruck Leipzig 1977

Marshall, A. (1893): Rede auf dem 3. Jahrestreffen der British Economic Association vom 14.06.1893 (im Anschluß an ein Referat des Präsidenten der Vereinigung, Sir G.J. Goschen, über Ethics and Economics), in: The Economic Journal, no. 11, vol. III

Marshall, A. (1961): Principles of Economics, ed. C.W. Guillebeaud, Cambridge (9. Aufl.), 2 Bde

Marx, K. (1969): Das Kapital, MEW Bd. 23, Berlin

Marx, K. (1974): Grundrisse der Kritik der politischen Ökonomie, Berlin

Menard, C. (2000) (ed.): Institutions, Contracts and Organizations. Perspectives from New Institutional Economics, Cheltenham/Northampton: Edward Elgar

Menger, C. (1871): Grundsätze der Volkswirthschaftslehre, Wien 1871, Reprint Tübingen 1968

Menger, C. (1883): Ueber die sogenannte ethische Richtung in der Politischen Ökonomie, Anhang IX, S. 289 ff. in: C. Menger, Gesammelte Werke (Hrsg. F. Hayek), Bd. II, Tübingen 1969

Menger, C. (1923): Grundsätze der Volkswirtschaftslehre, aus dem Nachlaß herausgegeben von K. Menger, Wien/Leipzig

Menger, C. (1961): Carl Mengers Zusätze zu „Grundsätze der Volkswirtschaftslehre", Tokio

Meyer, A. (1977): Frühsozialismus, Freiburg/München

Mill, James (1824): Elemente der Nationalökonomie, übersetzt von A.L. von Jakob, Halle

Mill, John Stuart (1852): Grundsätze der politischen Ökonomie (Übers. A. Soetbeer), Hamburg, 1. Bd.

Mirabeau (d.Ä.)/ Riqueti, V. de (1764): Philosophie rurale, 3 Bde., Amsterdam (reprint Aalen 1972)

Mirowski, Ph. (1989): More Heat than Light. Economics as Social Physics. Physics as Nature's Economics, Cambridge

Mises, L. von (1993): Grundprobleme der Nationalökonomie, Jena: G. Fischer

Napp-Zinn, A.F. (1955): Johann Friedrich von Pfeiffer und die Kameralwissenschaften an der Universität Mainz, Kölner Diss. von 1921, Wiesbaden

Natorp, P. (1925): Praktische Philosophie, Erlangen

Nau, H.H. (1997a): Von der historischen Nationalökonomie zur Wirtschaftswissenschaft. neuer Forschungsliteratur zur Geschichte der deutschsprachigen Ökonomie 1871 bis 1914, S. 69 ff. in: Neue Politische Literatur, Jg. 42

Nau, H.H. (1997b) (Hrsg.): Der Werturteilsstreit. Die Äußerungen zur Werturteilsdiskussion im Ausschuß des Vereins für Socialpolitik (1913), Marburg: Metropolis

Nickel, R. (1970): Das Begriffspaar Besitzen und Gebrauchen, Diss. Phil. Berlin

Niedermann, J. (1941): Kultur. Werden und Wandlungen des Begriffs, Florenz

Nolte, E. (1983): Marxismus und industrielle Revolution, Stuttgart

North, D.C. (1990): Institutions, Institutional Change and Economic Performance, Cambridge

North, D.C. (1992): Institutionen, institutioneller Wandel und Wirtschaftsleistung, Tübingen

Olson, M. (1965): The logic of collective action. Cambridge (U.S.A.)

Patzen, M. (1990): Zur Diskussion des Adam-Smith-Problems. Schriftenreihe des Instituts für Wirtschaftsethik der Hochschule St. Gallen Nr. 36, St. Gallen

Paul, E.F. (1979): Moral Revolution and Economic Science, Westport, London

Penz, R. / Wilkop, H. (1997) (Hrsg.): Zeit der Institutionen- Thorstein Veblens evolutorische Ökonomik, Marburg: Metropolis

Peukert, H. (1993): Die neue Institutionenökonomik und die jüngere historische Schule: Zwei Wege zu einer neuen wirtschaftswissenschaftlichen Theorie der Institutionen, Arbeitspapier, Frankfurt a.M.

Peukert, H. (1997): War Menger Subjektivist? Eine Kritik der Streißlerthese, S. 303 ff. in: Priddat 1997a

Peukert, H. (1998): Das Handlungsparadigma in der Nationalökonomie, Marburg

Picht, G. (1980): Hier & Jetzt I, Stuttgart

Pigou, A.C. (1932): Economy of Welfare, London (4.Aufl.)

Porta, P. L. / Scazzieri, R. (2001): Coordination, Connecting Principles and Social Knowledge: An Introductory Essay, S. 1 ff in: Porta/Scazzieri/Skinner 2001

Porta, P. L. / Scazziedri, R. / Skinner, A. (2001) (eds.): Knowledge, Social Institutions and the Division of Labour, Cheltenham: Edward Elgar

Priddat, B.P. (1988): Das Geld und die Vernunft. Über John Lockes Versuch einer naturrechtlich begründeten Ökonomie, Ffm./ N.Y. / Bern / Paris

Priddat, B.P. (1989a): Laisser-faire und Wu-Wei: China als Modell der physiokratischen Ökonomie, S. 56 ff. in: Bausteine, H. 1/2

Priddat, B.P. (1989b): Die politische Struktur der Aristotelischen Ökonomie, S. 395 ff. in: Politische Vierteljahresschrift, Jg. 30, H. 3

Priddat, B.P. (1990): Hegel als Ökonom. Berlin

Priddat, B.P. (1991a): Der ethische Ton der Allokation. Elemente der Aristotelischen Ethik und Politik in der deutschen Nationalökonomie des 19. Jahrhunderts, Baden-Baden

Priddat, B.P. (1991b): Nature As Subject-Matter of Economic Production. A Historical Systematical Draft, S. 458 ff. in: Dragan, J.C./Seifert, E.K./Demetrescu, M.C. (eds.): Entropy and Bioeconomics. Proceedings of the First International Conference of the E.A.B.S., Milano

Priddat, B.P. (1992) Der nur halbe Smith. Modernisierungsschwierigkeiten der deutschen Nationalökonomie im 19. Jahrhundert. In: Jahrbuch für Wirtschaftsgeschichte, H. 2

Priddat, B.P. (1993): Zufall, Schicksal, Irrtum. Über Unsicherheit und Risiko in der deutschen ökonomischen Theorie vom 18. bis ins frühe 20. Jahrhundert, Marburg: Metropolis

Priddat, B.P. (1994): Der Philosophen Ökonomie: der Fall Georg Picht. Spekulation über das Verhältnis von Ökonomie, Ethik und Natur, in: Hattenbach, A./Müller, E.E. (Hrsg.): Wissenschaftliche und ethische Leitbilder für neue Wirtschaftskonzepte, Focus-Verlag

Priddat, B.P. (1995): Die andere Ökonomie. G. Schmollers Versuch einer „ethisch-historischen“ Nationalkökonomie im 19. Jahrhundert, Marburg

Priddat, B.P. (1997a) (Hrsg.): Wert, Meinung, Bedeutung. Die Tradition der subjektiven Wertlehre in der deutschen Nationalkökonomie vor Menger, Marburg: Metropolis

Priddat, B.P. (1997b): Alternative Interpretationen einer ökonomischen Metapher: die ‚invisible hand‘ bei Adam Smith, in: Ethik und Sozialwissenschaften, 8, H. 2

Priddat, B.P. (1998a): Theoriegeschichte oder Theoriegeschichten? Über den Status der ökonomischen Dogmengeschichte, in: Zeitschrift für Nationalökonomie und Statistik, Bd. 217, H. 4

Priddat, B.P. (1998b): Theologie, Ökonomie, Macht. Eine Rekonstruktion der Ökonomie John Lockes, Marburg: Metropolis

Priddat, B.P. (1998c): Produktive Kraft, sittliche Ordnung und geistige Macht. Denkstile der deutschen Nationalökonomie im 18. und 19. Jahrhundert, Marburg: Metropolis

Priddat, B.P. (1998d): moral based rational man. Über die implizite Moral des homo oeconomicus, in: Brieskorn, N./Wallacher, J. (Hrsg.): Homo oeconomicus: der Mensch der Zukunft? Stuttgart

Priddat, B.P. (2000): „communication of the constraints on action“. K.J. Arrow über Kommunikation, in: Zeitschrift für Nationalökonomie und Statistik, Bd. 220, H. 4, Juli

Priddat, B.P. (2000a) (Hrsg.): Kapitalismus, Krisen, Kultur, Marburg: Metropolis

Priddat, B.P. (2001a): ‚Le concert universel‘. Die Physiokratie. Eine Transformationsphilosophie des 18. Jahrhunderts, Marburg: Metropolis

Priddat, B.P. (2001b): John Stuart Mill über Freiheit, in: John Stuart Mill, Studien zur Entwicklung der ökonomischen Theorie, Schriftenreihe des ‚Dogmenhistorischen Ausschusses‘ des Vereins für Socialpolitik (Hrsg. E. W. Streissler), Bd. XIX, Berlin: Dunker&Humblodt

Priddat, B.P. (2001c): ‚Wohldurchdachte Tafel der Prinzipien der politischen Ökonomie‘, Übersetzung der ‚Table raisonnee des principes de l'economie politique‘ des Pierre-Samuel Du Pont de Nemours (1775), S. 29 ff. in: Priddat 2001a

Priddat, B.P. (2001d): Die Änderung der physiokratischen Konzeption 1775. Karl Friedrichs von Baden-Durlach ‚Abrege‘ und Pierre-Samuel Du Ponts de Nemours ‚Table raisonnee‘, S. 59 ff. in: Priddat 2001a

Priddat, B.P. (2001e): Gesetzeshaftigkeit des Wohlergehens: Physiokratische Ökonomie in Deutschland, S. 121 ff. in: Priddat 2001a

Prisching, M. (1993/94): Schmoller's Theory of Society, S. 117 ff. in: Backhaus 1993/94

Quesnay, F. (1976a): Allgemeine Maximen der Wirtschaftspolitik eines agrarischen Königreiches, S. 294 ff. in: derselbe, Ökonomische Schriften, Hg. M. Kuczynski, Berlin, II. Bd., 1. HBd.

Quesnay, F. (1976b): Über die Arbeiten der Handwerker, S. 234 ff. in: derselbe, Ökonomische Schriften, a.a.O.

Quesnay, F. (1976c): Über den Handel, S. 167 ff. in: derselbe, Ökonomische Schriften, a.a.O.

Quesnay, F. (1976d): die Artikel ‚Pächter', ‚Getreide', Steuern' und ‚Bevölkerung', in: derselbe, Ökonomische Schriften, hg. von M. Kuczynski, Berlin, I. Bd., 2. HBd.

Rau, K.H. (1855): Lehrbuch der politischen Ökonomie, Leipzig und Heidelberg

Reid, G.C. (1989): Classical Economic Growth. An Analysis in the Tradition of Adam Smith, Oxford

Ricardo, D. (1972): Grundsätze der politischen Ökonomie und Besteuerung, (Hg. F. Neumark), Ffm.

Ricardo, D. (1975): On the principles of political economy and taxation, vol. I, Works (ed. P. Sraffa), Cambridge/London/Melbourne

Ricoeur, P.(1986): Zufall und Vernunft in der Geschichte, Tübingen

Riedel, A.F. (1838): Nationalökonomie oder Volkswirthschaft, Berlin

Riedel, M. (1969): Objektiver Geist und praktische Philosophie, S. 11 ff. in: derselbe: Studien zu Hegels Rechtsphilosophie, Ffm.

Riedel, M. (1975): Politik und Metaphysik bei Aristoteles, S. 63 ff. in: derselbe, Metaphysik und Metapolitik, Frankfurt/Main

Rieter, H. (1983): Zur Rezeption der physiokratischen Kreislaufanalogie in der Wirtschaftswissenschaft, in: Hg. H. Scherf, Studien zur Entwicklung der ökonomischen Theorie III, Berlin

Robbins, L. (1932): An Essay on the Nature and Significance of Economics, repr. 1949, London: Macmillan

Robbins, L. (1934): Remarks Upon certain Aspects of the Theory of Costs, S. 19 ff. in: Buchanan, J.M. / Thirlby, G.F. (eds.): L.S.E. Essays on Cost, London: Weidenfeld and Nicolson 1973

Robinson, J./Eatwell, J. (1974): Einführung in die Volkswirtschaftslehre, München

Roscher, W. (1874): Die Grundlagen der Nationalökonomie, Stuttgart (11. Aufl.)

Rothbard, M.N.(1987): Art. time preference, S. 644-646 in: The New Palgrave, Vol. 4, London

Samuelson, P.A. (1947): Foundations of Economic Analysis, repr. 1976, New York: Atheneum

Say, J.-B. (1971): A Treatise on Political Economy, or the Production, Distribution, and Consumption of Wealth, Philadelphia 1880 (reprint N.Y.)

Schaeffle, A.E.F. (1862): Über die ethische Seite der nationalökonomischen Lehre vom Werthe, Tübingen

Schaeffle, A.E.F. (1873): Das gesellschaftliche System der menschlichen Wirthschaft, Tübingen (3. Aufl.), 2 Bde.

Schefold, B. (1989a): Schmoller als Theoretiker, S. 77 ff. in: Beiband zur Faksimileausgabe von Schmollers ‚Grundriß', Düsseldorf

Scherf, H. (1989): Lists „Nationales System" der politischen Oekonomie, S. 91ff. in: K. Häuser/ W. Lachmann / H. Scherf: Friedrich List – eine moderne Würdigung. Vademecum zu einem initiativen Klassiker, (Beiband zur Faksimileausgabe) Düsseldorf

Schiera, P. / Tenbruck, F. (1989) (Hrsg.): Gustav Schmoller in seiner Zeit, Berlin/Bologna

Schmitthenner, F. (1839): Grundlinien der Geschichte der Staatswissenschaften, Gießen, (2. Aufl.), V. Buch, National-Ökonomie

Schmoller, G. (1863): Die Lehre vom Einkommen in ihrem Zusammenhang mit den Grundprincipien der Steuerlehre, S. 1 ff. in: Zeitschrift für die gesammte Staatswissenschaft, Jg. 19

Schmoller, G. (1873): Eröffnungsrede der Gründungsversammlung des Vereins für Socialpolitik 1872 in Eisenach, in: Jahrbücher für Nationalökonomie und Statistik, Bd. 20

Schmoller, G. (1875): Über einige Grundfragen des Rechts und der Volkswirthschaftslehre. Ein offnes Sendschreiben an Herrn Professor Dr. Heinrich von Treitschke, Jena (auch: Schmoller 1874/75)

Schmoller, G. (1881a): Die Gerechtigkeit in der Volkswirtschaft, S. 19 ff. in: Jahrbuch für Gesetzgebung, Verwaltung und Volkswirtschaft im deutschen Reich, Nr. 5

Schmoller, G. (1881b): Materialien zum Arbeiterversicherungswesen, in: Jahrbuch für Gesetzgebung, Verwaltung und Volkswirtschaft, Jg. 5

Schmoller, G. (1904a): Grundriß der Allgemeinen Volkswirtschaftslehre, 2. Teil, Leipzig

Schmoller, G. (1904b): Über einige Grundfragen der Socialpolitik, Leipzig

Schmoller, G. (1914): Geschichte der Lohntheorien, in: Schmollers Jahrbuch, Jg. 38; I, H. 3, S. 1 – 28; H. 4, S. 1 – 32

Schmoller, G. (1985-86): Kleine Schriften zur Wirtschaftsgeschichte, Wirtschaftstheorie und Wirtschaftspolitik, hg. v. Wolfram Fiedler, Rolf Karl, Leipzig, Teil 1, 2, 3, 1985, Teil 4, 1986, Teil 5, 1986

Schroeder, J. E. (2002): Visual Consumptio, Routledge

Schumpeter, J.A. (1965): Geschichte der ökonomischen Analyse, 2 Bde. Göttingen

Senior, N. (1836): An Outline of the Science of Political Economy, London

Shackle, G.L.S. (1961): Decision, Order, and Time in Human Affairs, Cambridge: Cambridge University Press

Seifert, E. (1989): Schmoller on Justice – Today, S. 69 ff. in: Gustav von Schmoller: Social Economist, hg. v. John C. O'Brien, Sonderheft des International Journal of Social Economics, Vol. 16, No. 9/10/11

Sen, A. (1999): Ökonomie für den Menschen. Wege zu Gerechtigkeit und Solidarität in der Marktwirtschaft, München: Hanser

Sen, A. (2000): Der Lebensstandard, Rotbuch: Berlin

Shionoya, Y. (1994): A Methodological Appraisal of Schmollers's Research Program, in: Koslowski 1994

Sieferle, R.P.(1990): Bevölkerungswachstum und Naturhaushalt. Studien zur Naturtheorie der klassischen Ökonomie; Ffm.

Sieferle, R.P. (2002): Gesellschaft im Übergang, S. 117 ff. in: Baecker 2002

Singer, K. (1958): Oikonomia: An Inquiry into Beginnings of Economic Thought and Language, S. 29 ff. in: Kyklos, vol. XI

Small, A.W. (1909): The Cameralists. The Pioneers of German Social Policy, N.Y.

Smith, A. (1896): Lectures on Justice, Police, Revenue, and Arms (ed. by E. Cannan), Oxford

Smith, A. (1970): An Inquiry into the Nature and Causes of the Wealth of Nations (1776), Harmondsworth: Penguin

Smith, A. (1974a): Der Wohlstand der Nationen, München (nach der 5. Aufl., London 1789; 1. Aufl. 1776)

Smith, A. (1974b): Der Wohlstand der Nationen, (Hrsg.) H.C.Recktenwald, München

Smith, A. (1979): An Inquiry into the Nature and Causes of the Wealth of Nations, Oxford, 2 vols.

Smith, A. (1981): An Inquiry into the Nature and Causes of the Wealth of Nations, eds. R.H. Campbell/ A.S. Skinner/ W.B. Todd, Indianapolis (reprint der Glasgow-Edition, Oxford 1979, Bd. 2), 2 Bde.

Smith, A. (1982): Lectures on Jurisprudence (1762/63), eds. R.L.Meek/ D.D.Raphael/P.G.Stein, Indianapolis

Smith, V. (2001): Handeln in zwei Welten. Interaktion auf Märkten und im persönlichen Austausch, Neue Züricher Zeitung, 10.8.2001

Soden, J. Graf v. (1810): Lehrbuch der National-Ökonomie, Leipzig

Staley, Ch.E.(1989): A History of Economic Thought. From Aristotle to Arrow, Oxford

Stark, W. (1944): The Ideal Foundations of Economic Thopughts, London.

Stark, W. (1985): Die protestantische Ethik und der Verfall des Kapitalismus. Zur Verleihung der Goldenen Doktorurkunde. Hamburger Universitätsreden 44, Hamburg

Steinlein, K. (1831): Handbuch der Volks-Wirthschafts-Lehre, München

Sternberger, D. (1974): Panorama der Ansichten vom 19. Jhdt., Frankfurt/Main (1938)

Steuer, G. (1936): Studien über die theoretischen Grundlagen der Zinslehre bei Thomas von Aquin, Stuttgart

Stiglitz, J. (2000): The Contribution of the Economics of Information to Twentieth Century Economics, S. 1441 ff. in: Quarterly Journal of Economics

Streissler, E. (1990): Menger – ein deutscher Ökonom. In: Studien zur Entwicklung der ökonomischen Theorie IX, Berlin

Sudgen, R. (1984): On the economcis of philantropy, S. 341 ff. in: Economic Journal, No. 92

Sudgen, R. (1985): Consistent conjectures and voluntary contributions to public goods, S. 117 ff. in: Journal of Public Economics No. 27

Taeuber, W. (1933): Geld und Kredit im Mittelalter, Berlin

Tieck, K.-P. (1989): Gustav Schmollers Neuausrichtung der Nationalökonomie. Historische Institutionenlehre in sozialpolitischer Absicht? S. 399 ff. in: Schiera/Tenbruck 1989

Tracy, J. (1991): The rise of Merchant Empires, Cambridge

Tribe, K. (1988): Governing Economy. The Reformation of the German Economic Discourse 1750 – 1840, Cambridge

Van Bömmel, H. (2001): Konsumentensouveränität: Neue Gestaltungsoptionen des Konsumenten in der Postindustriellen Wirtschaft, Dissertation an der Fakultät für Wirtschaftswissenschaft, Universität Witten/Herdecke

Vanberg, V. (1990): Rational Choice, Rule-Following und Institutions: An Evolutionary Perspective. (Paper prepared for conference on „Methodological Problems of New Institutional Economics", Aug. 17 – 19, 1989, Uppsala, Sweden)

Vernant, J.P. (1965): Travail et nature dans la Gréce ancienne, S. 16 ff. in: derselbe, Mythe et pensée chez les Grecs II, Paris

Vilks, A. (1991): Neoklassik, Gleichgewicht und Realität, Heidelberg

Viner, J. (1972): The Role of Providence in the Social Order. Philadelphia

Vom Bruch, R. (1985): Bürgerliche Sozialreform im deutschen Kaiserreich, S. 61 ff. in: derselbe (Hrsg.): ‚Weder Kommunismus noch Kapitalismus'. Bürgerliche Sozialreform in Deutschland vom Vormärz bis zur Ära Adenauer. München

Vom Bruch, R. (1987): Gustav Schmoller, S. 175 ff. in: Berlinische Lebensbilder. Wissenschaftspolitik in Berlin. Minister, Beamte, Ratgeber, hg. v. Wolfgang Treue, Karlfried Gründer, Berlin

Vom Bruch, R. (1988): Wissenschaftliche, institutionelle oder politische Innovation? Kameralwissenschaft – Polizeiwissenschaft – Wirtschaftswissenschaft im 18. Jahrhundert im Spiegel der Forschungsgeschichte, S. 77 ff. in: N. Waszek (Hrsg.): Die Institutionalisierung der Nationalökonomie an deutschen Universitäten. Zur Erinnerung an Klaus Hinrich Hennings (1937 – 1986), St. Katharinen

Walras, L. (1952): Eléments d'économie pure, ou théorie de la richesse sociale, Paris (5. Aufl.)

Walsh, V./ Gram, H. (1978): Menger and Jevons in the Setting of Post – von Neumann-Sraffa Economics, S. 46 ff. in: Atlantic Economic Journal, vol. VI, No. 3

Warr, P.G. (1982): Pareto optimal redistribution and private charity, S. 131 ff. in. Journal of Public Economics No. 19

Weber, F.B. (1803): Einleitung in das Studium der Cameralwissenschaften, Berlin

Weber, M. (1976): Wirtschaft und Gesellschaft, Tübingen (5. Aufl.)

Weber, M. (1985): Ueber einige Kategorien der verstehenden Soziologie (1913), S. 427 ff. in: derselbe, Gesammelte Aufsätze zur Wissenschaftslehre (1922), Tübingen

Weber, M. (1988): Die Börse, S. 256 ff. in: derselbe, Gesammelte Aufsätze zur Soziologie und Sozialpolitik, Tübingen (1.Aufl. 1924)

Weber, M. (1990): Grundriss zu den Vorlesungen über Allgemeine („theoretische“) Nationalökonomie (1898), Tübingen

Weintraub, R. (1985): General Equilibrium Analysis, Cambridge University Press: Cambridge

Weyer, J. (1973): Neuere Interpretationsmöglichkeiten der Alchemie, S. 177 ff in: Chemie in unserer Zeit, Dez. 1973, Jg. 7

Wicksteed, Ph. H. (1933): The Common Sense of Political Economy, London: Macmillan (reprint der Ausgabe von 1910)

Wieland, J. (1989): Die Entdeckung der Ökonomie, Bern und Stuttgart

Wieland, J. (1990): Die immanente Ethik des natürlichen Preises bei Adam Smith – über die Beziehungen des Marktsystems zu seinem „Rand“, S. 223 ff. in: Meyer-Faje, A./Ulrich, P. (Hrsg.): Der andere Adam Smith. Bern und Stuttgart

Wieland, J. (1996): Ökonomische Organisation, Allokation und Status, Tübingen: Mohr-Siebeck

Wieland, J. (1996a): Ökonomik der Transaktionsatmosphäre, S. 57 ff. in: Priddat, B.P. / Wegner, G. (Hrsg.): Zwischen Evolution und Institution, Marburg: Metropolis

Wieland, J. (1999): Die Ethik der Governance, Marburg

Wiese, L. v. (1908): Die Lehre von der Produktion und von der Produktivität, III. Teil, in: Die Entwicklung der deutschen Volkswirtschaftslehre im neunzehnten Jahrhundert. Gustav Schmoller zur siebzigsten Wiederkehr seines Geburtstages, Leipzig, 2. Bd.

Williamson, O.E. (1990): Die ökonomischen Institutionen des Kapitalismus, Tübingen.

Winfrey, J.C. (1992): Adam Smith on value in use and value in exchange: a counterrevolution which eventually failed, 126 ff. in: Lowry 1992

Witt, U. (2001a) (ed.): Escaping Satiation. The demand Side of Economic Growth, Berlin/Heidelberg et al.: Springer

Witt, U. (2001b): Learning to consume – A theory of wants and the growth of demand, 29 ff. in. Witt 2001a

Witztum, A. (2001): Division of Labour, Wealth and Behaviour in Adam Smith, S, 137 ff. in: Porta/Scazzieri/Skinner 2001

Yagi, K. (1980): Carl Menger after 1871 (english version, Dec. 1989, Freiburg, Manuskript), in: Okayama Economic Review, vol. 11

Yagi, K. (1993): Carl Menger's Grundsätze in the Making, S. 697 ff. in: History of Political Economy, vol. 25

Zuckerkandl, R. (1889): Artikel „Produktion" S. 383 ff. in: Hg. L. Elster, Wörterbuch der Volkswirtschaft in 2 Bänden, Bd. 2

Zuckerkandl. R. (1898): Zur Theorie des Preises, mit besonderer Berücksichtigung der geschichtlichen Entwicklung, Leipzig